Gabriele M. Borsi (Hg.)

Die Würde des Menschen im psychiatrischen Alltag

Reprint 2006, © Dr. Gabriele M. Borsi
Books on Demand GmbH, Norderstedt
Originalausgabe 1989 im Verlag Vandenhoeck & Ruprecht, Göttingen

Bibliografische Information der Deutschen Nationalbibliothek:
Die Deutsche Nationalbibliothek verzeichnet diese Publikation
in der Deutschen Nationalbibliografie; detaillierte Daten sind im
Internet über <http://dnb.d-nb.de> abrufbar.

© Gabriele M. Borsi
Umschlagdesign, Herstellung und Verlag:
Books on Demand GmbH, Norderstedt

ISBN 10: 3-8334-6213-2
ISBN 13: 978-3-8334-6213-9

Das Mädchen

Ein verwehtes Lächeln.
Nur wenige Worte
orten den Raum ihres Schweigens,
ihre wunde Welt.

Die neue Zeit -
ich bin allein - im Dunkeln -
Der Kopf - nicht meiner.
Nur ich hab' eine Nase,
eine neue Nase.
Die Wohnung ist nicht unsere:
ein neues Klima - ungesund.
Nichts ist gewiss:
ich weiss nicht.
ich meine nicht.

Wo ich wohne?
- weiss nicht.
Ich wohne nicht.
Ich bin unter meinen Augen
- unter meinen Lidern.

(Christian Scharfetter,
nach Originalworten eines schizophrenen Mädchens)

Inhalt

Vorwort.. 9

I Die Würde des Menschen - der nicht interpretierte Begriff

Hans-Ludwig Schreiber
Die Würde des Menschen 15

Ralf Seidel
Von psychischer Krankheit und Menschenwürde 24

Heinrich Kunze
Das Psychiatrische Krankenhaus in der Entwicklung
von der anstalts- zur gemeindezentrierten Versorgung................. 33

Winfried Ramb und *Herbert E. Colla-Müller*
Menschliche Würde in der Lebensphase natürlicher
Abhängigkeit. Jugendpsychiatrische und sozialpädagogische
Aspekte... 48

Jens Bruder
Die Würde des verwirrten alten Menschen. Zum Verständnis
von Würde.. 58

Hans Peter Kitzig
Chronisch psychisch krank - Bedürfnisse und Wünsche der
Patienten.. 67

II Die Subjektivität der Erfahrung

Christian Scharfetter
Die Erfahrung des Subjektes. Schizophrene Menschen - ihre
besondere Verletzbarkeit 79

Hans D. Brenner
Ethische Fragen in der psychiatrischen Forschung 88

Alexander Veltin
Vom multiprofessionellen Umgang mit psychisch Kranken........ 100

Sven Olaf Hoffmann
Die Beziehung von Arzt und Patient aus der Sicht eines
Psychotherapeuten. Anmerkungen zur Frage der Werte und
der Menschenwürde in der Psychotherapie.................................. 111

Thomas Bliesener
Die ärztliche Visite. Hindernisse und Chancen
zum Dialog.. 123

Ulrich Streeck
Supervision im psychiatrischen Krankenhaus 137

Klaus Dörner
Psychiatrische Erstbegegnung - in Würde.................................... 148

III Die Erschöpfung utopischer Energien

Hans Heinze
Die Aufgaben eines psychiatrischen Landeskrankenhauses.
Zum Tag der Psychiatrie.. 157

Wolf Rainer Wendt
Der Würde Raum. Ökologische und ethische Reflexionen........ 163

Wolfgang Böker
Schizophrene Patienten als aktive Partner des Arztes - Wege
aus entwürdigender Passivität... 179

IV Ausblick

Elmar Spancken 191

Sachverzeichnis.. 197

Anschriften der Autoren... 201

Vorwort

Das Machbare versuchen: ein verläßliches Tagwerk

Der inflationäre Gebrauch des Begriffs von der Würde des Menschen, dem nichtinterpretierten Begriff, in den heutigen Diskussionen in der Öffentlichkeit und in den Medien um den Stand der psychiatrischen Versorgung deutet auf die "Neue Unübersichtlichkeit" (*Habermas*, 1985) einer postmodernen Psychiatrie hin, von der *Finzen* (1987) schreibt: "Es ist schwer zu verstehen, was sich in der Welt der Psychiatrie z.Zt. vollzieht".

Die klaren Leitlinien einer modernen Reformpsychiatrie mit dem Wandel von der kustodial-pflegenden zur therapeutisch-rehabilitativen Psychiatrie sowie die konvergierenden neuen Konzepte zu einem kohärenten multidimensionalen Krankheitsverständnis der Schizophrenie (*Ciompi*, 1985), die neuen Forschungen zum Langzeitverlauf und zu den intermediären Prozessen für die Therapie der Schizophrenie (II. Internationales Schizophrenie-Symposium, Universitätsklinik Bern, 1987) auf der einen Seite, knappe Mittel und gravierender Personalmangel auf der anderen Seite, zwingen den psychiatrisch Tätigen in ein ständiges extremes Spannungsfeld zwischen inneren (eigenen) und äußeren Grenzen, zwischen dem Machbaren und den Grenzen des Möglichen. "Häufig hinken die praktischen Behandlungsgewohnheiten unseren Kenntnissen immer noch weit hinterher" (*Böker* und *Brenner*, 1985).

Ist die Wahrung der individuellen Wirklichkeit des psychiatrischen Patienten, seiner Lebenswelt, seines Gefüges von Zeitbeziehungen und Zeitnutzung, seiner "biographischen Zeit" (*Norbert Elias*) durch den im praktischen Alltag Tätigen eine Utopie?

Die Kostendämpfung im Gesundheitswesen und die heftigen Diskussionen um die personellen und materiellen Versorgungsstrukturen insbesondere der psychiatrischen Landeskrankenhäuser in der Bundesrepublik dürfen meines Erachtens nicht den Blick verstellen oder sogar Alibifunktion haben: Das Machbare nicht zu machen. Die Resignation und die Erschöpfung, das Ausgebranntsein des psychiatrisch Tätigen dürfen nicht überhandnehmen. Betrachtet man Utopien als ausgemalte Lebensformen, so träumen viele von uns einen "Traum

vom Guten - ohne Mittel zur Ausführung desselben, ohne Methode"
(*Fourier*).

Die Leiter der öffentlichen psychiatrischen Krankenhäuser in der
Bundesrepublik sind "in großer Sorge um das Wohl ihrer Kranken".
An den "brutalen Realitäten" habe sich seit der Psychiatrieenquête
von 1974 "nicht viel geändert" (Bundesdirektorenkonferenz, 1987).

Die sisyphosgleichen Anstrengungen, eine kustodiale Psychiatrie in
einen von individueller Wirklichkeit geprägten psychiatrischen Alltag
zu verwandeln, drohen zu erlahmen. Der Zukunftspessimismus hat
schon lange dem Wohlstandsbegehren der Gesellschaft nachgegeben;
die Sensibilität des Gemeinwesens für die Befindlichkeit ihrer schwachen und bedrängten Mitglieder droht abhanden zu kommen, droht
zu verschütten. Die Institution Sozialstaat scheint beliebig für Par-
tialinteressen einsetzbar zu sein, dabei rücken die Einzelschicksale
der Betroffenen in den Hintergrund, ins Abseits. Ökonomische Grenzen werden zuerst in diesem Bereich angemahnt, es läßt sich mit ihm
auch kein Staat machen. In einer Zeit wirtschaftlichen Umbruchs,
Stagnation, Arbeitslosigkeit sowie der Krise öffentlicher Haushalte
sind die utopischen Energien aufgezehrt. "Die Ressourcen des Sozial-
staates sind an die Grenzen gekommen". (*Habermas*, 1985).

Für uns alle sichtbar und spürbar verschieben sich die utopischen
Akzente in Ratlosigkeit. Was heißt denn Menschenwürde eigentlich
im Zusammenhang mit psychiatrischen Versorgungsstrukturen? Welches ist der Behandlungsstandard, den wir unseren psychisch kranken
Menschen garantieren möchten und vor allem müssen? Wer setzt den
Minimalstandard fest? Wer ist dafür verantwortlich? Wie werden wir
die stetig wachsende Zahl psychisch kranker alter Menschen in Zukunft menschenwürdig betreuen und behandeln? Was heißt die Anwendung des Vulnerabilitäts-Streß-Modells der Schizophrenie auf die
Gestaltung einer Aufnahmesituation? Was heißt Menschenwürde im
Zusammenhang mit dem Schlagwort "Gemeindenahe Psychiatrie"?

Die Fragen scheinen uferlos.

Der Umgang von Menschen mit Menschen ist das zentrale Anliegen der Psychiatrie. *Dörner* fragt eindringlich, ob die Psychiatrie überhaupt einen anderen Ausgangspunkt haben darf als die Subjektivität
des Patienten. Nur wenn man im Gegenüber sich selbst erkennt, besteht die Chance der Betroffenheit, die Chance zu einer echten Be-
ziehungsaufnahme, zum Gespräch. Solange die Objektivierung des
Patienten betont und Krankheit nicht als persönlich erfahrenes Leid
gesehen wird, verschließt man die eigene Anteilnahme und Auseinandersetzung im Sinne der "korrektiven Erfahrung", die *Jan Gross*
(1977) beschreibt. "Wenn wir eines Wegs gehen und einem Menschen
begegnen, der uns entgegenkam und auch eines Wegs ging, kennen

wir nur unser Stück, nicht das Seine, das Seine nämlich erleben wir nur in der Begegnung" (*Martin Buber*, 1923).

Bei der Reflexion unseres therapeutischen Handelns stellt sich die Frage: Wie können wir das Sensorium der Betroffenen und Verantwortlichen sensibilisieren und stärken, wie können wir die vorhandenen Ressourcen regenerieren? Und wie erhalten die in der Psychiatrie Handelnden ihre Sensibilität für ihr Gegenüber, ohne daran selbst zugrundezugehen?

Diese Fragestellungen und Überlegungen haben sich nach dem zukunftsweisenden Symposium zum "Psychosozialen Management der Schizophrenie" in der Psychiatrischen Universitätsklinik Bern im Mai 1985 verdichtet (vgl. *Böker/Brenner*, 1986). Neben eigenen Erfahrungen und Erlebnissen gab den letzten Anstoß zu der Idee, den "nicht interpretierten Begriff" (*Theodor Heuß*) von der Würde des Menschen tentativ zu umkreisen und zu diskutieren, ein Artikel von Prof. Dr. med. Dr. jur. h.c. *Werner Wachsmuth* und Prof. Dr. jur. *Hans-Ludwig Schreiber*: "Die Würde des Menschen ist jedes Menschen eigene Aufgabe" (Frankfurter Allgemeine Zeitung v. 5. August 1986).

Was heißt das im psychiatrischen Alltag?

Vor diesem Hintergrund fand im Niedersächsischen Landeskrankenhaus Lüneburg (Ärztlicher Direktor Dr. *Lotze*) vom 9. bis 11. Juni 1988 ein interdisziplinäres Symposium "Die Würde des Menschen im psychiatrischen Alltag" statt.

Bei der Konzeptualisierung dieser Tagung war es ein besonderes Anliegen, die Subjektivität der Erfahrung sowohl des psychiatrisch Handelnden als auch des Behandelten, die Frage nach dem Menschen in der Psychiatrie, erneut ins Blickfeld zu rücken.

Die Auswahl der Themen und der Referenten - Vertreter unterschiedlicher Erfahrungshorizonte und Schulrichtungen - sollte einen Versuch darstellen, die vorhandenen Ressourcen aufzuzeigen, zu neuen Bezügen zu ordnen, intermediäre Prozesse sichtbar zu machen, um Kraft für den psychiatrischen Alltag zu schöpfen.

Das utopische Bild des "aufrechten Ganges", bei dem die Gesellschaft so aussehen soll, daß alle aufrecht gehen können, auch die Mühseligen und die Beladenen, die Entrechteten und die Entwürdigten, verwendet *Bloch* für den Begriff der menschlichen Würde.

Gabriele M. Borsi

Literatur

Böker, W.; Brenner, H.D. (Hrsg.): Bewältigung der Schizophrenie. Multidimensionale Konzepte, psychosoziale und kognitive Therapien, Angehörigenarbeit und autoprojektive Anstrengungen. Huber-Verlag, Bern 1986.

Buber, M.: Ich und Du [1. Aufl. 1923]. Verlag Lambert Schneider, Heidelberg, 11. Aufl. 1983.

Finzen, A.: Von der Psychiatrie-Enquete zur postmodernen Psychiatrie, Psychiatr. Praxis 14 (1987), 35-40.

Fourier: zit. nach *Habermas* 1985.

Gross, J.; Dörner, K.; Plog, U. (Hrsg.): Erfahrungen vom Menschen in der Psychiatrie. Urban & Schwarzenberg, München/Wien/Baltimore 1980.

Habermas, J.: Die Neue Unübersichtlichkeit. Suhrkamp, Frankfurt 1985.

I

Die Würde des Menschen - der nicht interpretierte Begriff

Hans-Ludwig Schreiber

Die Würde des Menschen

Mein einleitender Beitrag ist allgemein gehalten, er soll sich mit dem Ausgangspunkt des Tagungsthemas, der Würde des Menschen, befassen und versuchen zu klären, was darunter zu verstehen ist. *Theodor Heuss* hat von der Menschenwürde während der Beratungen über das Grundgesetz als dem "nicht interpretierten Begriff" gesprochen, nicht vom nicht interpretierbaren, sondern vom nicht interpretierten Begriff. Die Verfassung hat diesen Begriff dann an ihre Spitze gestellt: In Artikel 1 Absatz 1 des Grundgesetzes heißt es: "Die Würde des Menschen ist unantastbar. Sie zu achten und zu schützen ist Verpflichtung aller staatlichen Gewalt." Aus den Materialien ergibt sich, daß der Verfassunggeber damit in erster Linie auf die Menschenverachtung des nationalsozialistischen Regimes reagieren und nach einer Zeit der Willkür und Gewalt den Vorrang des Menschen vor der Machtapparatur des Staates dokumentieren wollte. Die Aufnahme in die Verfassung ist also erklärbar aus den geschehenen Verletzungen und aus der Erfahrung der Herabwürdigung des Menschen durch staatliche Organe.

In den heutigen ethischen, sozialen und politischen Auseinandersetzungen wird das Argument der Menschenwürde, die es zu achten und nicht zu verletzen gelte, allenthalben verwandt. Um nur einige wenige, beliebig vermehrbare Beispiele zu nennen: Die Berufung auf die Menschenwürde spielte eine Rolle im Streit um die Zulässigkeit der Volkszählung und den Umfang des Datenschutzes, bei den Auseinandersetzungen um die Raster- und Schleppnetzfahndung ebenso wie um den Umfang der Zulässigkeit von Zahlungen der Bundesanstalt für Arbeit an mittelbar vom Streik betroffene Arbeitnehmer. Der DGB-Vorsitzende sprach dabei von der "Würde der arbeitenden Menschen", die durch die geplante Neuregelung verletzt werde. Die nicht abreißende Diskussion über die Sterbehilfe wird beherrscht von der Forderung nach einem menschenwürdigen Sterben. Der juristische Arbeitskreis der CSU hat die These aufgestellt, das Recht auf einen Tod in Würde sei grundgesetzlich verbürgt.

Die Diskussion um die Reproduktionsmedizin und die Gentechnologie ist beherrscht von der Argumentation mit der Menschenwürde, auch der Juristentag 1986 in seinen Entschließungen wurde davon bestimmt. Zum Schlüsselbegriff für alle ethischen Probleme wurde die

Menschenwürde in einer 1986 abgehaltenen Klausurtagung über "Neurowissenschaften und Ethik" mit Delegierten aus den Ländern des Weltwirtschaftsgipfels und des Europarates. Im Abschlußbericht heißt es: "Die Wahrung menschlicher Autonomie und Würde stellt sich als die zentrale ethische Aufgabe bei der Erforschung des Lernens, des Gedächtnisses, der pränatalen Diagnostik, der Gewebeverpflanzung, bei chirurgischen Eingriffen am Hirn, beim Abbruch lebenserhaltender Maßnahmen und bei Experimenten mit Menschen dar". Schließlich wird die Ausdehnung der betrieblichen und überbetrieblichen Mitbestimmung als Prüfstein für die Achtung der Menschenwürde bezeichnet.

Um die Würde des Menschen im psychiatrischen Alltag wird es in diesem Band gehen.

I

Soll das Menschenwürdegebot nicht zur bloßen Leerformel werden, mit deren Gebrauch man den jeweiligen Gegner von vornherein einfach aus dem Felde schlägt, so muß diese grundlegende verfassungsrechtliche Formel inhaltlich näher bestimmt werden. Es ist kein Wunder, daß sie ganz unterschiedlich interpretiert und benützt wird. Sie gilt nicht nur für das Verhältnis zwischen Staat und Bürger, für das sie ursprünglich dem Katalog der Grundrechte vorangestellt worden ist, sondern mittelbar auch für die Beziehungen der Bürger untereinander im Wege der sogenannten "Drittwirkung" der Grundrechte. Das Menschenwürdeprinzip ist aus seiner reinen Staatsbezogenheit längst gelöst und zu einem Grundwert unserer Rechts- und Sozialordnung geworden.

Man hat von einer Fülle verschiedener "Würdekonzepte" gesprochen, die es gebe. Da gibt es christliche, humanistisch-aufklärerische, marxistische, systemtheoretische und behavioristische. Ich will nur einige Stationen der Entwicklung der Menschenwürde nennen: Geschichtlich stammt sie aus dem Christentum, gewisse Vorstufen finden sich in der antiken Philosophie. Grund für die besondere Würde jedes Menschen ist nach christlicher Vorstellung, daß er als Ebenbild Gottes geschaffen worden ist, als "Bild und Gleichnis" Gottes. Daraus erwächst ihm ein unverfügbarer Eigenwert, er darf nicht zum Instrument für Zwecke anderer oder zum bloßen Objekt etwa der Forschung oder Behandlung gemacht werden.

Da alle Menschen in gleicher Weise Geschöpfe Gottes sind, sollen sie in Gleichheit und Brüderlichkeit miteinander leben, die Schöpfergüte Gottes aneinander verwaltend. In diesem Verständnis bedeutet Würde nicht bloße Selbstbestimmung des einzelnen, sondern Selbstbestimmung in den Grenzen des Eigenwertes aller Menschen, also auch des jeweils anderen.

Neben der christlichen gibt es eine aufklärerisch-humanistische Tradition, die die besondere Würde des Menschen in seiner Teilhabe an der allgemeinen Vernunft, in seiner eigenen vernünftigen Natur findet. Dadurch hebt der Mensch sich von der ihn umgebenden Welt ab, durch seine Bestimmung zu vernünftiger Freiheit und Selbstverantwortung. Klassisch formuliert findet sich dieses Verständnis der Menschenwürde bei *Kant*, wo es heißt:

"Allein der Mensch als Person betrachtet, d.i. als Subjekt einer moralisch praktischen Vernunft, ist über allen Preis erhaben, ... er ist nicht bloß als Mittel zu anderen ihren, ja selbst seinen eigenen Zwecken, sondern als Zweck an sich selbst zu schätzen, d.i. er besitzt eine Würde, (einen absoluten, inneren Wert), wodurch er allen anderen vernünftigen Weltwesen Achtung für ihn abnötigt, sich mit jedem anderen dieser Art messen und auf dem Fuß der Gleichheit schätzen kann." (Metaphysik der Sitten, Tugendlehre, 1797, S. 94)

Das neuzeitliche Naturrecht, in dem christliche und aufklärerische Gedanken zusammenfließen, sieht jeden Menschen als mit ursprünglichen Rechten begabt, die unabhängig und vor aller staatlichen Satzung gelten und die ihm durch staatliche Gewalt auch nicht entzogen werden können. Aufgabe aller staatlichen Gewalt ist der Schutz dieser ursprünglichen, angeborenen Menschenrechte. Politisch finden sich diese Vorstellungen in den Deklarationen der Menschenrechte und den Grundrechtskatalogen der Verfassungen seit den amerikanischen Deklarationen bis heute wieder. Freilich ist in all diesen Dokumenten nicht die Rede von der Würde des Menschen als einem Grundrecht, vielmehr geht es um einzelne Rechte und Freiheiten, etwa die Entfaltung der Person, das Recht auf ein ordentliches Verfahren etc. Von einem diese einzelnen Rechte überwölbenden Würdebegriff ist aber noch nicht die Rede.

Ganz im Sinne der auf das aufgeklärte Naturrecht zurückgehenden Tradition heißt es etwa bei *Heidegger*, das "Faktum Menschenwürde" sei "das Fundament meines Vertrauens in mich selbst und in die anderen, auf das meine Existenz und Koexistenz im Bewußtsein prinzipieller Personalität und Solidarität gründet."

Diesen Ansätzen, so unterschiedlich sie in ihrer Ausprägung sein mögen, ist gemeinsam, daß sie dem Menschen als Gattung und als einzelnem bestimmte Qualitäten zuschreiben, die ihm unabhängig von seinem Verhalten zukommen.

Einen ganz anderen Weg gehen neuere, kommunikationstheoretische Ansätze, die, deutlich ausgeprägt etwa in der Systemtheorie *Luhmanns*, Menschenwürde als "Leistung", nicht aber als angebore-

nen Wert verstehen. Man könnte für diese Position auch den pro-
grammatischen Titel der Schrift von *Skinner* zitieren: "Jenseits von
Freiheit und Würde".

Luhmann umschreibt Würde mit "Bedingung gelingender Selbst-
darstellung eines Menschen als individuelle Persönlichkeit." Zwar
werden soziale Beziehungen vor allem durch "Rollen" (als Konsu-
ment, als Verkehrsteilnehmer, Wahlbürger usw.) konstituiert. "Identität" und "Persönlichkeit" gewinnt der einzelne als sich gegenüber der
Umwelt abgrenzendes System, aber nicht durch die Summe seiner
vielfältigen sozialen Rollen, in denen jeder lebt. Erforderlich ist vielmehr eine individuelle Selektion, in der sich die "Würde einer Person"
darstellt. Freilich: "Mit jeder Kommunikation riskiert der Mensch seine
Würde." Diese ist weder "Naturausstattung" noch ein dem Menschen
an sich anhaftender Wert, sondern vielmehr das "Resultat erfolgreicher Identitätsbildung", Ergebnis eigener Würdeleistung.

Diese Interpretation kann an einen überlieferten Sprachgebrauch
anknüpfen, nach dem unter "Würde" die jeweils individuelle persönliche Eigenschaft eines Menschen zu verstehen ist, das, was der Mensch
aus sich gemacht hat durch Erziehung und Erfahrung, durch Bewältigung seines Schicksals und durch Leistung, die ihm Anerkennung ver-
schafft, in vielen verschiedenen Formen bis hin zu den "Würdenträ-
gern", die sich zu einer Feier versammeln. Solche Würde kann man
erwerben und verlieren, etwa durch Fehlverhalten. Die "Doktorwür-
de" kann aberkannt werden, wenn sich der Promovierte ihrer unwürdig erweist. Ähnliche Regeln gibt es für die Zurücknahme einer Ernennung zum Beamten, wenn ein früheres Verhalten bekannt wird,
etwa frühere Straftaten, das ihn der Ernennung "unwürdig" macht.

Menschenwürde im Sinne des Bekenntnisses am Anfang unseres
Grundgesetzes meint anderes und mehr als diese individuelle Würde.
Sie ist die Würde des Menschen als Gattungswesen, unabhängig von
seinem Verhalten. Sie wird mit dem Menschen geboren und ist jedem
eigen. Niemand kann sie verlieren, wie immer er sich verhält. Die
Menschenwürde in diesem Sinne kann keinem genommen werden, sie
verlangt Achtung und Respekt in allen Beziehungen der Menschen
untereinander. Jeder besitzt sie ohne Rücksicht auf seine Eigenschaften, seinen Verstand, seine Leistungen und seinen sozialen Status.

Auch durch "unwürdiges" Verhalten kann sie nicht verlorengehen,
sie ist jedem eigen, und nicht etwa, wie es in einem Kommentar zum
Grundgesetz heißt, "an die Fähigkeit zum geistig-seelischen Werter-
lebnis" geknüpft. Menschenwürde in diesem Sinne kommt auch demjenigen zu, der sie selbst nicht begreift, also dem Kleinkind und dem
Geisteskranken. Ebenso demjenigen, der die Würde anderer verletzt
hat, also dem Straftäter, was immer an "Unwürdigem" er auch began-
gen haben mag. Sie fehlt nicht der Mißgeburt und dem Leichnam,

vielmehr kommt sie allem zu, was Menschenantlitz trägt. Das sittliche Urteil, daß jemand "unwürdig" gehandelt und sich "würdelos" verhalten habe, kann niemandem die Menschenwürde im Sinne von Artikel 1 Grundgesetz nehmen. In diesem Sinne bleibt die Menschenwürde unantastbar. Freilich nicht in dem Sinne, daß sie nicht angegriffen und beeinträchtigt werden könnte, daß sie nicht im Verhältnis der Menschen untereinander gefährdet wäre. Unantastbar durch menschliches Verhalten ist der Achtungsanspruch, der sich aus der allgemeinen Menschenwürde ergibt. Diesen Achtungsanspruch soll Art. 1 Abs. 1 GG schützen, der keine bloße Zustandsbeschreibung (ist unantastbar), sondern eine Forderung enthält. Der Anspruch, der aus der Menschenwürde folgt, soll nicht angetastet werden.

II

Was aber meint nun "Menschenwürde" in diesem Sinne inhaltlich?

Gibt es einen Katalog von Verhaltensweisen untereinander, den man aus dem Prinzip der Würde ableiten kann? Kann man etwa einen "Wertkodex", eine Wertordnung des richtigen Verhaltens für alle Lebensbereiche, etwa auch gegenüber dem psychisch Kranken, vom Grundsatz der Menschenwürde her entwickeln?

Das Prinzip wäre damit hoffnungslos überfordert, wollte man es als konkrete "kleine Münze" (*Dürig*) behandeln, die als Währung für unsere ganze Lebenswelt gilt und sie regelt. Es ist ein ungelöstes Problem, wie man das Prinzip auf die konkreten Verhältnisse des Menschen, in denen er jeweils lebt, übertragen kann, was es dafür hergibt.

Mit der Inanspruchnahme von "Würde" hebt sich der Mensch aus der übrigen Natur heraus, er schützt sich gegenüber den Gefahren aus der ihn umgebenden Welt und vor den Gefahren, die ihm aus sich selbst erwachsen. Die "Würde" ist ein Mittel zur Sicherung seiner einzigartigen Stellung in der Welt und gegenüber der Natur. Die Menschenwürde muß daher konkrete politische und gesellschaftliche Auswirkungen haben.

Sie ist die Chiffre, mit der das, was die Grundlage für das Leben des Menschen und seine Menschlichkeit ausmacht, zu umschreiben versucht wird.

Menschenwürde meint, daß der Mensch und sein Leben für jeden Menschen selbst und für die Menschen untereinander den höchsten Wert darstellen, daß seine Entfaltung und größtmögliche Freiheit im Mittelpunkt rechtlichen und gesellschaftlichen Lebens zu stehen haben. Das gilt ganz im Sinne der *Kant*ischen Autonomieformel, wonach Würde und Autonomie des Menschen das Grundgesetz der moralischen Welt sind. *Kant* versteht das aber nicht individualistisch im

Sinne einer beliebigen Bestimmung des einzelnen und seiner Befugnisse, so als müsse man nur jeden tun lassen, was er wolle. Autonomie in diesem Sinne meint vielmehr den Menschen nicht als Einzelwesen, sondern als Teilhaber des allgemeinen moralischen Gesetzes, eingebunden in eine Gemeinschaft aller Menschen.

Was das für die menschliche Lebenswelt bedeutet, ist konkret angesichts des Meinungsstreits über die richtige Ordnung und angesichts des herrschenden ethischen Pluralismus nur schwer auszumachen. Das Prinzip der Menschenwürde kann nicht die vielfältigen Einzelprobleme des menschlichen Zusammenlebens entscheiden, das läßt sich aus ihm nicht einfach deduzieren. Man kann nicht einfach sagen, was menschenunwürdig und was menschenwürdig ist. Die Menschenwürde ist quasi die "eiserne Ration", "the last refuge" des Menschen (*Vitzthum*).

Sie kann nur verstanden werden als die elementare Sicherung der Existenzbedingungen des Menschen in seiner Welt. Garantiert werden soll damit nicht alles erdenkbare Gute, Nützliche und Wünschbare, sondern nur das Elementare, die Subjektstellung des Menschen als Person, der nicht zur bloßen Sache für einen anderen "herabgewürdigt" werden kann. Sicher ist die Menschenwürde kein Ersatz für ein konkret zu gestaltendes Sozialprogramm, das bestimmte Konzepte für die Wirtschafts- und Arbeitswelt liefert.

Der Menschenwürdegrundsatz gestattet nicht das Verschleiern und ethische Überhöhen der Verteilungskämpfe in einer Demokratie, in der es Dissens und Auseinandersetzungen gibt und geben muß. Sonst würde der Grundsatz nicht nur - wie es *Dürig* formuliert hatte - zur kleinen Münze, sondern sogar zum Falschgeld der politischen Auseinandersetzungen, wenn man diese allenthalben mit dem Argument der Menschenwürde bestreiten würde.

Man weicht den notwendigen Auseinandersetzungen und Entscheidungen aus, wenn man sich einfach auf die "Würde" beruft, wie etwa bei der Entscheidung über die politische Neutralität der Bundesanstalt für Arbeit beim Streik. Mit dem Griff nach der Würde kann vielmehr die vernünftige Auseinandersetzung über das richtige menschliche Verhalten quasi erschlagen, der Gegner ins prinzipielle Abseits gedrängt werden.

Dennoch ist eine menschliche Ordnung anders, die unter dem Würdegebot steht. Dieses stellt eine Art "regulatives Prinzip" dar. Was bedeutet das sachlich?

Die Menschenwürde verbietet die willkürliche Tötung, z.B. aus politischen und rassischen Gründen. Aus ihr folgt das Verbot der Sklaverei auch in ihren modernen Formen. Sie fordert die Gleichberechtigung von Mann und Frau, sie gewährt Schutz vor Vernichtung und gänzlicher Abhängigkeit. Ein Verhalten, das den Menschen zum bloßen

Objekt macht, ist mit ihr nicht vereinbar. Sie gebietet, den psychisch Kranken mit gleicher Achtung wie jeden anderen zu behandeln und nicht etwa als einen Minderwertigen mit minderen Rechten. Die Würde hängt nicht vom Intelligenzquotienten oder irgendeiner sozialen Rolle ab, sie setzt nicht voraus, daß man sie begreift.

Unbedingt vermieden werden muß, daß das Würdeprinzip einer heute wieder zunehmenden Neigung folgend wie eine Art Naturrecht behandelt wird. Der Grundfehler aller Naturrechtslehren in ihren historisch verschiedenen Gestalten ist es, Elemente der vorfindlichen, empirischen menschlichen Natur in ein transzendental verstandenes Wesen des Menschen zu projizieren, um daraus im Wege scheinbarer Ableitung für höchst streitige Anschauungen scheinbare Begründungen auch für konkrete Entscheidungen zu gewinnen.

Unter Berufung auf die "Natur" des Menschen hat man Sklaverei und Emanzipation, autoritäre Überordnung und Gleichheit aller, das Recht zur Durchsetzung mit den Mitteln des Krieges und die Pflicht zum prinzipiellen Frieden, das Recht der Eltern auf Bestimmung der Erziehung ihrer Kinder und die Freiheit der Kinder von der Bevormundung der Eltern gleichermaßen zu begründen versucht.

Geradezu entlarvend ist es, wenn der Philosoph Spaemann heute in den Auseinandersetzungen um die Reproduktionsmedizin unter Berufung auf das Prinzip der Menschenwürde nach einer differenzierten philosophisch-geschichtlichen Ableitung als Beispiele für die Verletzung dieser Menschenwürde in einem Atemzug die Folter, Pornofilme und Peepshows nennt und die Retortenproduktion des Menschen untersagen will.

Das Prinzip der Menschenwürde kann uns auch nichts Konkretes über den gebotenen Umfang des Ehrenschutzes im Zivil- und Strafrecht sagen. Die Verwertung privater Tagebuchaufzeichnungen im Gerichtsverfahren mag den rechtlich geschützten Persönlichkeitsbereich verletzen, sie berührt aber nicht die Menschenwürde. Nicht alles, was Rechte und Befugnisse jemandes verletzt, tangiert schon dessen Würde. Die Menschenwürde wird entwertet, wenn man mit ihr inflationär argumentiert und sie etwa bemüht, die Entscheidung über die Grenzen zulässiger Haarlänge bei Soldaten zu bestimmen.

Besonders umfänglich wird die Menschenwürde heute auf den viel diskutierten Feldern der Reproduktionsmedizin und der Gentechnologie bemüht. So hat man versucht, jede extrakorporale Befruchtung als mit der Menschenwürde unvereinbar, als unvereinbar mit der Würde des menschlichen Zeugungsaktes hinzustellen. Das geschieht etwa in der Römischen Instruktion zur Fortpflanzungsmedizin.

Es ist darauf zu achten, daß konkrete ethische Entscheidungen nicht mit Hilfe nicht näher begründeter Vorurteile gefällt werden, die mit dem Argument der Menschenwürde bemäntelt werden. Es ist

nicht ersichtlich, weshalb etwa die heterologe Insemination gegen die
Menschenwürde verstoßen soll, die nur die Sicherung der elementaren Lebensbedingungen des Menschen fordern kann. Dann müßte
ebenso jede außereheliche Zeugung eines Kindes, etwa im Ehebruch,
menschenunwürdig sein. Es mag viele ernst zu nehmende Bedenken
gegen die heterologe Insemination geben, ihre rechtlichen und ethischen Konsequenzen sind zu bedenken. Sie aber prinzipiell als Verletzung der Menschenwürde zu qualifizieren, ist sicher angesichts ihrer
auch positiven Auswirkungen unbegründet.

Im Streit um die Leihmutterschaft wird ebenfalls die Menschenwürde bemüht. Sicher wirft eine Leihmutterschaft viele Probleme auf.
Das Auseinanderfallen von genetischer, austragender und sozialer
Mutter bringt für alle Beteiligten, insbesondere für das Kind, erhebliche Gefahren und Belastungen. Würde damit aber die elementare
Achtung des Menschen als Person außer acht gelassen? Ich möchte
das verneinen, mag andererseits die Leihmutterschaft wegen ihrer möglichen Konsequenzen auch durchaus gesetzlich verboten werden. Das
Problem sozusagen mit der Menschenwürde zu "erschlagen" verschließt
den Blick vor den eigentlichen Problemen und Konsequenzen.

Verfahren der sich entwickelnden Gentechnologie könnten in vielfältiger Weise die Substanz des Menschen und damit dann seine Menschenwürde berühren. So wären m.E. mit ihr etwa Unternehmen nicht
zu vereinbaren, die der Kreuzung zwischen Mensch und Tier dienen,
etwa auch Eingriffe in die menschliche Keimbahn zur "Züchtung" qualitativ hochwertiger Menschen.

Brechen wir die Reihe der Beispiele hier ab. Ich hoffe, daß sie genügend die elementare Funktion der Menschenwürde einerseits, andererseits aber auch die Grenzen ihrer bloßen "Anwendbarkeit" gezeigt haben.

III

Was bedeutet das alles nun konkret für unser Thema? Gibt die Menschenwürde für den Umgang mit dem psychisch Kranken überhaupt
etwas her? Ist das Leitthema etwa falsch gewählt?

Ich meine nein. Die Menschenwürde bildet sozusagen die Basis
und das Leitmotiv für den Umgang mit dem psychisch kranken Patienten. Er ist gleicher Mensch wie wir alle meinen es zu sein.

Er hat gleiche Rechte und Ansprüche wie andere, auch auf Achtung, Respekt und individuelle Entfaltung, soweit das ihm möglich ist.
Für den Umgang mit ihm gelten die gleichen allgemeinen Grundsätze
der medizinischen Ethik, die über allen Streit im einzelnen über Ethik-
und Würdekonzepte hinweg doch allenthalben Anerkennung finden.

Seidler hat versucht, diese elementaren Prinzipien für den Umgang mit dem Kranken wie folgt zusammenzufassen: Das Wohl des Kranken allem voranstellen, das Leben zu erhalten, dem Kranken nicht schaden, die Würde des Menschen achten, vertrauenswürdig sein.

Ganz ähnlich formuliert Beauchamps/Childress in ihren Prinzipien der biomedizinischen Ethik: Nichtschädigung, Wohltun, Schutz der Autonomie und Gleichbehandlung.

Die folgenden Beiträge dieses Bandes befassen sich weniger als dieser mit abstrakt-allgemeinen Themen. Die Fragestellungen werden zunehmend konkreter und beschäftigen sich mit den Problemen des Umgangs mit psychisch Kranken, mit der Visite, dem Sachverständigen usw. Das sind die wesentlichen konkreten Fragen, bei denen entschieden wird, ob wir die Würde des Kranken achten oder verletzen. Das gilt auch für die Fragen des Maßes notwendiger Sicherung und möglicher Freiheit bei einzelnen Krankheitszuständen. Die Menschenwürde ist die unverzichtbare und unersetzbare Basis des Umgangs mit dem Patienten in der Psychiatrie. Mit Ableitungen aus ihr können aber die konkreten Fragen des psychiatrischen Alltags nicht gelöst werden. Das fordert viel mehr.

Literatur

Beauchamps/Childress: Prinzipien der biomedizinischen Ethik. New York, 2. Aufl. 1983.

Krawietz, Werner: Gewährt Art. 1, Abs. 1 GG dem Menschen ein Grundrecht auf Achtung und Schutz seiner Würde? in: Gedächtnisschrift für Friedrich Klein, hrsg. v. *Dieter Wilke* u. *Harald Weber*. Vahlen, München 1977, S. 245 ff.

Luhmann, Niklas: Grundrechte als Institution. Duncker u. Humblot, Berlin 1965.

von Mangoldt/Klein/Starck: Grundgesetz, Kommentar, Bd. 1. Vahlen, München, 3. Aufl. 1985, zu Art. 1.

Maunz/Dürig: Grundgesetz, Kommentar. Stand 1985. Beck, München 1985, zu Art. 1 GG.

Seidler, Eduard: Ethische Probleme im Umgang mit dem Kind,, in: *Müller/Olbing* (Hrsg.): Ethische Probleme in der Pädiatrie. Urban & Schwarzenberg, München 1982, S. 45 ff.

Vitzthum, Wolfgang: Die Menschenwürde als Verfassungsbegriff, in: Juristenzeitung (1985) 201 ff.

Wachsmuth, Werner/Schreiber, Hans-Ludwig: Die Würde des Menschen, zuerst in: Frankfurt Allgemeine Zeitung vom 5.August 1985.

Wertenbruch, Wilhelm: Grundgesetz und Menschenwürde. Heymans, Köln 1958.

Ralf Seidel

Von psychischer Krankheit und Menschenwürde

"Ist das ein Mensch?"

Primo Levi

H.L. Schreiber entwickelt den Begriff Menschenwürde als Grundnorm unserer Gesellschaftsordnung und Leitmotiv für den Umgang mit psychisch kranken Menschen. Der Psychiater nun, abseitig menschennächster unter den Medizinern, ist Spiegler und zuweilen Beheber riskanter, verrückter Lebenslagen. Seine Werkzeuge sind zunächst nur Bild und Zweifel. In ihnen, durch sie gebrochen begegnen ihm die Abwegigen an der Nachtseite unserer Existenz (*Kisker* u. *Müller-Suur*, 1988). In ihrer umdunkelten Vielfalt - und Einfalt - scheint sich gerade etwas von dem zu erhellen, was hier Gegenstand ist: Mensch-Sein, Menschenwürde. - "So schön wie das in Wörtern klingt, ist das Ganze nicht ..." schrieb *Peter Bichsel* in einem Text über geistig Behinderte, aber es enthält "die Chance ... sich Gedanken über das Menschliche zu machen" (*Bichsel*, 1970).

Der Psychiater ist weniger Experte als Stuntman der medizinischen Experten: sein Double fürs Gefährliche (*Marquardt*, 1983) - den Umgang mit Menschen in ihrer besonderen Verletzlichkeit. Und die Psychiatrie hat sich bei diesem, ihrem Unternehmen, schon einmal tief in Abgründe gestürzt. Auch davon soll, ja muß die Rede sein: jedes Gespräch über ärztliche, psychiatrische Ethik, jede Ausführung über Menschenwürde im psychiatrischen Alltag bewegt sich heute im Schatten der Grauen von Hadamar und Auschwitz.

Von der Menschenwürde

Vor ziemlich genau 500 Jahren lud der Florentiner Gelehrte *Pico della Mirandola* die europäischen Universitäten zu einer Disputation ein. Sie abzuhalten war ihm von Papst Innozenz VIII. untersagt worden. Hier sei aus seiner als Einführung gedachten Rede "de dignitate hominis", "Über die Würde des Menschen" zitiert (*Pico della Mirandola*, 1988):

"Wir haben dir keinen bestimmten Wohnsitz noch ein eigenes Gesicht, noch irgendeine besondere Gabe verliehen, o Adam, damit du jeden beliebigen Wohnsitz, jedes beliebige Gesicht und alle Gaben, die du dir sicher wünschst, auch nach deinem Willen und nach deiner eigenen Meinung haben und besitzen mögest. Den übrigen Wesen ist ihre Natur durch die von uns vorgeschriebenen Gesetze bestimmt und wird dadurch in Schranken gehalten. Du bist durch keinerlei unüberwindliche Schranken gehemmt, sondern du sollst nach deinem eigenen freien Willen, in dessen Hand ich dein Geschick gelegt habe, sogar jene Natur dir selbst vorherbestimmen. Ich habe dich in die Mitte der Welt gesetzt, damit du von dort bequem um dich schaust, was es alles in dieser Welt gibt.

Wir haben dich weder als einen Himmlischen noch als einen Irdischen, weder als einen Sterblichen noch als einen Unsterblichen geschaffen, damit du als dein eigener, vollkommen frei und ehrenhalber schaltender Bildhauer und Dichter dir selbst die Form bestimmst, in der du zu leben wünschst. Es steht dir frei, in die Unterwelt des Viehs zu entarten. Es steht dir ebenso frei, in die höhere Welt des Göttlichen dich durch den Entschluß deines eigenen Geistes zu erheben."

Gerade die Möglichkeit, schlecht und gut zu sein, ohnmächtig und mächtig, gleich und ungleich, scheint den Menschen auszumachen.

Menschliches Dasein ist damit immer auch gelassener Widerstand. "So wie in der Physik Kraft ohne Widerstand, also Gegenkraft, leerbleibt, so auch in der Metaphysik Macht ohne Gegenmacht" (*Jonas*, 1987). Und Widerstand braucht die Macht des Zweifels. Vielleicht ist daher der menschenwürdigste Satz immer noch der des Sokrates "Ich weiß, daß ich nichts weiß". - Von diesem Satz nimmt alle Ethik ihren Ausgang.

Von psychischer Krankheit

Kurt Schneider hat die Frage, was psychische Krankheit sei, im Rahmen "klinischer Sinngesetzlichkeit" (*Schneider*, 1953) zu bestimmen versucht. Seine Antwort ist notwendig und hilfreich im reduzierten Kontext institutionalisierter Therapeutik. Aber er warnte auch davor, Psychopathologie "zu logisch zu nehmen, irregulär Vernünftiges am vernünftig Geregelten zu messen" (*Kisker* u. *Müller-Suur*, 1988). So sagen seine Definitionen wenig aus über den Menschen selbst, der in die Irre geriet, ins Abschüssige, häufig Ausweglose. Vom Menschen, der an seinem Abweg leidet oder sich gelegentlich zu freuen scheint, der den anderen entrückt, mit seinem Ich Zwiesprache hält, oder in sich versunken schweigt; der als er selbst ein Anderer ist, und als Anderer er selbst - und doch wieder durch alle häufig bedroht, selten beglückt, fast immer einsam bleibt.

Der schizophrene Mensch etwa, der ver-zweifelt sich selbst zur Frage macht. Er tut dies nicht in spielerischer Freiheit, sondern ge-spielt un-frei - und zeigt uns dennoch die Weite auf, in der sich unser Denken bewegen kann. - Oder der manisch-depressive Mensch. Er weist auf die Spanne unseres Empfindens hin: bis hin zum Nicht-Empfinden des Melancholikers - des Nicht-Fühlen-könnens seiner selbst, des Anderen, der Welt; oder zum in der Welt aufgehenden, den Anderen sich einverleibenden Glücksgefühl des Manikers. *Hölderlin*, schon ver-rückt, schrieb die Zeilen:

"Weil, wenn abgesondert so sehr die Gestalt ist, die Bildsamkeit dann herauskommt des Menschen." (*Kisker*, 1980)

Psychische Krankheit, das geht uns in diesem Vers an, zeigt die Bildsamkeit des Menschen in seiner Absonderung, Verrückung.

Dies sind nur Andeutungen darüber, was psychisches Kranksein hier bedeuten kann. Über uns, die Therapeuten, dem Abwegigen Begegnenden sei hier nicht gesprochen. Daß, und wie weit *uns* die Begegnung mit dem Anderen in emphatischer Annäherung verändern, *Kisker* (1980) spricht, in Anlehnung an *Theunissen*, von Ver-Andern, kann, hat *A. Tschechow* in seiner Erzählung "Krankenzimmer 6" an der Figur des Dr. Regin eindrucksvoll beschrieben.

Die Entwürdigung psychisch Kranker in der Zeit des Nationalsozialismus

Der Arzt *Max Hodann* bemerkt bei *Peter Weiss* (1981) fast resigniert: "Die Moral, die Ethik läßt sich nur von jenen verwirklichen, die sich in tiefster Erniedrigung befanden ..."

Während der Vorbereitung dieser Ausführungen habe ich eine Ausstellung des jü-dischen Malers *Felix Nußbaum* besucht. Ich fand gemalte Stationen menschlicher Entwürdigung, unterlegt mit Dokumenten, die darlegten, wie einem Menschen im Nationalsozialismus die Menschenwürde geraubt wurde - vom Entzug des Stipen-diums 1933, über Flucht und Versteck, bis zur Ermordung in Auschwitz 1944.

1920 erschien die Schrift des Juristen *K. Binding* und des Psychia-ters *A. Hoche* unter dem Titel: "Die Freigabe der Vernichtung lebens-unwerten Lebens. Ihr Maß und ihre Form" (*Binding* u. *Hoche*, 1922). *Binding* billigte dem vernunftbegabten Individuum zu, sich als ethi-sches Subjekt selbst zu bestimmen. Darüber hinausgehend forderte er jedoch, daß "Euthanasie" - als aktive Tötung *sogenannten lebensun-werten Lebens* - zu gestatten sei. Dieses lebensunwerte Leben, der Vernünftigkeit und freien Selbstbestimmung unfähig, habe ein Recht auf den Erlösungstod - so wie ein Recht auf Selbsttötung bestünde.

Das bedeutet, daß es Menschenleben gäbe, das die Eigenschaft eines Rechtsgutes eingebüßt hat. Würdeloses Menschenleben.

Es ist diese von *Binding* und *Hoche* in die Debatte geworfene ideologische Argumentationslinie, die von den Nationalsozialisten aufgegriffen wurde. Durchsetzt von rassenideologischem Gedankengut und dem Ziel gemeinschaftlicher Leistungsmaximierung um jeden Preis - auch den von Menschenleben. Und die Entwürdigung der Abwegigen schritt fort. Zunächst mit der Sterilisierung von bis zu 400.000 Menschen im Rahmen des "Gesetzes zur Verhütung erbkranken Nachwuchses". Mit der Ermordung von über 70.000 langfristig psychisch Kranken in der "Aktion T4" von 1939 bis 1941, deren Vorlauf in der Ermordung polnischer Anstaltspatienten zu sehen ist. Schließlich in der "Kindereuthanasie", der sogenannten "wilden Euthanasie" oder richtiger "Aktion Brandt", die bis zum Kriegsende dauerten. Und die Vernichtungsaktionen wurden fortgesetzt durch Psychiater der T4-Aktion, die im Rahmen der Aktion "Sonderbehandlung 14 f 13" in den Konzentrationslagern Menschen unter einem zynischen Schatten psychiatrischer Diagnostik selektierten. Sie verwandten "Diagnosen" wie "Kommunist, Hetzjude, Rassenschänder, Deutschenhasser, Katholik". Die so selektierten Menschen wurden in die bis dahin nur in den psychiatrischen Tötungsanstalten existierenden Vergasungsräume zur "Sonderbehandlung", - d.h. der Vernichtung - verbracht. Selbst der Tötungsvorgang war anonymisiert, industrialisiert, der je eigenen Verantwortlichkeit des Täters entzogen und damit - sofern hier noch eine Steigerung möglich ist - weiter entwürdigt worden.

Und es waren alle psychisch kranken Juden, nicht nur die Langzeitpatienten, in die Vernichtungsaktionen einbezogen. Dazu Bewohner von Altersheimen, verzagte, obdachlose Opfer des Bombenkrieges, Tuberkulosekranke. Und schließlich *"Gemeinschaftsfremde"* - ein Begriff, der alle Menschen, die dem NS-Regime nicht genehm waren, erfassen und sie der Vernichtung zuführen konnte (*Meyer* u. *Seidel*, in Druck).

Es kann hier nicht auf die Verschiedenheit des Ablaufs der psychiatrischen Tötungsprogramme eingegangen werden. Das Spektrum der Teilnahme der jeweiligen Anstalten war weit. Es reichte von entschiedener Beteiligung, wie etwa in Lüneburg, bis zu angepaßter Resistenz, wie in Göttingen zum Beispiel (*Seidel*, et al., 1987). Sicher ist, daß es bei Betreuern, Angehörigen und in der Bevölkerung allgemein, vor allem bei Angehörigen der katholischen Kirche, immer wieder Menschen gab, die versucht haben, den psychisch Kranken - und damit sich selbst - durch Aufnahme in Familien, Zustecken von Nahrung, Fälschen von Diagnosen u.a. - einen Rest an *Würde* zu bewahren.

Wir wissen heute, daß die Vernichtungsaktionen psychisch Kranker das direkte Vorspiel der "Aktion Reinhard", der "Endlösung der Ju-

denfrage" waren. In den Vernichtungslagern setzte sich das fort, was
R.J. Lifton (1982) "medicalized killing", nennt; *Dörner* (1985) spricht
von therapeutischem Töten. Von Hadamar führt der Weg nach Auschwitz - personell, über die Aktion T4, und was die Ideologie und Tech-
nologie der anonymisierten, medizinalisierten Vernichtung anbelangt.
Der Grad der Erniedrigung, den der Begriff Menschenwürde hier erfahren hat, läßt sich nicht beschreiben (*Levi*, 1961; *Durlacher*, 1988).
Ethik hatte für die Machthaber keinen Platz mehr. "Ethik war", wie
ein SS-Arzt später berichtete (*Lifton*, 1982), "kein Wort, das in Auschwitz zu hören war ... Ärzte und andere sprachen nur darüber, wie die
Dinge am wirkungsvollsten erledigt werden könnten, darüber, was am
wirkungsvollsten war."

Zwei utopische Aporien

1. Uneingeschränkte Macht kann nicht gut sein

Zunächst sei von einer Utopie die Rede, die sich der absoluten, unge-
hinderten Machtausübung bedient. Ihr liegt die nationalsozialistische
Ideologie *uneingeschränkter Gemeinschaftlichkeit* zugrunde. Glück
wird als *Solidarpflicht herrschaftlich verfügt*. Wer dieses verhängten
Glücks nicht "würdig" oder es sich zu schmieden nicht willens war,
mußte als *gemeinschaftsunfähig* gelten. Darauf stand letztlich "Sonderbehandlung", Tod.

Als Täter und Unter-tan (*Haug*, 1986) konnte der nationalsoziali-
stische Arzt daran glauben, daß die Sterilisierungsmaßnahmen - im
Geiste der Utopie einer heilen Gemeinschaft - der Gesundung des
"Volkskörpers" dienten. Als Untertan konnte ein SS-Arzt der Häft-
lingsärztin *E. Lingens-Reiner* (1948), als diese auf die rauchenden
Schornsteine von Auschwitz wies und fragte, wie er es als Arzt mit der
Würde des Menschen hielte, antworten: "Aus Respekt vor dem Leben
würde ich einen eitrigen Blinddarm aus einem Körper entfernen ..." -
So konnte auch *K. Brandt*, Hitlers Begleitarzt und Hauptverantwortli-
cher für die Vernichtung psychisch Kranker und Behinderter, behaupten, diese Maßnahmen seien von rein humanitären Betrachtungen
diktiert gewesen. Der Arzt, wie der Soldat, handelt, indem er sich un-
terstellt. Die *Verantwortung* für sein Handeln ist in der Gemeinschaft
aufgehoben.

Der hier beschriebene Weg muß zu endgültigen, ausweglosen Lösungen führen: *Endlösungen*. Tod wird hier nicht "nur" als Vernichtung der "Un-würdigen" besorgt, sondern ist auch *Heil*, Er-lösung.

Aufs Handeln gewandt heißt das: *Alles Machbare ist erlaubt*. Ethik hat im Leben keinen Platz mehr. - Uneingeschränkte Menschenmacht kann aber *nicht gut sein*.

2. Das "Laster der Engelhaftigkeit"

Die *Kant*sche Definition von Personsein und menschlicher Würde, als durch Vernunft in Freiheit selbstbestimmtes Leben, hatte *Karl Brandt* während des Nürnberger Ärzteprozesses argumentativ den Rücken gestärkt. So konnte er darlegen, daß die Getöteten keine Opfer einer "Missetat" wären, sondern Wesen, denen man in Mitleid begegne sei. Sein Kontrahent vor dem Nürnberger Gerichtshof, der Gutachter für Ethikfragen *Werner Leibbrand*, antwortete einem der Anwälte der Angeklagten (*Seidel*, 1988; zur aktuellen Debatte um die Sterbehilfe-gesetzgebung vgl. *Baumann* et al., 1986):

Anwalt: Aber Sie erkennen an, daß vom philosphischen und juristischen Standpunkt aus das "Problem" (der "aktiven Sterbehilfe"/Tötung langfristig schwerstkranker Menschen, R.S.) "diskutiert werden kann, de lege ferenda?"

Leibbrand: Ich würde nicht sagen "de lege ferenda", aber ich würde mich auf eine noch scholastischere Weise ausdrücken und sagen, daß es äußerst zweifelhaft ist, daß diese Möglichkeit auf eine so begrenzte Weise realisiert werden könnte, denn es handelt sich hier um ein offenes Problem, das nicht direkt gelöst werden kann; bei offenen Problemen kann man nicht von "de lege ferenda" sprechen.

Gerade die erschreckende Möglichkeit des Handelns, die *Kants* Gedanken hierzu (*Kant*, Ausg. Weischedel, 1956) den Nationalsozialisten an die Hand zu geben schienen - und wohl auch die belastende Wucht, die die langjährige Begegnung mit psychisch schwerstkranken Menschen ausübt - scheinen ein Ausgangspunkt von *Thomas Szasz'* (1980) Forderung nach einer radikalen Neubestimmung "psychiatrischer Praxis" zu sein.

Ihr Ziel ist die Zuerkennung voller Menschenwürde, aller Menschenrechte, gerade auch für den "psychisch Kranken". Aber: für *Szasz* ist jedes Individuum als uneingeschränkt autonom anzusehen und damit voll verantwortlich für all sein Tun. Kein Mensch darf, seien seine Handlungen noch so bizarr, anstößig, ja gefährlich, als psychisch krank gekennzeichnet werden. Schuldausschließungsgründe wegen verminderter Verantwortungsfähigkeit entfallen. Sogenannte "psychische Krankheit" ist selbstgewählter, wenn auch häufig ver-rückter Lebensstil. *Szacz'* von vielen begeistert aufgenommene Position (u.a. 1987; *Breggin*, 1988) scheint fortschrittlich und von hoher Moral getragen. Und doch sei die Frage gestellt, ob wir unter Annahme dieses widerspruchsfreien Königreichs absoluter Freiheit nicht wieder einer utopischen Aporie verfallen? Ob wir so, nicht gerade wieder psychisch kranke Menschen *ihrer Würde berauben*, die wir ihnen unter der Signatur der Selbstbestimmungsfähigkeit und Vernünftigkeit uneingeschränkt zuzumuten scheinen? Der Therapeut, der *Szasz'* Position konsequent bezieht, *kann und darf gerade schwerstkranke Menschen*, die Verletzlichsten und der Hilfe Bedürftigsten, nicht mehr behandeln. Er zwingt sich auf eine Art "Dauerflucht vom Gewissen-Haben ins Gewissen-Sein". Und Gewissen-Sein enthält unausweichlich auch den Anspruch des Gewissen-Seins *für Andere*, der in eine neue gefährliche *ausweglose Gemeinschaftlichkeit* münden muß. Und dies bedeutet auch die Flucht aus der permanenten, höchst mühsamen Verantwortungszumutung des Alltags psychiatrischen Handelns (*Seidel*, 1987).

Jeanne Hersch (pers. Mitteilung und 1982) sprach in ähnlichem Zusammenhang vom "péché d'angelisme", dem Laster der Engelhaftigkeit. "Engelhafte" Güte ist ohnmächtig. Aber Hilfe benötigt Macht. Und zur Menschenwürde zählt der Anspruch auf die Hilfe gerade des jeweils anderen.

Während die Straße absoluter Machbarkeit der Ethik keinen Spielraum läßt, versperrt der Pfad engelhafter Güte aller fremden Hilfe ihren Platz. Beide Wege sind ausweglos, ohne Hoffnung für die, die in die jeweiligen fremd- oder selbstbestimmten Gemeinschaften nicht zu passen scheinen. Für "Gemeinschaftsunfähige" gibt es kein Hoffen, nur endgültige Lösungen.

Die Verwirklichung der dargelegten utopischen Entwürfe ist, wie wir gesehen haben, mörderisch im ersten, todgefährlich im zweiten Fall. Dennoch müssen diese Utopien, als regulative Ideen, gedacht sein - auch um sie *fürchten zu lernen* (*Jonas*, 1982). Ohne Furcht hätten Zweifel und Widerstehen keinen Grund. Und Zweifel und Furcht gestalten menschenwürdiges Leben zwingend mit.

Als eines der zentralen Themen aller psychiatrisch Tätigen stellt sich, gerade im Zusammenhang mit der Behandlung psychisch schwergestörter Menschen und ihrer persönlichen Würde und deren "Unverletzlichkeit", das Thema *Gewalt*. Auch hier verfehlen beide genannten utopischen Entwürfe ihren Gegenstand. Der eine beantwortet die Frage nach der Gewalt eben "gewaltsam" und löst sie damit vernichtend-endgültig. Der andere weicht der Frage gewaltlos aus, umgeht sie in nur scheinbarer Güte. Doch ist psychische Krankheit an sich etwas Gewaltiges, und sie kann sich auch gewaltsam äußern. Auch die therapeutische Antwort der Helfer kann gewalttätig erscheinen -

oder ist es leider nicht zu selten. *Brecht* meint, daß "Hilfe und Gewalt ein Ganzes" bilden. Wenn Gewalt "im Sinne der Zweck-Mittel-Kategorie verläuft", so geht bei Gewalthandlungen die "Vorzugsstellung des Zwecks im Verlauf der Handlung" (*H. Arendt*, 1981) verloren. So gesehen kann Hilfe zwar gewaltsam erscheinen, darf jedoch niemals Gewalt-Tat sein. Gewalt bedeutet stets den Abbruch jeglicher Kommunikation und ist mit Menschenwürde nicht vereinbar. Wohingegen *Macht* Hilfe erst ermöglicht. Ihre Ausübung bedarf der *Verantwortung* und öffentlicher Kontrolle.

Der alltägliche Umgang mit Menschen in ihrer menschlichsten Verletzlichkeit: psychischer Krankheit - lehrt uns, daß es endgültige Lösungen zwischen Menschen, für Menschen nicht gibt. Unser Tun ist immer An-tun und muß damit stets frag-würdig bleiben. Und vielleicht ist es gerade diese *Fragwürdigkeit*, die ganz wesentlich würdiges Menschsein bestimmt.

Um jedoch die Haltung bedachter, verantwortlicher Handlungsfähigkeit verwirklichen zu können, um für sie überhaupt erst empfänglich zu sein, bedarf die darin wirkende Vernunft eines emotionalen Grundes. Dieser scheint auf in Begriffen wie "Anstand und Takt" (*Aristoteles*), "Achtung" (*Kant*) oder gerade im Begriff des "Interesses" (*Kierkegaard*). Dazu die folgende Geschichte.

"Ein Rabbi wurde von seinen Schülern gefragt: Wann endet die Nacht, und wann beginnt der Tag? Der Rabbi gab die Frage an seine Schüler zurück und bat um Vorschläge. Einer sagte: Wenn ich einen Hund von einem Schaf unterscheiden kann, dann endet die Nacht und beginnt der Tag. Ein anderer sagte: Wenn ich einen Feigenbaum von einem Dattelbaum unterscheiden kann, dann endet die Nacht und beginnt der Tag. Da antwortete der Rabbi: Ich will es euch sagen. Wenn ich im Gesicht meines Nächsten den Bruder oder die Schwester erkennen kann, dann endet die Nacht und beginnt der Tag."

Eine Patientin schrieb mir vor kurzem: "Aber vielleicht rührt sich die tief in uns begrabene, zertretene Würde - die Krankheit fraß sie auf, oft hilfreiche Medikamente, besorgte Pflegepersonen halten sie gefangen -, wenn nur ein Mensch taktvoll und anständig an einem handelt, wie sich eine Wurzel regt, nach einem kalten Winter ...?

Literatur

Arendt, H.: Macht und Gewalt. München, 4. Aufl. 1981.

Baumann, J. et al.: Alternativentwurf eines Gesetzes über Sterbehilfe. Stuttgart/New York 1986.

Bichsel, P.: Warum mir die Geschichte mißlungen ist, in: Erfahrungen, Témoignage, Testimonianze, hrsg. v. Pro Infirmis. Bern 1970, S. 157.

Binding, K./Hoche, H.: Die Freigabe der Vernichtung lebensunwerten Lebens. Leipzig 1920, 2. Aufl. 1922.

Breggin, P.: Contemporary Psychiatry - Is it the same institution that helped to create the Holocaust? Vortrag auf dem Cologne Fall Meeting "Medical Science without Compassion - Past and Present", 28.-30. September 1988.

Dörner, K. (Hrsg.): Fortschritte der Psychiatrie im Umgang mit Menschen. Wert und Verwertung des Menschen im zwanzigsten Jahrhundert. Rehburg-Loccum 1985.

Durlacher, G.L.: Streifen am Himmel. Geschichten aus Krieg und Verfolgung. Reinbek b. Hamburg 1988.

Haug, W.: Die Faschisierung des bürgerlichen Subjekts. Die Ideologie der gesunden Normalität und die Ausrottungspolitiken im deutschen Faschismus. Berlin 1986.

Hersch, Jeanne: Antithesen zu den "Thesen zu den Jugendunruhen 1980". Schaffhausen 1982.

Jonas, H.: Das Prinzip Verantwortung. Versuch einer Ethik für die technologische Zivilisation. Frankfurt, 3. Aufl. 1982.

Jonas, H.: Der Gottesbegriff nach Auschwitz. Eine jüdische Stimme. Frankfurt 1987.

Kant, I.: Zur Grundlegung der Metaphysik der Sitten. Ausg. Weischedel, Bd. IV, 1956.

Kisker, K.P.: Die Einsamkeit der Abwegigen, in: Medizinisch-psychologische Anthropologie, hrsg. v. *W. Bräutigam*. Darmstadt 1980.

Kisker, K.P./Müller-Suur, H.: Analogie-Gedanken und Fragen der Mimesis in einem metapsychiatrischen Dialog, in: Z. f. Klin. Psychol. Psychopath. Psychother. 36 (1988) 1.

Levi, P.: Ist das ein Mensch? Frankfurt 1961.

Lifton, R.J.: Medicalized Killing in Auschwitz, in: Psychiatry 45 (1982).

Lingens-Reiner, E.: Prisoners of Fear. London 1948.

Marquard, O.: Abschied vom Prinzipiellen. Philosophische Studien. Stuttgart 1983.

Meyer, J.E./Seidel, R.: Die psychiatrischen Patienten im Nationalsozialismus, in: Psychiatrie der Gegenwart, Bd. 9. Berlin/Heidelberg/New York, im Druck.

Pico della Mirandola, G.: Über die Würde des Menschen. Zürich 1988.

Schneider, K.: Klinische Gedanken über die Sinngesetzlichkeit. Mschr. Psychiatr. (1953) 125.

Seidel, R.: Von der notwendigen Fragwürdigkeit psychiatrischen Beistands, in: *Leipert, M./Stymal, R./Schwarzer, W.* (Hrsg.): Verlegt nach Unbekannt. Köln 1987.

Seidel, R.: Ethische Orientierungsversuche der Medizin nach den Nürnberger Ärzteprozessen, in: Soz. psych. Info 18 (1988) 2.

Seidel, R./Meyer, H./Süße, T.: Hilfreiche Anpassung - hilflose Fügung. Ärzte und Verwaltung Niedersachsens während der Vernichtung psychisch Kranker zur Zeit des Nationalsozialismus, in: Psychiatr. Praxis 14 (1987) 27-34.

Szasz, T.S.: Recht, Freiheit und Psychiatrie. Frankfurt 1980.

Szasz, T.S.: Das psychiatrische Testament. Berlin (Irren-Offensive e.V.) 1987.

Weiss, P.: Die Ästhetik des Widerstandes, Bd. III. Frankfurt 1981.

Heinrich Kunze

Das Psychiatrische Krankenhaus in der Entwicklung von der anstalts- zur gemeindezentrierten Versorgung

Ich will am Beispiel des Psychiatrischen Krankenhauses Merxhausen einige ausgewählte Aspekte zu diesem Thema darstellen, weil unsere Probleme und unsere Lösungsversuche denen vieler anderer Krankenhäuser ähneln. Es geht um die Themen

- Humanisierung und Normalisierung der Lebensverhältnisse,
- Qualifizierung der Therapie, auch für sogenannte alte Langzeitpatienten,
- Verkleinerung des zu großen Einzugsbereiches,
- Dezentralisierung von Verantwortung sowie Motivation von Mitarbeitern.

Vor der Reformation waren Hilfen für Bedürftige gute Werke für einen Platz im Himmel. Mit dem reformatorischen "Allein aus Gnade" wurde dieser caritativen Motivation die Triebfeder entzogen. Der protestantische Landgraf Philipp von Hessen[1] übernahm die Fürsorge für landarme Kranke, Irre, Alte, Sieche in die staatliche Verantwortung und gründete 1533 unter Verwendung von konfisziertem Kirchenbesitz vier Hohe Hospitäler: je zwei für Frauen und für Männer. Drei davon gibt es noch, und eines ist das Psychiatrische Krankenhaus Merxhausen, bis 1975 eine Frauenanstalt.

Merxhausen im "Dritten Reich"

Der absolute Tiefpunkt der Anstaltsgeschichte in Merxhausen war die "Euthanasie"-Aktion im "Dritten Reich".

1937 fand eine Wirtschaftlichkeitsprüfung der Landesheilanstalt statt durch die 'Wirtschaftsberatung Deutscher Gemeinden Aktiengesellschaft, Wirtschaftsprüfungsgesellschaft', mit der Adresse: Berlin, Tiergartenstraße 8d. Ich nenne diese Adresse, weil in unmittelbarer Nachbarschaft: Tiergartenstraße 4, 1939 die 'Reichsarbeitsgemeinschaft Heil- und Pflegeanstalten' gegründet wurde: die Tarnorganisa-

---

[1] Auch Gründer der Philipps-Universität Marburg/Lahn

tion, die die systematische Vernichtung von psychisch Kranken plante. Diese Aktion erhielt daher den Namen "T 4".

Die Prüfer kamen zu dem Ergebnis, "... daß in der Anstalt ohne jegliche Schwierigkeiten ... insgesamt 1.214 Betten aufgestellt werden können." Die Belegung war bis 1936 auf 855 gestiegen und erreichte 1939 mit 1.437 den höchsten Stand. - Von der Prüfgesellschaft wurden pro Patient für Tages- und Schlafraum höchstens 7 qm Bodenfläche für angemessen angesehen. In einem Krankengebäude, in dem jetzt 140 Patienten in sechs Stationen leben und das wir heute als unseren unteren Standard ansehen, wurde damals die Aufstockung der Belegung von 240 auf 340 vorgeschlagen. Außer dem Direktor wurden noch vier Ärzte für erforderlich gehalten. Für den Pflegedienst wurde eine Schlüsselzahl von 1 : 9 (einschl. Nachtdienst) angesetzt. Dabei waren 80% der Stellen mit Lernpflegerinnen besetzt.

Der Prüfbericht führt unter Bezug auf Prüfungen in anderen Provinzen aus: Die "Gliederung der Anstalten in Aufnahmeanstalten und Pflegeanstalten hat ihren Grund in der neuzeitlichen Einstellung der Volksgemeinschaft zu der Höhe der Aufwendungen für erbbiologisch minderwertige Mitmenschen". Es wird empfohlen, "allen Insassen, die nicht produktiv beschäftigt werden, eine sehr einfache Beköstigung, insbesondere mit verringerten Fleisch- und Fettportionen, zu geben." - Die Pflegesätze betrugen RM 1,65 für Bezirkshilfebedürftige bis RM 5,20 für Selbstzahler 1. Klasse.

Entsprechend der Empfehlung des Prüfberichtes wurden Patienten aus kirchlichen Anstalten nach Merxhausen verlegt. Außerdem kamen im Oktober 1939 aus Merzig 500 Patienten nach Merxhausen und Haina, da die Anstalt Merzig im Saarland im Zusammenhang mit der Vorbereitung des Krieges gegen Frankreich geräumt wurde.

Im Sommer 1941 wurden über 500 Frauen aus Merxhausen in mehreren Transporten nach Hadamar gebracht und ermordet. Im September 1941 wurde ein Lazarett für deutsche Soldaten in Merxhausen eingerichtet, das bis auf 470 Betten erweitert wurde, und 9 von 13 Häusern beschlagnahmte. Außerdem ist auf die besonderen Aktionen hinzuweisen, die jüdische Patientinnen sowie Zwangsarbeiter aus Polen und Rußland betrafen. Überhöhte Sterberaten (über 200 Todesfälle pro Jahr) durch Hungerkost und Seuchen bewirkten in den Kriegsjahren eine weitere Dezimierung der Patienten in Merxhausen.

Die Nachkriegszeit

1946 gab es noch etwas mehr als 400 Patienten in Merxhausen, die von 2 Ärzten und 42 Pflegekräften versorgt wurden. Vor dem Krieg hatte es in Hessen über 10.000 Geisteskranke in Anstalten gegeben, 1945 waren es weniger als 5.000.

In den Jahren des Wiederaufbaues ging es zunächst darum, die gröbsten Gebäudeschäden zu beseitigen sowie die Grundausstattungen (Matratzen, Wäsche ...) herbeizuschaffen. Seit Ende der 50er Jahre wurde die Anstaltskleidung durch individuelle Kleidung allmählich abgelöst. Mitte der 60er Jahre wurde erstmals vollständiges Eßbesteck (Messer, Gabel ...) eingeführt. Viele Selbstverständlichkeiten des Lebens mußten mühsam geschaffen werden. Und die Belegung, Überbelegung stieg wieder: 1957 waren schon wieder 740 Betten belegt und 1964 wurde das Nachkriegsmaximum von 900 erreicht.

Zur "Auflockerung" trug seit der zweiten Hälfte der 60er Jahre die Verlegung vieler sogenannter "Pflegefälle" in Heime bei. Ein Teil der Verlegten lebt in akzeptablen Heimen in der Umgebung des Krankenhauses, einige von ihnen kommen noch regelmäßig zur Arbeit ins Krankenhaus oder halten soziale Kontakte hierher aufrecht. Eine große unbekannte Zahl von Patienten ist aus dem fachlichen Gesichtskreis der Psychiatrie verschwunden, denn als Pflegefälle (§ 68 BS HG), die "so hilflos sind, daß sie nicht ohne Wartung und Pflege bleiben können", treten sie mit spezifischen psychiatrischen Störungen und Hilfebedürfnissen nicht mehr in Erscheinung. Sie werden auch in keiner Statistik des überörtlichen Sozialhilfeträgers oder des Landes als psychisch krank oder behindert aufgeführt.

Ein systematischer Umbau der Gebäude erfolgte in den Jahren 1965 bis 1977: 4 neue Gebäude mit 10 Stationen kamen hinzu, 2 alte Häuser wurden abgerissen. Das erste Mitte der 60er Jahre umgebaute Haus 6 ist jetzt wieder das Schlußlicht und wird erneut umgebaut. Damals wurden Unterteilungen der Säle vorgenommen, die jedoch die Geräusch- und Geruchsgemeinschaft der Station noch nicht aufhoben. Das heutige Konzept sieht die Unterteilung der Station in Pflegegruppen vor, jede Pflegegruppe erhält eine Wohnung mit drei Doppelzimmern, eigenem Wohnzimmer und eigenem Sanitärbereich. Nach dem Umbau 1966 gab es in dem Haus 60 Betten, nach dem jetzt geplanten Umbau sollen es nur noch 24 sein.

Gliederung in Funktionsbereiche

Der damals mühsam erreichte Bewegungsspielraum im Krankenhaus durch Verlegungen, Umbau und Neubau wurde dazu genutzt, die zuvor primär nach Beaufsichtigungsgesichtspunkten sortierten Stationen nun nach den Kriterien "Diagnose und Prognose" zu differenzieren. So entstanden seit Mitte der 70er Jahre die Funktionsbereiche Akutbehandlung, Langzeitbehandlung (seit 1981 mit Außenstelle Guxhagen), Gerontopsychiatrie (zwei Drittel der Plätze für Akutbehandlung) und Suchtkrankenbehandlung. Die Stationen wurden allmählich gemischt und einzelne geöffnet, andere fakultativ offen geführt, die überwiegende Mehrzahl jedoch geschlossen. Die Kontinuität der therapeutischen Beziehung, d.h. Entlassung von der Station, in der ein Patient aufgenommen wurde, hatte größere Bedeutung als möglichst homogene Stationen nach dem Kriterium 'geschlossen/offen' durch Verlegung. Der "Tigerkäfig-Effekt" durch Konzentration von Schwerstgestörten ist schädlicher als die Belastung von Patienten mit freiem Ausgang, wenn sie sich die Stationstür öffnen lassen müssen. Allerdings findet das im Krankenhaus favorisierte Prinzip der Verteilung statt der Konzentration von Problemfällen immer wieder seine Grenzen in der Personalausstattung, die der Verkleinerung von Stationen, den Gruppenaktivitäten von Stationen aus, der Einzelbetreuung von extrem schwierigen Problemfällen sowie der Ausstattung von Stationen mit Nachtwachen Grenzen setzt. - Nach und nach wurden gezielte Therapieprogramme entwickelt, wie z.B. kurz- und langfristige Behandlungsstationen sowie Entwöhnung für Suchtkranke, rehabilitative Behandlung von zur Chronifizierung neigenden Psychotikern, Psychotherapiestation.

Die verschiedenen Funktionsbereiche entwickelten Kooperationsformen mit den jeweiligen ambulanten und komplementären Diensten und Einrichtungen in der Region: für psychisch Kranke im erwerbsfähigen Alter, für Abhängigkeitskranke oder für alte Menschen. Die Sozialpsychiatrischen Beratungsstellen des Landkreises oder der Stadt Kassel kommen wöchentlich auf Stationen mit Patienten, die sie kennen oder kennenlernen sollen. Ebenso sind Selbsthilfegruppen und Beratungsstellen aus der Suchtkrankenarbeit an festen Wochentagen im Krankenhaus. Der Funktionsbereich Gerontopsychiatrie arbeitet eng mit den Einrichtungen und Diensten der Altenhilfe zusammen. Insofern korrespondiert die Funktionsbereichsgliederung mit den verschiedenen komplementären Netzen der verschiedenen Zielgruppen.

Außenstellen und innere Sektorisierung

Das Modellprogramm Psychiatrie verschaffte dem Landeswohlfahrtsverband die Mittel (Umbau- und Anlaufkosten), eine Außenstelle des Krankenhauses in Kassel aufzubauen, und zwar im besten Stadtteil Wilhelmshöhe mit optimaler Infrastruktur. In drei Stockwerken eines sechsstöckigen Schwesternwohnheimes der Orthopädischen Klinik des Landeswohlfahrtverbandes (LWV) Hessen entstanden 1983 zunächst eine Institutsambulanz und Tagesklinik (mit 25 Plätzen) und dann noch Anfang 1985 eine Aufnahmestation mit 22 Betten. Es handelt sich hierbei um von Merxhausen nach Kassel verlagerte, nicht um neue Kapazitäten.

Die Patienten benutzen denselben Hauseingang wie die Bewohner der übrigen drei Stockwerke. Die Außenstelle ist zwar nicht Teil eines Allgemeinkrankenhauses, jedoch liegt sie auf dem Gelände einer somatischen Fachklinik, die uns vielfältig unterstützt, z.B. Labor, Mitbenutzung der Gymnastikhalle usw.

Mit der Außenstellenbildung in Kassel begann eine zunehmende Sektor-Orientierung im Sinne der inneren Sektorisierung. Die Aufnahmestation *in* Kassel und eine *in* Merxhausen nehmen hauptsächlich Patienten *aus* Kassel auf (außer Suchtkranken und Altersverwirrten), zwei andere Aufnahmestationen in Merxhausen behandeln Patienten aus den Landkreisen.

Außenstellen erhöhen die wohnortnahen Krankenhausanteile. Solange sie zu klein sind, um für eine definierte Region, ggf. auch noch eingegrenzt nach Zielgruppen, die Versorgungsverpflichtung zu übernehmen, besteht die Gefahr der elitären Abspaltung vom Stammhaus: Anspruch auf die fortschrittlichste Psychiatrie - aber die schwierigsten Patienten werden zum Krankenhaus weitergeschickt. Wir haben dieser Gefahr - ich meine mit Erfolg - vorgebeugt dadurch, daß derselbe Funktionsbereichsleiter für Patienten aus Kassel in der Außenstelle in Kassel wie in Merxhausen zuständig bleibt. Dasselbe gilt für Langzeitpatienten in der Außenstelle Guxhagen oder in Merxhausen. Weiterhin haben wir darauf geachtet, daß ein ausreichender Anteil der Therapeuten zuvor in Merxhausen gearbeitet hatte und die von außen kommenden Neuen nicht überwiegen.

Inzwischen liegt ein Beschluß der Verbandsversammlung des LWV Hessen vor, in allen Krankenhäusern die Funktionsbereiche Akut- und Langzeitpsychiatrie in parallele, sektorbezogene Funktionsbereiche für allgemeine Psychiatrie umzugruppieren. Dies praktisch umzusetzen steht für die nächste Zukunft an.

Wirtschaftlichkeitsprüfung 1987

Die Personalausstattung des Krankenhauses war in all den früheren Jahrzehnten unzureichend und hat die therapeutische Arbeit, insbesondere aber auch die Entwicklung in Richtung auf eine zeitgemäße Psychiatrie erheblich beeinträchtigt. Alle Kritik an den Defiziten des Krankenhauses ist kein Vorwurf gegenüber den damals im Krankenhaus Tätigen. Sie konnten auch nur arbeiten und selbst bei maximalem persönlichen Einsatz oft das Notwendigste nicht schaffen. Sie verdienen großen Respekt und Hochachtung, daß sie es unter den damals miserablen Zuständen überhaupt ausgehalten haben. (Viele

sind ja auch nach kurzer Zeit deshalb wieder gegangen oder erst gar
nicht gekommen.) Ich schließe mich der Warnung von *Wing* und
Brown in ihrer Drei-Krankenhaus-Studie von 1970 an: "Man ist leicht
ungerecht gegenüber hart arbeitendem, engagiertem Personal, das
selber unter Bedingungen der Vernachlässigung und des mangelnden
Interesses durch die Außenwelt arbeitet. - Und es ist gleicherweise
leicht, äußerlich apathische Patienten im Wahrnehmungsgrad ihrer
eigenen sozialen Deprivation zu unterschätzen, weil sie sich nicht be-
klagen."

Als mein Vorgänger, Herr Dr. Erckenbrecht, 1953 als Stationsarzt
in Merxhausen begann, gab es 6 Ärzte für 600 Patienten. Ende 1983
bei der Übergabe an mich war die Zahl auf 24 angestiegen, außerdem
waren inzwischen neue therapeutische Berufsgruppen integriert: 11
Psychologen und 6 Sozialarbeiter. Im Pflegedienst waren 304 (inklusive Schüler) tätig. Die Zahl der belegten Betten war inzwischen wieder auf 600 zurückgegangen, obwohl 1981 die Außenstelle Guxhagen
mit 100 Betten hinzugekommen war.

1954 betrug der Pflegesatz DM 6,50, im Stadtkrankenhaus Kassel
DM 14,28. Die Relationen sind bisher gleich geblieben: 1984 betrug
der Pflegesatz bei uns DM 133,- (im Jahresmittel) und in den
Städtischen Kliniken DM 340,-.

1984 scheiterten die Verhandlungen für den Pflegesatz 1985. Die
Krankenkassen verlangten eine umfassende Wirtschaftlichkeitsprüfung, deren Abschlußbericht mit über 300 Seiten im Sommer 1987 vor-
lag - also zufällig genau 50 Jahre nach der zuvor genannten Wirtschaftlichkeitsprüfung. Der Bericht bescheinigte dem Krankenhaus den Beginn "der Realisierung von Behandlungskonzepten ..., die eine Abkehr
von der Verwahrpsychiatrie zur Behandlungspsychiatrie bei gleichzei-
tigem Bettenabbau beinhalten". In allen Personalbereichen (einschließlich örtliche Verwaltung) wurden Defizite festgestellt in der Größen-
ordnung von insgesamt über 60 Stellen, bezogen auf das Aufgaben-
spektrum des Krankenhauses 1984/85.

Die Krankenkassen haben in der Budget-Verhandlung für 1988 zu-
gesagt, die im Prüfbericht festgestellten Defizite in drei Jahresschrit-
ten auszugleichen. Auf dem Hintergrund des allgemeinen Trends zur
Kostendämpfung ist diese Bereitschaft der Kassen gar nicht hoch genug einzuschätzen. Dabei ist zu berücksichtigen, daß insbesondere die
AOK infolge der ungünstigen Wirtschaftsstruktur Nordhessens ihre
Defizite nur durch Beiträge ihrer Mitglieder ausgleichen kann, die zu
den höchsten im Bundesgebiet gehören.

Für uns ergeben sich daraus konkrete Verpflichtungen, Aufgaben
und Erwartungen. Die Leistungen sind differenzierter darzulegen:
Statt globaler Angaben über Aufnahmen, Verweildauer und Anzahl
der Pflegetage sollen wir zielgruppenorientierte Darstellungen der

behandelten Patienten liefern. Da die Verweildauer von Behandlungsepisoden manipulierbar ist, soll als Bezugsgröße 'Tage im Krankenhaus pro Patient und Jahr' verwendet werden. Weiter wird von uns erwartet, daß wir durch Leistungsstatistiken in verschiedenen Bereichen, z.B. Beschäftigungs- und Arbeitstherapie, Sozialarbeit, den wirtschaftlichen Einsatz von kostbaren, weil teuren Personalressourcen belegen. Als Ergebnis für die Patienten wird eine wirksamere Behandlung, unter anderem ablesbar in kürzerer Verweildauer und längeren Zeiten außerhalb des Krankenhauses, und für die Krankenkassen damit ein Abbau von Krankenhausbetten, erwartet.

Zur Zeit hat das Krankenhaus über 2.200 Aufnahmen pro Jahr und durchschnittlich 568 belegte Betten plus 22 Tagesklinik-Plätze. Dafür arbeiten (inklusive Ambulanz) 33 Ärzte, 12 Psychologen, 9 Sozialarbeiter, 244 Pflegekräfte (ohne Schüler), 20 Mitarbeiter in der Beschäftigungs- und Arbeitstherapie und andere.

Therapeutische Ziele

Welche konkreten Verbesserungen soll die Personalaufstockung bewirken? Es geht nicht hauptsächlich um eine Ausweitung der therapeutischen Angebote, sondern vor allen Dingen um eine Qualifizierung. Zum Beispiel gab es im Bereich der Beschäftigungs- (BT) und Arbeitstherapie (AT) von der Zahl her in etwa genug Plätze, infolge der zu geringen Zahl von Therapeuten jedoch viel zu große Gruppen, die nur eine ungezielte Beschäftigung und Tagesstrukturierung ermöglichten. Durch die Aufstockung und Qualifizierung des Personals in der BT/AT von zuvor 12 auf dann 24 bis 28 Kräfte in 1990 wollen wir z.B. in bezug auf Arbeitstherapie erreichen:

- auf der Grundlage einer sorgfältigen Berufsanamnese gezielte Untersuchungen der arbeitsrelevanten Beeinträchtigungen durch die psychische Erkrankung sowie der verbliebenen Fähigkeiten;
- gezielte Programme zur Besserung der krankheitsbedingten Störungen sowie zur Entwicklung kompensatorischer Fähigkeiten;
- Unterstützung Akutkranker mit Arbeitsplatz bei der Rückkehr ins Berufsleben;
- bei längerer psychischer Erkrankung und Behinderung Vorbereitung und Überleitung in berufliche Reha-Maßnahmen.

Die Möglichkeit und das Ziel zu individual-spezifischer Diagnostik und Therapie schließt auch die stärkere Einbeziehung von Familie, Angehörigen, Arbeitswelt und übrigem sozialem Umfeld mit ein. Der geistige Bezugspunkt und Ort allen therapeutischen Handelns ist nicht mehr nur die Station. Krankheitssymptome, Therapieziele und

-inhalte sind in ihrer Relevanz für die konkreten normalen Lebenssituationen des Patienten zu sehen und nicht in bezug auf den reibungslosen Stationsablauf. Dasselbe gilt für Verhaltensformen, Stationsaufgaben für Patienten, Aufgaben in der BT und AT, für Musik, Sport usw. Alle diese Programme sind nicht primär in bezug auf Methoden oder Angebote, sondern von ihrer individuellen therapeutischen Relevanz für die Patienten zu legitimieren. Die Einbeziehung des konkreten sozialen Umfeldes der Patienten kann aber nicht nur gedanklich, sondern muß auch praktisch erfolgen. Therapeuten (dieser Begriff umfaßt auch Pflegepersonal) fahren mit den Patienten nach Hause (oder in komplementäre Einrichtungen), um konkret die Wechselwirkung zwischen Erkrankung und Lebensumständen zu verstehen und daraus therapeutische Schritte zu entwickeln. Therapie findet immer weniger stationsgebunden, sondern mehr in Einrichtungen des Krankenhauses außerhalb der Stationen oder in sozialen Räumen außerhalb des Krankenhauses statt, z.B. Thermalbad am Ort, Einkaufen usw. Angehörige werden zunehmend einbezogen. Beurlaubungen werden durch Vor- und Nachbereitung therapeutisch gezielt genutzt und nicht unter dem Gesichtspunkt der Stationsentlastung betrieben.

Ziel ist es, daß die Kranken und ihre Angehörigen die Krankheit möglichst begreifen und in ihre Biografie einzubeziehen lernen: daß sie lernen, belastende und entlastende Situationen selber zu erkennen und zu beeinflussen, die Wirkung von Medikamenten nachzuvollziehen - und so ein Stück Steuerungsmöglichkeit und Eigenverantwortlichkeit für ihre Krankheit und Behandlung übernehmen können. Dies ist für die Motivation zur weiteren Behandlung außerhalb des Krankenhauses sowie für die soziale Integration von entscheidender Bedeutung.

Die regelmäßige und enge Kooperation mit ambulanten und komplementären Diensten und Einrichtungen in der Region trägt wesentlich zur Verkürzung der stationären Verweildauer und zur Stabilisierung außerhalb des Krankenhauses bei. 1987 wurden über 300 Patienten in Einrichtungen außerhalb des Krankenhauses entlassen.

Für diese Entwicklungsrichtung wäre es sehr wichtig, wenn wir die tagesklinischen und ambulanten Behandlungsformen für bisher stationär behandelte Patienten ausdehnen könnten. Jede Station sollte die Möglichkeit haben, einzelne ihrer Patienten auch teilstationär oder ambulant behandeln zu können. In unserer Außenstelle in Kassel hat sich die sehr flexible Abstufungsmöglichkeit zwischen stationär, teilstationär und ambulant sehr bewährt.

Diese Entwicklung würde außerdem gefördert, wenn uns die Möglichkeit gegeben würde, mit weiteren Kapazitäten von Merxhausen zur zu versorgenden Bevölkerung umzuziehen.

Die alten Langzeitpatienten

Ein besonderer Aufgabenschwerpunkt der nächsten Jahre werden die sogenannten alten Langzeitpatienten sein, also vor allen Dingen diejenigen, die in den Wirren des Krieges und der Nachkriegsjahre im Krankenhaus strandeten, oder diejenigen, die infolge unzureichender therapeutischer Möglichkeiten im Krankenhaus sowie unzureichender ambulanter und komplementärer Angebote außerhalb des Krankenhauses in den früheren Jahrzehnten dort hängenblieben. Diese Gruppe umfaßt immer noch ca. 230 Personen. Erst in den letzten Jahren reicht die Personaldecke zunehmend zu einer systematischen Behandlung dieser bis dahin vernachlässigten Patienten. Die Nachholarbeit erstreckt sich auf: unbehandelte chronische körperliche Leiden; Überprüfung und in der Regel Reduzierung jahrelanger Psychopharmaka-Medikation; soziale Aktivierung und Entwicklung von Lebensbedürfnissen, Wünschen, Fähigkeiten, Kontakten; Reaktivierung von Kontakten zu Angehörigen, soweit noch vorhanden; Entwicklung von Selbständigkeiten. Die Prüfgesellschaft verwendet dafür den Begriff der Enthospitalisierung.

Neben vielfältigen Veränderungen und Aktivitäten auf Stationen trägt dazu die Abteilung Sozialtherapie mit stationsübergreifenden, spezifischen Trainingsprogrammen und therapeutischen Freizeitangeboten im und außerhalb des Krankenhauses bei.

Für die Langzeitpatienten, die keinen (reaktivierbaren) Heimatbezug außerhalb des Krankenhauses haben, für die aber "das Bett (auf der Station) keine Wohnung" ist, wollen wir abgestufte komplementäre Angebote in den Bereichen Wohnen, Arbeit/Beschäftigung, Freizeit sowie ambulante Behandlung/Betreuung im Umfeld des Krankenhauses und in Trägerschaft des Krankenhauses entwickeln. Dabei können wir uns auf Erfahrungen stützen, die seit den 70er Jahren in der Außenstelle Guxhagen mit dem sogenannten 'Feldhaus' gesammelt wurden: in der heutigen Terminologie eine Art Betreutes Wohnen im kleinen Umfang, allerdings bis vor einem Jahr ohne eine befriedigende Finanzierungsregelung: der Betreuungsaufwand ging inoffiziell zu Lasten des vollstationären Bereiches. Inzwischen wurden Mitarbeiter-Wohnungen von Patienten bezogen. Diese Plätze werden zunächst als Außenstellen einer Station therapeutisch betreut mit dem Ziel der Entlassung in diese Wohnung, also Leben lernen in der eigenen Wohnung und Entlassung ohne Umgebungswechsel. Andere Patienten ziehen ggf. mit der Entlassung auch um. Dieser Ausgliederungsprozeß begann vor zweieinhalb Jahren mit einer kleinen Gruppe von geistig behinderten Frauen und soll auf chronisch psychisch Kranke ausgedehnt werden.

Wir wollen nicht zurück zur Heil- und Pflegeanstalt mit herkömm-
lichen Pflegestationen, für die das wichtigste Strukturkriterium die homogene Kostenträgerschaft der Sozialhilfe ist.

Wir wollen aber auch nicht diese Langzeitpatienten in kostengün-
stige Plätze in unqualifizierten Heimen "irgendwo" verlegen.

Es gibt noch einen weiteren Umstand, warum wir uns erst jetzt diesem Ausgliederungsprozeß der alten Langzeitpatienten zuwenden können. Bis jetzt war die Personalbemessung an der globalen Durchschnitts-
belegung festgemacht. Jeder Abbau von unterdurchschnittlich aufwendigen Betten bedeutete einen gleichzeitigen Personalabbau im Bereich der überdurchschnittlich aufwendigen Betten und hätte damit zur
weiteren Absenkung des sowieso niedrigen therapeutischen Niveaus
geführt. Durch das Budget auf der Grundlage des Prüfberichtes haben
wir jetzt eine Personalbemessung, die von den unterschiedlichen Aufgaben der verschiedenen Stationen ausgeht. Damit hat eine Ausglie-
derung alter Langzeitpatienten keine Rückwirkungen mehr auf die
Personalbesetzung der im Krankenhaus verbleibenden Stationen.

Verkleinerung des Einzugsbereiches

Zu große Einzugsbereiche sind hinderlich bei der Entwicklung gemeindepsychiatrischer Kooperationsformen. Aber Gemeindepsychia-
trie ist nicht nur eine Frage von räumlichen Entfernungen, sondern
auch der Einstellungen und Mobilität derjenigen, die im Psychiatrischen Krankenhaus arbeiten, der externen Partner und der Öffentlichkeit in Städten und Kreisen des Einzugsbereiches.

Selbst die Wahrnehmung von Entfernungen ist von Einstellungen
beeinflußt: Als eine kommunale Spitzenpolitikerin, die neu nach
Nordhessen gekommen war, uns erstmals besuchte, kam sie mit ihrem
Auto zu ihrer Überraschung eine halbe Stunde zu früh an. Von Kassel
aus wirkt die Entfernung nach Merxhausen doppelt so weit wie umgekehrt. Für die Bewohner des Umlandes ist dies eine gängige Pendler-
entfernung, nicht für die Städter. Die Bahnlinie ist stillgelegt, Bus-
verbindungen gibt es, doch sind diese rar und umständlich. Das Psychiatrische Krankenhaus Merxhausen liegt 25 Autominuten (= 25 km)
südwestlich vom Stadtzentrum Kassel entfernt. Dies ist ein relativer
Standortnachteil.

Merxhausen war eine Frauenanstalt von der Reformation bis 1975.
Diese Eingeschlechtlichkeit hatte auch Konsequenzen für die Größe
des Einzugbereiches. Für Frauen war Merxhausen, für Männer Haina
zuständig in ganz Nordhessen, von der westfälischen bis zur heutigen
DDR-Grenze, von Merxhausen aus in westlicher und östlicher Richtung je zwei Autostunden. Was das an Wegzeiten bei den früher übli-

chen Verkehrsmitteln, Postkutsche, Pferdewagen, Fußwanderung ... bedeutete, können wir uns nicht mehr vorstellen.

Die Aufnahme auch von Männern in Merxhausen sowie auch von Frauen in Haina seit 1975 hatte zur Folge, daß die Einzugsbereiche erstmals in ihrer Größe halbiert wurden.

Eine weitere Verbesserung in bezug auf die Wohnortnähe der psychiatrischen Behandlung brachte die Außenstelle Kassel. Diese kleine Einheit in Kassel hat zwar ca. 200 Aufnahmen in der Station und 140 in der Tagesklinik pro Jahr, doch kommen immer noch viel mehr Bürger aus Kassel zur psychiatrischen Behandlung nach Merxhausen (im Jahre 1986: 769 Aufnahmen, am Stichtag 165 Betten durch Patienten aus Kassel belegt, davon 121 mit einer Verweildauer von bis zu einem Jahr und 44 länger als ein Jahr).

Außerdem wäre für viele Patienten aus den um Kassel herum liegenden Orten der Weg nach Kassel einfacher als nach Merxhausen. Wir hoffen also darauf, daß unser Vorschlag von den zuständigen Sozialpolitikern aufgenommen wird, Investitionsmittel zur Verfügung zu stellen, um noch erheblich mehr Betten von Merxhausen nach Kassel zu verlagern. Diese Position wird auch vom Personalrat des Krankenhauses vertreten. - Aber bisher haben die somatischen Krankenhäuser einen höheren Stellenwert bei der Vergabe von Investitionsmitteln.

Zwei weitere Entwicklungen sind noch unter dem Gesichtspunkt 'Ausweitung der gemeindenahen stationären Behandlungsmöglichkeiten' in Nordhessen zu berücksichtigen.

Das Ludwig-Noll-Krankenhaus am Rande von Kassel wurde seit 1977 von einem internistischen Krankenhaus mit psychiatrischen Belegbetten in ein Psychiatrisches Krankenhaus umgewandelt und gehört heute als Abteilung zu den Städtischen Kliniken Kassel. Solange das Ludwig-Noll-Krankenhaus keine Aufnahmepflicht hatte, galt in Kassel die Rangfolge: ins Ludwig-Noll-Krankenhaus darf man, nach Merxhausen muß man. Durch eine Sektorregelung für Kassel seit 1983 ist dieses Gefälle neutralisiert. Das Ludwig-Noll-Krankenhaus konnte sich inzwischen räumlich wesentlich verbessern; wir sind dabei, in bezug auf Personal aufzuholen. Auf dieser Basis läßt sich gut partnerschaftlich kooperieren. Und für die Patienten aus dem Kasseler Raum ist die Wahlmöglichkeit zwischen zwei unabhängigen und auch etwas unterschiedlichen Angeboten eine wichtige Voraussetzung, sich für eine stationäre Behandlung freiwillig entschließen zu können.

Der Werra-Meißner-Kreis östlich von Kassel - von Merxhausen ca. 1 1/2 bis 2 Autostunden entfernt - liegt zu weit weg, um gemeindepsychiatrische Arbeits- und Kooperationsformen von uns aus zu entwickeln. Deswegen begrüßen wir es, daß nach der Absicht des Trägers das Psychiatrische Krankenhaus am Meißner mit knapp 100 Planbetten die Versorgung des Kreises übernehmen soll. Aber bisher konnte mit den Kostenträgern noch keine Einigung darüber erzielt werden, eine für diese Aufgabe erforderliche Personalausstattung über den Pflegesatz zu finanzieren. - Auch sonst gehen in diesem Kreis die Uhren in bezug auf Psychiatrie noch 20 Jahre nach: Ein aus Brandschutzgründen erforderliches Ersatzgebäude mit ca. 40 Betten für ca. 4 Mio. DM wird oben in der Einsamkeit des höchsten nordhessischen Berggipfels, am "Meißner", und nicht in der Nachbarschaft des Kreiskrankenhauses in Eschwege errichtet. So die Beschlüsse des Kreises und des Landeswohlfahrtverbandes Hessen.

Wenn diese Entwicklungen einmal zum Ergebnis gekommen sind, wäre der Einzugsbereich unseres Krankenhauses - bzw. das Krankenhaus aus der Sicht der Bewohner im Einzugsbereich - von den Entfernungen her in Reichweite von 30 bis 60 Autominuten. In diesen Gebieten leben 300.000 bis 400.000 Einwohner: Landkreis Kassel sowie Stadt Kassel (Sektor) sowie Teile von zwei benachbarten Landkreisen, deren Bewohner es näher zu uns als zum für sie bisher zuständigen Psychiatrischen Krankenhaus Haina haben.

Dezentralisierung von Verantwortung und Motivation der Mitarbeiter

Die soweit skizzierte Entwicklung ist gekennzeichnet durch zunehmende Differenzierung, räumliche Dezentralisierung und vielfältige Kooperation mit zahlreichen externen Partnern.

Mit außengesteuerten Mitarbeitern, die nur nach Anweisung handeln, solange sie sich im optischen oder akustischen Kontrollbereich eines Vorgesetzten befinden, ist dies nicht zu bewerkstelligen. Grundlage für weitgehend autonomes, zielgerichtetes Handeln ist eine Innensteuerung der Therapeuten, die voraussetzt: therapeutische Beziehung zu den Patienten, Übereinstimmung der Ziele von beteiligten Therapeuten, konkrete Information über die Patienten, gute Fachkenntnisse und Kenntnisse der konkreten Verhältnisse. Deshalb kommt hausinternen Kommunikationsprozessen große Bedeutung zu, die bewirken sollen: Übereinstimmung in Zielen und Arbeitsmethoden zwischen Therapeuten, Kenntnis und Wertschätzung dessen, was der jeweils andere zum therapeutischen Prozeß beiträgt. Der Patient darf nicht zum Schnittpunkt von Rivalitäten zwischen Einheiten im Krankenhaus (z.B. Station vs. zentrale Therapien), von Widersprüchen von Konzepten und Dominanzbestrebungen (Therapieschulen, Berufsgruppen ...) werden. Deshalb haben Fallbesprechungen im Team sowie Konferenzen auf verschiedenen Ebenen, die Qualifikation von Mitarbeitern, ihre Fort- und Weiterbildung innerhalb wie außerhalb des Krankenhauses inklusive Supervision große Bedeutung. Besonders hervorheben möchte ich die systematische Fortbildung des Pflegepersonals in der Gestaltung des therapeutischen Milieus sowie die zweijährigen Weiterbildungslehrgänge Fachkrankenpflege Psychiatrie im Fortbildungszentrum Mammolshöhe des LWV Hessen.

Ausdruck der zunehmend praktizierten dezentralen Mitverantwortlichkeit sind z.B. therapie-orientierte Variationen des allgemeinen, im Krankenhaus geltenden Schichtdienstplanes durch das Pflegepersonal einiger Stationen. Die Anzahl und Zeiten anwesenden Personals werden einmal an besonderen Programmen, wie Ausflügen, Ehemaligen-Treffen usw., orientiert. Zum anderen wird aber auch der regelmäßig verschiedene Arbeitsanfall im Tagesprofil unterschiedlicher Stationen durch zeitlich versetzte Schichtzeiten berücksichtigt.

Ein wichtiges Konfliktfeld kann auch das Verhältnis zwischen Therapeuten und Verwaltung sein. Wechselseitige Kenntnis und Verständnis der Ziele und Rahmenbedingungen der jeweils anderen Seite, die wechselseitige Anerkennung, daß Therapeuten auch die wirtschaftliche Seite ihres Handelns und die Verwaltung auch die therapeutischen Aufgaben des Krankenhauses berücksichtigen, trägt wesentlich dazu bei, zu gemeinsam verantworteten Kompromissen zu kommen und unvermeidliche Konflikte und Schwierigkeiten nicht zu personalisieren. Wenn die Verhältnisse und Rahmenbedingungen (insbesondere die Finanzierungsstrukturen) widersprüchlich, konfliktträchtig und zum Teil antitherapeutisch sind, so muß dies nicht auch noch in persönliche Feindschaften und wechselseitige Abwertungen auf die falsche Ebene projiziert werden.

Die Entwicklungsrichtung 'Dezentralisierung von Verantwortung an den Ort des Geschehens' gilt aber auch für das Verhältnis von überregionalem Träger zu den einzelnen Krankenhäusern. Die traditionelle Zentralverwaltung entscheidet alle Einzelfragen auch des alltäglichen Ablaufes im Krankenhaus. Die Einrichtung vor Ort liefert nur die Informationen und nimmt die Entscheidungen entgegen. Die Zentrale entscheidet mangels eines konkreten Bezuges zu den Problemen nach dem ehrwürdigen Verwaltungsgrundsatz der formalen Einheitlichkeit. Und vor Ort wird man nur tätig auf Anweisung oder Aufforderung. Diese Situation haben wir schon hinter uns, doch ist diese Entwicklung noch nicht konsequent zu Ende geführt ('Eigenbetrieblichkeit der Krankenhäuser'). Ziel muß es sein, daß die Hauptverwaltung sich um die Aufgabenstellung der Krankenhäuser, angemessene Rahmenbedingungen und Voraussetzungen für die Krankenhäuser kümmert, und da gibt es noch viel zu tun; und daß die Krankenhäuser im übrigen in eigener Verantwortung und in konkretem Bezug auf ihre speziellen Aufgaben entscheiden und handeln.

Um Mißverständnissen vorzubeugen: es geht in diesem Abschnitt um die Dezentralisierung von Verantwortung, nicht um ihre Auflösung.

Schlußbemerkung

Alles, was wir an Entwicklungen realisieren bzw. realisieren wollen, gibt es schon anderswo oder hat es schon gegeben. Deswegen spielte für uns eine große Rolle, zu erfahren, wie andere es machen, und nicht für altbekannte Probleme altbekannte Lösungen immer wieder neu zu erfinden. Die Realisierung der geschilderten Ziele ist in verschiedenen Bereichen bei uns sehr unterschiedlich weit fortgeschritten bzw. noch vom Ziel entfernt. Was ich geschildert habe, ist in etwa noch ein 10-Jahres-Programm.

Literatur

Ernst und Whinney (Wirtschaftsprüfungsgesellschaft): Bericht über die Wirtschaftlichkeitsprüfung im Psychiatrischen Krankenhaus Merxhausen, Frankfurt 1987 (hektografiert).

Heinemeyer, W./T. Pünder (Hrsg.): 450 Jahre Psychiatrie in Hessen. Elwert, Marburg 1983.

Klüppel, M.: "Euthanasie" und Lebensvernichtung am Beispiel der Landesheilanstalten Haina und Merxhausen. Gesamthochschule Kassel, 1984.

Kunze, H.: Psychiatrische Übergangseinrichtungen und Heime - Psychisch Kranke und Behinderte im Abseits der Psychiatrie-Reform. Enke, Stuttgart 1981.

Kunze, H.: "Vorwärts! Zurück zur Heil- und Pflegeanstalt", Zukünftige Entwicklungen Psychiatrischer Krankenhäuser, in: Heimann, H./H.J. Gaertner (Hrsg.): Das Verhältnis der Psychiatrie zu ihren Nachbardisziplinen. Springer, Berlin 1986.

Landeswohlfahrtsverband Hessen: 450 Jahre Psychiatrische Krankenhäuser Haina, Merxhausen, Riedstadt 1533-1983. Kassel 1983.

Landeswohlfahrtsverband Hessen: Psychiatrie im Nationalsozialismus. Symposium am 7.11.1987 im PKH Merxhausen, Kassel 1989.

Mühlich-von Staden, Christine/Wolff, E./Mühlich, W.: Ein Bett ist keine Wohnung. Psychiatrie-Verlag, Bonn 1982.

Stöffler, F.: Die Psychiatrischen Krankenhäuser des Landeswohlfahrtsverbandes Hessen. LWV Hessen, Kassel 1957.

Stöffler, F.: Die "Euthanasie" und die Haltung der Bischöfe im Hessischen Raum 1940-1945, in: Archiv für Mittelrheinische Kirchengeschichte 13 (1961), 301-325.

Thies, J./Kristen, R./Shubbak, R./Kunze H.: Die Außenstelle des Psychiatrischen Krankenhauses Merxhausen in Kassel-Wilhelmshöhe. Projektbericht Modellprogramm Psychiatrie für den Bundesminister für Jugend, Familie, Frauen und Gesundheit, 1987 (Manuskript).

Wing, J.K./Brown, G.W.: Institutionalism and Schizophrenia. Cambridge University Press 1970.

Wirtschaftsberatung Deutscher Gemeinden AG, Wirtschaftsprüfungsgesellschaft: Bericht über die Wirtschaftlichkeits- und Organisationsprüfung der Landesheilanstalt Merxhausen bei Kassel, Berlin 1937 (Typoskript).

Winfried Ramb und Herbert E. Colla-Müller

Menschliche Würde in der Lebensphase natürlicher Abhängigkeit

Jugendpsychiatrische und sozialpädagogische Aspekte

Daß Jugendpsychiatrie und Sozialpädagogik nicht nur aneinandergrenzende Gebiete sind, sondern sich auch überschneiden, also theoretisch und praktisch auch ein gemeinsames Feld haben, ist Grundannahme bei dem Versuch, mit Orientierung auf den Begriff der menschlichen Würde, jugendpsychiatrische und sozialpädagogische Aspekte vorzutragen.

Seit knapp 6 Jahren arbeiten wir zusammen in einem grundständig wissenschaftlichen Studiengang Sozialpädagogik an der Hochschule Lüneburg, der neben einer breit angelegten Einführung in Theorie und Praxis der Sozialpädagogik und ihr Umfeld nicht erst von irgendeinem Zeitpunkt an nachträglich, sondern von Anfang an gleichzeitig Herbeiführung einer Verständniskompetenz für Psychiatrie betreibt. Das Curriculum führt von einer allgemeinen Einführung in Probleme der Psychiatrie über relevante Aspekte von Neuroanatomie und Neurophysiologie, allgemeine und spezielle Psychopathologie, gibt Gelegenheit zu gründlicher Auseinandersetzung mit kinder- und jugendpsychiatrischer Klinik und bietet gemeinsame sozialpädagogische und jugendpsychiatrische Oberseminare zur Kasuistik und Theorie. Die ersten Jahrgänge haben inzwischen mit unseres Erachtens teilweise erfreulichem Erfolg das Studienziel erreicht. Hauptdiplompraktikanten werden - im Sinne einer ersten Bestätigung unserer Arbeit - in der Regel gern in psychiatrischen und jugendpsychiatrischen Kliniken und angrenzenden Einrichtungen eingesetzt und auch von diesen Einrichtungen nachgefragt. Dennoch steht die von uns für erforderlich gehaltene breite Etablierung von psychiatrisch fundierter Sozialpädagogik in der Psychiatrie und der Jugendpsychiatrie, wie wir sie uns vorstellen, noch aus.

Orientierung auf die menschliche Würde bedeutet für Psychiatrie allgemein die Würdigung dessen, was an den Menschen, mit denen sie befaßt ist, aus welchen Gründen biologischer, seelisch-struktureller oder soziogenetischer und sozialkonstellativer Art auch immer, nicht, noch nicht oder nicht mehr, äußerstenfalls niemals aktuell-real, aber doch mit ihnen eigentlich "gemeint" ist und wahr wird dadurch, daß es gesehen wird: Mit Immanuel Kant Zweck seiner Selbst, niemals bloß als Mittel zu anderen Zwecken, zur austauschbaren Größe, zum Objekt herabsetzbar. Diese Orientierung nimmt auch diejenigen, die sich vor sich selber und den anderen nicht in ihrer Eigentlichkeit vor- und darstellen können, hinein in eine umfassende humane Solidarität und Verantwortung. Und die in dieser Orientierung Handelnden begreifen den hilfsbedürftigen anderen als denjenigen, der dem Risiko unterlegen ist, das sie jederzeit selber gefährdet und zur "conditio humana" gehört.

Im Spezialfall der Jugendpsychiatrie verschärft sich die solidarische Verantwortung durch den Aspekt, daß der noch werdende Mensch in besonderem Maße abhängt von der ihm begegnenden Welt. Auch der Erwachsene ist angewiesen auf das, was ihm begegnet und worauf er sich richten kann. Er ist aber in seiner seelischen Struktur fertiger - wenn auch niemals abgeschlossen fertig, es sei denn im negativen Sinn. Not und Elend, selbst der Vereinsamung kann er gegenübertreten mit dem, was er geworden ist, und wenigstens eine Zeitlang standhalten. Für den noch jungen Menschen ist das Erlebnis begegnender Welt konstituierend für seine entstehende seelische Struktur und sein erst zu entfaltendes Wesen. Würdigender Umgang mit dem Jugendlichen ist verpflichtet zur Orientierung auf etwas, das noch nicht ist, aber werden oder verfehlt werden kann - somit antizipierend, hoffend und zugleich Erfahrung einbringend in ein, mit *Nohl* überhöht gesprochen, "leidenschaftliches Verhältnis eines reifen Menschen mit einem werdenden Menschen".

Stationäre Einrichtungen der Jugendpsychiatrie, deren Alltag in Rede steht, bedürfen zunächst einer pragmatischen Definition: Sie sind letzte Refugien junger Menschen, die in ihrem Werden vom Scheitern bedroht sind. Sie sind immerhin Lebensräume für Jugendliche mit größter quantitativer und qualitativer Personalzuwendung. Hierher gelangen diejenigen Jugendlichen, für die die Zuwendung der Häuslichkeit oder Heime, immer schon ergänzt durch professionelle Zuwendungen von Beratern und ambulanten Behandlern, nicht mehr ausgereicht hat.

Stationäre Jugendpsychiatrie ist "the end of the line", das man nicht abschneiden kann, wenn man es als erforderliche Verdichtung von medizinischer, psychologischer, pflegerischer und pädagogischer Kompetenz versteht. Die vielfach angestrebte Vermeidung von Psychiatrie, beispielsweise wegen ihrer etikettierenden Funktion, ist ein Mißverständnis: Die hier anlangenden jungen Menschen sind längst als Gescheiterte von der Gesellschaft identifiziert und benannt. Was ist das label "war in der Psychiatrie" gegen "gehört in die Psychiatrie"?

Dieser Hinweis durchstreicht nicht etwa den Gewinn der Stigmatheorie, die die Frage nach den Schwierigkeiten der Person umgekehrt hat in die nach den Interessen derer, die Defizite definieren und Hilfe anbieten, sondern präzisiert den Ort der Handlung.

Auf der anderen Seite ist sozialpädagogischer Skepsis gegenüber medizinischer Nosologie Raum zu geben: Jugendpsychiatrische nosologische, also eine Krankheit beim Namen zu nennen versuchende "Diagnose" verfehlt den behandlungsbedürftigen jungen Menschen grundsätzlich mehr, als sie ihn begreift. Erst in der Nähe katastrophaler Ausgänge verschwindet die individuelle, je einmalige Vielfalt des einzelnen in der Monotonie des Typischen und reduziert den Behandlungsbedarf aufs rein Medizinische, etwa im Falle einer Magersucht bei beginnender Bewußtseinstrübung und Zusammenbruch des Stoffwechsels, im Falle einer Psychose bei der febrilen Hyperkinese, im Falle eines Anfallsleidens im Status epilepticus usw. Die für den Sozialpädagogen unbefriedigende und bisweilen empörende Verkürzung einer nur nosologischen - und oft ja nur pseudonosologischen - Diagnose besteht in ihrer Beschränktheit auf die Feststellung und vielleicht vermeintliche Festschreibung des Defizitären, ohne Würdigung der verschütteten, blockierten oder noch unvollständig gebildeten Potentiale. Jugendpsychiatrische Behandlung ist in der Tat keine Behandlung von Krankheit, sondern eine Behandlung von Menschen, deren Beeinträchtigungen auch teilweise mehr oder weniger definierte Krankheitsnamen haben können, vordergründig dem Gebrauch von Krankenkassen und Administrationen dienend.

Die eigentliche, als solche nun unverzichtbare Diagnose geht auf Erkennung des an diesem Menschen noch nicht Verwirklichten, aber zur Entwicklung Aufgegebenen, des noch nicht Gebildeten, aber zu Bildenden: Seiner beeinträchtigten, blockierten Potentiale, der Aufdeckung dessen, was sein könnte und vielleicht im Verborgenen schon ist, aber noch nicht wirksam wird; dann allerdings auch die Erkennung dessen, was ihn in den verschiedenen Schichten seiner Bedingtheit beeinträchtigt.

Wenn wir, zugleich im Bemühen um eine dem Sozialpädagogen akzeptable Bezeichnung, zu benennen versuchen, was allgemein und durchgehend die in die stationären Einrichtungen der Jugendpsychiatrie gelangenden Menschen kennzeichnet, so ist dies, im Sinne *Janzariks*, eine seelische Struktur, in der sich nicht in ausreichender Vielfalt begegnende Welt differenziert und niedergeschlagen hat, so daß sie zu einer funktionierenden, die seelischen Kräfte, die Dynamik, organisierenden Wertorientierung taugte.

"Seelische Struktur kann in den Grundlinien auf ein Geflecht sozialer Bezüge und auf die in den Interaktionen ausgebildeten Verhaltensbereitschaften zurückgeführt werden. Differenzierung und Zentrierung lassen übergeordnete Gerichtetheiten aus den Beziehungsgeflechten hervorgehen. Hinter vielfältiger Überformung und Verkleidung behalten .... die Richtung gebenden sozialen Situationen ihre besondere Relevanz." (*Janzarik*, 1988).

Vor über 60 Jahren hat *Nicolai Hartmann*, derselbe, dem wir auch die für unsere gedanklichen Konzepte so wichtige Kategorien-Lehre verdanken, ohne es ihm mit allgemeiner Kenntnisnahme zu danken, in der Einleitung zu seiner Ethik das Gemeinte als "zweite ethische Grundfrage" benannt:

"Hat man einmal begriffen, daß dieselben Werte, die allein unser Wollen und Tun leiten können, uns tausendfach im Leben realisiert an Personen und Situationen, an Verhältnissen und Geschehnissen entgegentreten, daß sie uns zu jeder Stunde umgeben, tragen und unser Dasein mit Licht und Glanz erfüllen - weit über unsere beschränkte Fassungskraft hinaus -, so steht man unmittelbar vor der [...] Frage: Wofür gilt es die Augen offen zu haben, um daran teilzuhaben? Was ist wertvoll im Leben, ja in der Welt überhaupt? Was gilt es sich zu eigen zu machen, zu begreifen, zu würdigen, um Mensch zu sein im vollen Sinne des Wortes? Wofür fehlt uns noch der Sinn, das Organ, so daß wir es erst in uns bilden, schärfen, erziehen müssen?" (*N. Hartmann*, 1925).

Unseren Jugendlichen sind diese Werte offenbar nicht tausendfach im Leben realisiert an Personen und Situationen, an Verhältnissen und Geschehnissen entgegengetreten und haben ihr Dasein nicht mit Licht und Glanz erfüllt.

Neben den im Einzelfall auch einmal als traumatisierend erkennbaren speziellen Erlebniskonstellationen der Biographie ist es vor allem die aus den Biographien und beobachtbaren Interaktionsstilen der jungen Menschen mit ihren gewohnten Beziehungspersonen erkennbare Dürftigkeit, ja Öde tatsächlich begegnender Welt, ihre oft abgründige Einsamkeit und Verlassenheit, die immer wieder erschüttert. Das Untergehen gelebter Beziehungen in unvollstellbarem, fast pausenlosem Fernseh- und Videokonsum, in exzessiver Benutzung von Spielautomaten oder den jüngst von *Fischer-Streeck* beklagten Exzessen an Beschäftigung mit Computerspielen sind sicher weniger pathogen als symptomatisch für die Defizite.

Behandlung dieser Menschen kann also nicht ohne hinreichend lange, hinreichend differenzierte und pädagogisch zu organisierende und zu verantwortende Exposition begegnender Welt bestehen, deren Erlebnis - keineswegs "von allein", aber immer nur "mit der Zeit" - in die bisherige seelische Struktur und ihre rudimentäre Wertordnung eingebaut werden kann. Der Fetisch der "kurzen Verweildauer" hat in der Jugendpsychiatrie daher keinen Raum. Die Bereitstellung von Erlebens- und Erfahrungschancen und die Gewährleistung ihrer Wahrnehmung, soweit sie durch die soziale Organisation des Lebensraumes Klinik zu erfolgen hat, ist eine eminent pädagogische, genauer: sozialpädagogische Aufgabe, keine im engeren Sinne medizinische.

Der in diesem Sinne als Arbeit an der seelischen Struktur und Wertorientierung verstandene Behandlungsprozeß bedarf außer dem pädagogisch zu Organisierenden und zu Verantwortenden an begegnender Welt, also des veranstalteten psychiatrischen Alltags, ebenso der Beachtung der individuellen Abwandlungen der Erlebnis- und Verhaltensweisen. Aus biologischen Determinanten, kränkenden Vorerfahrungen und den eben umschriebenen Erfahrungsdefiziten ergeben sich erhebliche individuelle Abwandlungen des Gewahrwerdens begegnender Welt. Hierher gehören auch Teilleistungsschwächen in ihren sekundär-neurotischen Ausgestaltungen, exogene und endogene Psychosyndrome, in ihren Radikalen angelegte oder durch frühe Kränkungen erworbene Charaktervarianten, die beherrschenden Ängste, Neigungen und Träume. Sie müssen auf den psychopathologischen Begriff gebracht werden, um beschreibbar, begreifbar und der Berücksichtigung erschlossen zu werden, womit wir sehr bewußt den für diesen Zusammenhang oft überhobenen Begriff des Verstehens ebenso wie den reduktionistischen des Erklärens vermeiden.

In diesem Sinne ist Psychopathologie also nicht, wie von Sozialpädagogen gelegentlich geargwöhnt, ein Katalog zugeschriebener psychischer Kuriosität und Monstrosität, von dem tunlichst abzusehen wäre, sondern das Instrument zur Erfassung der Verschieden- und Andersartigkeiten, deren Feststellung nicht etwa entwürdigt, sondern dort legitimiert und geboten ist, wo sich die Ernsthaftigkeit der Unantastbarkeit menschlicher Würde gerade am Andersartigen zu bewähren hat: Ein anosognostischer, d.h. die Andersartigkeit des Bedürftigen nicht sehen könnender oder wollender Umgang mit ihm und das Beharren in einem human gemeinten, aber irrenden Allesverstehen wertet den Hilfsbedürftigen nur im Kopfe des Helfenden auf, in Wirklichkeit läßt es ihn im Stich.

Ohne die entzerrende Funktion des psychopathologischen Sachverstandes gerät die Empathie in die Gefahr, sich an falscher Stelle zu verausgaben und an richtiger zu versiegen. Oder: Einfühlen ist durch Nachdenken zu justieren.

Stationäre Jugendpsychiatrie findet statt im konstruktiven Spannungsfeld pädagogischer Verantwortung für eine im veranstalteten Alltag begegnende Welt und psychopathologischen Begreifens der je individuellen Abwandlung möglicher Teilnahmsweisen daran. Das kompliziert die Situation beträchtlich gegenüber Konzepten, die die erforderlichen neuen Erfahrungen forciert zumuten, wie - historisch - beispielsweise *Makarenko* oder - aktuell und für sich genommen eindrucksvoll - *Ferainola* in seinen Glen Mills Schools für jugendliche Straftäter. Hier wird - verkürzt ausgedrückt - psychopathologisch hinreichend Normalität vorausgesetzt, um die Belastungen mit Indoktrination und Training aushalten zu können. Jugendliche in der Jugendpsychiatrie sind außer von begegnender Welt abhängig von der Berücksichtigung ihrer abgewandelten Erlebnis- und Verarbeitungsweisen. Langsamere Gangart, sensibler Umgang, Geduld im Sinne von Toleranz und Zeitaufwand sind hier unverzichtbar.

Wenn der psychiatrische Alltag als vorrangiges Medium der jugendpsychiatrischen Behandlung begriffen wird, richtet sich der Blick auf die ihn im wesentlichen tragenden Menschen, die Pfleger und Erzieher. Sie repräsentieren den pädagogischen Grundstrom des stationären Behandlungsprozesses, demgegenüber Psychopharmakotherapie und Psychotherapie in den verschiedensten Varianten zwar mit ausschlaggebend, aber doch Ergänzungen sind, die als solche auch ambulant erfolgen könnten.

Erzieher sind in der Regel nicht für die Psychiatrie und Schwestern und Pfleger in der Regel nicht für pädagogische Aufgaben ausgebildet. Das ist nicht nur ein Mangel. Sie bringen in der Regel ein hohes Maß an persönlicher Einsatzbereitschaft, an Interesse und an Sensibilität mit. Damit stellen sie das erforderliche Potential an Nonprofessionalität, an "common sense", an "Wald, aus dem es herausschallt, wie der Jugendliche hineinruft", an Menschen, deren kollektive Gegenübertragung mit hinreichender Nähe zur extramuralen Realität die Wiederholung des dem Jugendlichen Gewohnten zuläßt. Auch das im psychiatrischen Alltag Begegnende nimmt im Verlauf einiger Wochen noch einmal - modifiziert immer wieder - den Charakter einer Widerspiegelung der Struktur des Jugendlichen an. Das Potential an Nonprofessionalität und allgemein-mitmenschlicher Spontaneität und Authentizität ist unverzichtbar zur Installation der Ausgangslage des pädagogischen Prozesses und dürfte nicht durch ein mono- oder polymethodisches Milieuartefakt ersetzt werden. Gleichwohl bedarf diese tragende Mitarbeitergruppe für den Fortgang des Prozesses der psychopathologischen Erhellung der individuellen Bedarfslage der Jugendlichen und der persönlichen pädagogischen Befähigung und Bildung.

Das Angebot der Sozialpädagogik zielt darauf, für die Handlungen im Alltag wieder zu entdecken, daß die Erziehung nicht von den Schwierigkeiten ausgeht, die das Kind macht, sondern von denen, die es hat. Sozialpädagogisch verantwortliches Handeln im klinischen Alltag macht es möglich, Schwierigkeiten da aufzugreifen, wo sie sich für die Beteiligten stellen, in der alltäglichen Auseinandersetzung um scheinbare Banalitäten, wie die Auseinandersetzung um die Abwaschordnung, im Kampf um die Möglichkeiten, fernzusehen oder in die Stadt zu gehen, zu lesen oder zu gammeln, in den Ängsten in bezug auf frühere Erfahrungen, in den Fragen nach Gerechtigkeit und

Tod. Pädagogik findet vorwiegend nicht in besonderen, vom Alltag abgelösten Situationen statt. Gelingende Alltäglichkeit ergibt sich dort, wo gemeinsame Erfahrungen, Erlebnisse, Unternehmungen, also alltägliche Nähe Vertrauen möglich macht, wo Situationen und Zuständigkeiten verläßlich und vorhersehbar werden. Damit wird Alltagshandeln ein pädagogisches Konzept, welches professionelle Sachkompetenz ebenso wie Kenntnis in der Strukturierung von Arbeits-, Lern-, Gesprächs- und Gruppensituationen vorsieht, welches um die psychopathologisch bedingt schwierigen - oft störenden - Interpretationen des Alltags durch den jugendlichen Patienten weiß, um die speziellen pädagogischen Chancen des vielfältigen, stets widersprüchlichen und differenzierten Alltags aufzugreifen und nutzbar zu machen. Komponenten wie Abwarten und Aushalten, gemeinsam Handeln, sich aufeinander Einlassen, sich Mögen, erweisen sich dabei als wichtiger als traditionell betontes Erziehen und Lehren im Sinne von Reglementierung und Indoktrination.

Pädagogisches Handeln wäre unzureichend reflektiert, wenn unterschlagen bliebe, daß Pädagogik in den Institutionen und im Umgang immer auch Repräsentant der Gesellschaft und ihrer Möglichkeiten und Erwartungen ist. Pädagogik - so *Thiersch* im Anschluß an *Schleiermacher* - soll Heranwachsende befähigen, sich in der Gesellschaft zu behaupten und als entscheidungsfähige Subjekte ihres eigenen Lebens sich für gesellschaftlich bessere, weiterführende Möglichkeiten zu engagieren. Diese pädagogischen Grundannahmen konkretisieren sich in der praktizierten Parteilichkeit für den Heranwachsenden und erfordern eine Kinder- und Jugendkunde, in der reale Lebensprobleme, jugendliche Wirklichkeit aus ihren eigenen Lebensmöglichkeiten und Selbstverständnissen einschließlich des utopischen Gehalts ihrer Phantasien verstehbar werden.

Pädagogisches Verstehen erschöpft sich nicht im Augenblick, dem gegenwärtigen Aushandlungsprozeß in der Situation, sondern hat die Zukunft als "integrale pädagogische Kategorie" (*Mollenhauer*, 1980) stets im Hinterkopf. Diese Zukunftsperspektive muß den pädagogischen Alltag strukturieren und als umfassender Entwurf den Augenblick überdauern. Der pädagogisch Handelnde bringt diese Dimension ein, um so das Gegengewicht zur häufig in der Vergangenheit des Adressaten anzutreffenden Lebensweise, die sich als ein wenig planvolles "Von-der-Hand-in-den-Mund-Leben" charakterisieren läßt, herzustellen.

Entwerfendes oder pädagogisches Verstehen ist damit eine zentrale Dimension sozialpädagogischen Handelns im Alltag, die verpflichtet, "ein Individuum vorwärts zu bringen, indem man es in seinen geahnten oder schon deutlich artikulierten Hoffnungen und Entwürfen verstärkt". Zukunftsplanung soll nun jedoch nicht von außen an den Jugendlichen herangetragen werden. Dem Jugendlichen soll vielmehr dazu verholfen werden, das darzustellen und zu realisieren, was er möchte und könnte. Das bedeutet auch, in die gegebenen Lebensverhältnisse so einzugreifen, daß Hilfe zur Selbsthilfe möglich und der Jugendliche in die Verantwortung der eigenen Biographie eingeführt wird. Was der Jugendliche von selbst kann, soll er auch selbst tun, nicht im Sinne des Gewährenlassens, sondern so, daß die Verantwortung für das Handeln bei ihm liegt und er dabei lernt, sein Handeln vor sich und anderen zu verantworten.

Der pädagogisch Handelnde ist als Person gefordert, die selbst für etwas einsteht und sich anderen öffnet. Dabei sind zwei Qualitäten Voraussetzung: pädagogischer Takt und persönliche Autorität. Pädagogischer Takt ist die Fähigkeit, zwischen Nähe und Distanz im pädagogischen Umgang situations- und personengerecht zu balancieren. Die noch labile psychosoziale Autonomie des jungen Menschen darf nicht durch - gut gemeinte - pädagogische Aktionen oder Gesprächsangebote bedroht werden.

Pädagogischer Takt oder Solidarität des Verhaltens heißt also auch, die vom Jugendlichen gesuchte Abgrenzung auszuhalten, ihn auch in Ruhe zu lassen, auch einmal für sich sein, sich einsam fühlen zu dürfen, dem Beobachtungswahn nicht zu unterliegen, der alles mitkriegen will. Solidarität darf nicht zur erdrückenden Umarmung werden.

Autorität wird interaktionell hergestellt, also zugesprochen, und sie ist unwiderrufbar. Pädagogisch konstruktiv wird sie gerade dann, wenn der Pädagoge nicht Vorbild sein will, sondern redlich an der Klärung der ihm aufgegebenen Themen arbeitet, wenn er sich als Person und nicht als Experte interessiert und dafür einsteht. Pädagogisches Handeln bemüht sich, die lebensweltliche Position, den lebensgeschichtlichen Kontext und die subjektiven Definitionsleistungen des anderen von dessen Perspektive her nachzuvollziehen, was eine dialogisch-mäeutische - mit anderen Worten erörternd entwikkelnde - Haltung und die Bereitschaft zur Anerkenntnis von Fremdheit und Grenze einschließt.

Der Alltag einer Klinik bedarf struktureller und konzeptioneller Möglichkeiten, in denen sich der Heranwachsende im Kontext von Erfahrung, erzieherischem Umgang, Therapie und Selbstlernen entfalten kann. Gegenüber den vielfältigen, offenen und disparaten Möglichkeiten des Umgangs kommt es darauf an, daß das Recht des einzelnen Jugendlichen auf Lernen und Bildung, auf seine spezifischen Erfahrungen und Möglichkeiten im Zusammenhang mit seiner psychopathologisch begriffenen Ausstattung und seiner Biographie, also seiner Vergangenheit, Gegenwart und Zukunft, realisiert wird. Dies ist in besonderer Weise Aufgabe der pädagogischen Interaktion. Das Le-

bensfeld der Institution Stationäre Jugendpsychiatrie ist auch pädagogisch zu verantworten. Gerade eine sich auf ihre Eigenschaft als Hand-
lungswissenschaft rückbesinnende Pädagogik, die sich gegen einen
rein technologisch-methodischen Zugang zum Jugendlichen wendet,
der durch allzu schnelle Klassifizierung, Typisierung und Generalisierung zugunsten verkürzender Theoriekonstruktionen die Wirklichkeit des Jugendlichen aus dem Blick verliert, gehört in die Jugendpsychiatrie hinein.

Im gemeinsamen Leben, Erleben und Handeln im Alltag lernt der
Heranwachsende sich und seine eigenen Möglichkeiten kennen, sich
darauf zu verlassen und seinen Möglichkeiten zu trauen: Er wird zu
seinen Möglichkeiten begabt.

Im Lichte der Orientierung auf die menschliche Würde wird ein
gemeinsames Ethos für psychologisch, pflegerisch, pädagogisch und
ärztlich miteinander Tätige sichtbar. Gemeinsam geht es um die
Überwindung von Typischem in Richtung auf differenzierte Individualität, um Behebung von Uniformität in Richtung auf lebendige
Vielfalt des Erlebens und Verhaltens, von aus Dürftigkeit im negativen Sinne berechen- und prognostizierbar Gewordenem in Richtung
auf Verläßlichkeit, von unverschuldeter Unmündigkeit und Abhängigkeit in Richtung auf mündigen und verantwortlichen Gebrauch der
Freiheit in Ehrfurcht vor dem Leben.

Literatur

Die Auseinandersetzung von Psychiatrie und (Sozial-)Pädagogik kann auf eine gute
Tradition zurückblicken und dokumentiert sich u.a. in Schriften der Heilpädagogik,
zum Therapeutischen Milieu (*Bettelheim* und *Redl*), aber auch an der Arbeit von
Stutte. Erinnert sei auch an *Schröder, P.*: Kinderpsychiatrie, in: Monatsschrift für
Psychiatrie und Neurologie 9,9, Basel, Leipzig, 1938. In unseren Ausführungen folgten
wir dem jüngeren Ansatz der alltagsorientierten Erziehungswissenschaft und ver-
suchten sie für unseren Entwurf zu erschließen.

Hartmann, N.: Ethik. Berlin 1962.
Hartmann, N.: Der Aufbau der realen Welt. Berlin 1964.
Janzarik, W.: Strukturdynamische Grundlagen der Psychiatrie. Stuttgart 1988.
Makarenko, A.G.: Ein pädagogisches Poem. Berlin 1962.
Mollenhauer, K.: Einige erziehungswissenschaftliche Probleme zur Erforschung von
    Alltagswelten Jugendlicher, in: *Lenzen, D.* (Hrsg.): Pädagogik und Alltag. Stuttgart
    1980, S. 97-111.
Nohl, H.: Die pädagogische Bewegung in Deutschland und ihre Theorie. Frankfurt
    1961.
Ottmüller, C.O.: Glen Mills Schools. Ein Modell der Jugendkriminalrechtspflege in
    den USA. Pfaffenweiler 1988.
Thiersch, H.: Alltagshandeln und Sozialpädagogik, in: Neue Praxis, 8 (1978) 6-25.

Thiersch, H.: Die hermeneutisch-prognostische Tradition in der Erziehungswissenschaft, in: *Thiersch, H./Ruprecht, H./Hermann, U.*: Die Entwicklung der Erziehungswissenschaft. München 1978, S. 11-108.

Thiersch, H./Rauschenbach, T.: Sozialpädagogik und Sozialarbeit, Theorie und Entwicklung, in: *Eyferth, H./Otto, U./Thiersch, H.*: Handbuch der Sozialarbeit/Sozialpädagogik. Neuwied/Darmstadt 1984, S. 984-1016.

Jens Bruder

Die Würde des verwirrten alten Menschen

Zum Verständnis von Würde

Das Erlebnis bzw. das Empfinden von Würde kann nur in der Begegnung zwischen zwei Menschen stattfinden. Es geht um Ernst, um Anerkennung, es kann um eine Mischung aus Ängstlichkeit und Respekt gehen, also Ehrfurcht. In der Regel gehört bei dem, dessen Würde empfunden wird, zumindest während der Begegnung ein deutliches Wertgefühl und Selbstbewußtsein dazu; dies wiederum spürt sein Gegenüber. Wichtig ist, daß mit dem Erleben der Würde Verhalten beeinflußt wird in Richtung auf Beachtung von sozialen Normen. Die Würde eines Menschen drängt dazu, unkontrollierte, aggressive und eigennützige Reaktionen zu vermeiden, sie legt nahe, soziale Empfindsamkeit zu zeigen, rücksichtsvoll zu sein, sich auf die Verhaltensgebote fürsorglichen Miteinanders zu besinnen. Dabei kann es um Regeln gehen, die weit zurückreichen in die Geschichte menschlicher Beziehungen. Diese Gebote sind oft tief verinnerlicht, und sie beeinflussen das Verhalten unbewußt und reflexartig.

Wichtig ist sicher auch, daß das Reagieren auf die Würde des Gegenübers dazu führen kann, daß sich dessen Erlebnis seiner eigenen Würde vertieft. So mag die Würde, soweit sich dies überhaupt so quantifizierend sagen läßt, im Austausch zwischen zwei Personen noch wachsen.

Ich stelle diesen Definitionsversuch bewußt an den Anfang meines Beitrags. Dabei gehe ich nicht auf theologische, ethische oder philosophische Überlegungen zur Würde ein, die ja in anderen Beiträgen dargestellt werden.

Die Welt der senil Dementen und Verwirrten

Was ist nun aber mit der halben Million senil Dementer, die es allein in Deutschland gibt und deren Zahl die rascheste Zuwachsrate aller schwerer psychisch Kranken aufweist? In der Regel wehre ich mich gegen den Ausdruck "verwirrt", weil Verwirrtheit sich erst aus den Anforderungen der Umwelt an den senil Dementen ergibt und beileibe nicht für jeden senil Dementen kennzeichnend ist. Im Zusammenhang mit den immer noch gewaltigen gesamtgesellschaftlichen Verständnisdefiziten für die Dimension dieses Problems erscheint mir der Begriff aber zunehmend sinnvoll, da er plastisch ist und die Gemüter dynamisieren kann. Im Zusammenhang mit dem Thema dieses Bandes kommt als besonderer Aspekt hinzu, daß er die Schwierigkeit des Nachdenkens über das Verhältnis von Würde und Verwirrtheit kennzeichnet, denn dieses Nachdenken kann verwirrt machen. Auch ohne die spezielle Auseinandersetzung mit dem Thema Würde sieht sich derjenige, der näher in die gerontologische Welt eindringt, einer solchen Vielfalt von Nöten, Notwendigkeiten und Widersprüchen ausgesetzt, daß zumindest flüchtiges Verwirrtsein eine durchaus angemessene Reaktion ist. Darauf werde ich später noch zu sprechen kommen.

Um das Problem zu verdeutlichen, muß man sich senil Demente mit ausgeprägten kognitiven Einschränkungen, weitgehend verlorener Sprachfähigkeit und stark nivellierten emotionalen Reaktionen vorstellen. Wenn man nicht beschönigen und idealisieren will, ist festzustellen, daß bei diesen Kranken der gegenwarts- und interaktionsbezogene Anteil des Würde-Empfindens, wie ich ihn in meinem Verständnis ausgedrückt habe, nicht mehr möglich ist. Soweit der Ausdruck oder die Ausstrahlung von Würde entsteht durch Sicherheit, Souveränität und Angemessenheit von Urteil und Entscheidung, durch unaufdringliches Selbstbewußtsein, durch Überzeugungskraft und Güte des Verhaltens, soweit kann davon in der Begegnung mit senil Dementen nicht mehr die Rede sein.

Was bleibt, ist der vergangenheitsbezogene Anteil des Würdeerlebens, die verinnerlichten Gebote und Normen, am kürzesten auszudrücken in den zwei Wörtern: "Du sollst ...".

Ich möchte nicht über die Berechtigung dieser Forderungen und Gebote diskutieren. Meiner Ansicht nach darf überhaupt nicht strittig sein oder jemals werden, daß wir mit diesen Menschen so umzugehen haben, als seien sie weiterhin dialogfähig und imstande, bei uns das Empfinden für ihre Würde auszulösen. Dabei bin ich mir bewußt, daß dies eine sehr strenge Forderung ist, die oft tatsächlich nur eine ganz formale, regelhafte Befolgung finden kann.

Wege zu mehr Würde im Umgang mit verwirrten alten Menschen

Die für mich jetzt wichtige Frage ist vielmehr die, was es für Möglichkeiten und Wege gibt, den Betreuern zumindest im Ansatz auch bei diesen schwerkranken Menschen die emotionale Vertiefung des Würdegedankens zu ermöglichen. Über die oft entleerte Antriebsquelle "der ist - oder war - ja auch ein Mensch ..." und die Forderung der reinen Pflichterfüllung hinaus nach Möglichkeiten zu suchen, die pflegerische Kraft und Stabilität zu erhöhen, scheint mir eine immer wichtiger werdende Forderung zu sein, besonders angesichts der sich nur allmählich entwickelnden Ausbildungsstrukturen und personellen Kapazitäten im Bereich der Altenversorgung.

Präzisere Wahrnehmung

Zu den wichtigsten Voraussetzungen für die Erlebnisdimensionen von Würde gehört die Wahrnehmung von dem, was an Reaktionsweisen und Verhaltenspotentialen überhaupt noch vorhanden ist, und zwar insbesondere vor dem Hintergrund der Einzelpersönlichkeit. Wer in der Versorgung pflegebedürftiger alter Menschen, die ja annähernd zur Hälfte senil-dement sind, erfahren ist, weiß, wie häufig nicht wahrgenommen bzw. aus den Augen verloren wird, was überhaupt noch, auch bei den stark Eingeschränkten, möglich ist. Kleine mimische Reaktionen oder Unterschiede im Störverhalten werden übersehen und in ihrem Zusammenhang oder Rhythmus nicht richtig gedeutet. Dies hat natürlich ganz stark mit dem übermächtigen Gefühl der therapeutischen Ohnmacht zu tun, das angesichts der wachsenden Last des Demenzproblems immer mehr zunimmt. Wo so wenig wahrgenommen wird, können natürlich bei den Betreuenden auch keine Einfälle entstehen, die an der einen oder anderen Verhaltensweise ansetzen und möglicherweise zur Verbesserung bestimmter Potentiale und Verhaltensbereiche führen würden. Auch Phantasie pflegt sich in solch einer einheitlichen, graudementen Erlebniswelt bei den Betreuern kaum zu entwickeln.

Biographisches Verständnis

Dies Problem wird dadurch vergrößert, daß ein sehr hilfreicher Schritt zur Individualisierung der Dementen häufig unterbleibt: Die Auseinandersetzung mit der Lebensgeschichte des Kranken. Wer etwas verstanden hat von den wesentlichen Prägungen eines Menschen, ihn ein wenig aus wichtigen Strömungen seiner Zeit heraus begreift, etwas von bedeutenden Kränkungen und Verlusten in seinem Leben weiß, aber auch einen Eindruck davon gewonnen hat, worin er besonders fähig war oder sich selbst als überdurchschnittlich tüchtig und begabt verstanden hat, der kann gar nicht anders, als allmählich etwas selbstverständliche Achtung vor diesem jetzt nun so sehr krank und eingeschränkt gewordenen Menschen empfinden. Vielleicht läßt sich sogar formulieren, daß das verständnisbemühte Eindringen in die

Lebensgeschichte eines anderen Menschen, das man ja auch mit Verstehen beschreiben kann, ganz eng verknüpft sein muß mit dem Empfinden für die Würde des anderen in seiner Individualität. Wenn dies ein wenig pathetisch klingt, so macht dies nichts, das Wort Würde hat meinem Verständnis nach ohnehin in seinem Bedeutungshof eine feierliche Note, und das ist gut so.

Der Prozeß des Kennenlernens, der Individualisierung hat auch einen praktischen Aspekt. Manche der verwirrten, gestörten Verhaltensweisen senil Dementer werden vor dem Hintergrund der Biographie verstehbar. Manchmal ergeben sich daraus Ansätze zu einem veränderten Umgang mit dem Kranken, so daß schwieriges Verhalten seltener wird und die Belastung zurückgeht, besonders soweit sie aus hilflosen, anstrengenden Interaktionen entsteht.

Diese Zusammenhänge zwischen Kennenlernen, Verstehen und Würde haben eine gewisse Ähnlichkeit mit dem, was überraschenderweise immer wieder in der Begegnung mit einem zunächst unsympatischen Menschen geschieht. Selbst heftige und spontane anfängliche Ablehnung löst sich in gewissem Umfang auf bzw. zerfällt in unterschiedliche Teilempfindungen, wenn man zufällig oder notgedrungen mehr über diesen Menschen erfährt und sich mit ihm auseinandersetzen muß. In diesem Prozeß des Einsteigens in die Welt des anderen drückt sich die Anerkennung der Tatsache aus, daß jeder ein Recht hat, in seinem Weg zum gegenwärtigen So-Sein verstanden zu werden. Dies hat sicher etwas mit Würde zu tun, darüber hinaus auch mit einer grundsätzlichen Bereitschaft zur Versöhnung.

Projektionen

Aus psychodynamischer Sicht stecken in der biographischen Bemühung zweifellos auch projektive Anteile, indem damit die Voraussetzungen geschaffen werden, alte, in der Vergangenheit verankerte Vorstellungen und Bilder des Kranken in seine Gegenwart zu projizieren, ihm also sozusagen imaginativ eine zusätzliche, vielfältigere Gestalt zu verleihen. Ähnlich kann es mit zukunftsbezogenen Ängsten des Betreuers sein. Als ich in den letzten Tagen mit einer 70 Personen starken, überwiegend medizinfremden Gruppe unseres Hamburger Amtes für Heime im LKH Schleswig die gerontopsychiatrische Abteilung besuchte, war es für mich sehr eindrucksvoll zu beobachten, wie einheitlich diese Menschen auf die Konfrontation möglicher eigener Zukunft reagierten. Angst und Erschrecken waren wichtige Erlebnisanteile, die bei Mitarbeitern der Altenberufe jedoch sehr viel weniger gut abgewehrt werden können als in unserer Besuchergruppe. Gelegentlich fördern sie die Intensität der pflegerischen Arbeit. In den

dementen alten Menschen, der einem anvertraut ist, immer wieder
einmal mögliches eigenes späteres Schicksal hineinzuprojizieren, daraus zwar nicht ständig und gleichbleibend, aber hin und wieder für-
sorgliche und geduldige Kraft zu beziehen, dürfte eine verbreitete
Reaktion sein. Dabei spielen sicher auch Identifikationen mit eigenen
Elternpersonen eine Rolle. Obwohl die Anteile der Vorsorge und
Angstabwehr deutlich sind, also ein eher negativer emotionaler Hintergrund, kann dies zu einem verstehenden und anerkennenden Umgang mit den dementen alten Menschen beitragen.

Vermeidung von Überforderung

Ein weiterer Gesichtspunkt ist die Vermeidung von überfordernden
Ansprüchen an die Betreuer, also an Ärzte und Pflegepersonal. Wenn
zu kategorisch die Einhaltung bestimmter Einstellungen gefordert
wird, z.B. permanente Nachgiebigkeit gegenüber gestörten und verwirrten Impulsen, oder wenn Betreuer von sich verlangen, ständig lie-
benswürdig zu sein, führt dies zunächst einmal dazu, daß diese Verhaltensweisen automatisiert ablaufen wie ein bedingter Reflex. Die
dafür dennoch erforderliche Kraft kann zu einer Erstarrung führen
und verhindern, daß noch emotionale Reserven übrigbleiben für das
Empfinden von Würde. Im übrigen verkennt z.B. die Forderung nach
der permanenten Liebenswürdigkeit, daß sich sehr viel mehr Respekt
vor dem anderen Menschen darin ausdrückt, daß man ihn noch ausreichend belastbar hält für Reaktionen, die mehr als nur freundlich,
also zum Beispiel ernst oder kritisch sind. Daß dies natürlich nicht zur
Überforderung des alten Menschen führen darf, ist klar. Grundsätzlich gilt aber, daß Beziehungen am ehesten dann partnerschaftlich
und von Respekt gekennzeichnet sind, wenn man nicht zu viel eigene
Empfindungen unterdrückt, weil man den anderen für zu schwach und
wenig belastbar hält. Auch dies ist ein Aspekt von Würde.

Das Risiko eines zu hohen Anspruches an Freundlichkeit liegt
auch darin, daß dies einen unphysiologischen Umgang mit heftigen
Impulsen darstellt, die so eher bewußtseinsfern bleiben. Abgewandelt
und in unerkannten Zusammenhängen wirken sie destruktiv, beispielsweise in Form von vereinfachenden projektiven Vorwurfshal-
tungen gegenüber Angehörigen oder anderen Instanzen.

Die Unwürdigkeit unserer gerontopsychiatrischen Wissensdefizite

Es wäre unangemessen, auf der Ebene des pflegerischen und therapeutischen Umgangs mit dementen alten Menschen auf Defizite bzw.

Verbesserungsmöglichkeiten hinzuweisen, die die Sensibilität für die Würde der verwirrten alten Menschen betreffen, aber nicht darauf aufmerksam zu machen, daß es auf der Ebene der wissenschaftlichen Auseinandersetzung mit seniler Demenz Defizite gibt, die man nur als unwürdig und blamabel bezeichnen kann, wenn man sich die Leistungskraft unserer Gesellschaft und die Größe des Problems vor Augen führt. Mit dieser Feststellung soll nicht übersehen werden, daß in den letzten Jahren eine größere Zahl von Forschungsprojekten über das BMFT angeregt worden ist. Eigentlich wäre aber zu wünschen gewesen, daß die medizinischen Fachbereiche an den Universitäten dieses von sich aus in Angriff genommen hätten. Es darf doch nicht bei der unqualifizierten Position bleiben: "Wir haben ja schon Alte, deswegen betreiben wir Altersmedizin, natürlich auch unter wissenschaftlichen Aspekten", wie sie jetzt - insbesondere bezogen auf die Geriatrie als Gesamtthematik - wieder vom Deutschen Ärztetag formuliert worden ist und als Begründung für die Ablehnung einer geriatrischen Teildisziplin herhalten mußte.

Die Wissenslücken sind groß. Dies gilt für die großen ungeklärten Fragen, denen man trotz jetzt beachtlicher Anstrengungen noch nicht entscheidend näher gekommen ist, z.B. das volle ätiologische Verständnis und die Behandelbarkeit der Alzheimerschen Demenz. Längst möglich gewesen wäre, präzisere Kenntnisse über den klinischen Verlauf der Krankheit zu gewinnen. Die wenigen vorliegenden Studien beziehen sich auf umgrenzte kognitive oder emotionale Bereiche, aber nicht auf die Gesamtpersönlichkeit und die Interaktion mit der Umgebung. Wenig ist bekannt über die Beziehung zwischen einzelnen Merkmalen der vorbestehenden Persönlichkeit und verschiedenen Defiziten im kognitiv-intellektuellen Bereich. Differenziertere prognostische Einschätzungen sind deshalb nicht möglich. Wie wirkt sich z.B. Vergeßlichkeit auf eine selbstsicher-ausgewogene, wie auf eine zu depressiven Zweifeln neigende Persönlichkeit aus? Was bedeutet es für einen eher distanzbedürftigen, skeptisch-mißtrauischen Menschen, infolge einer Demenz an Schwung und Antrieb einzubüßen? Entstehen weniger mißtrauische Empfindungen, oder läßt nur seine geistige Kraft nach, solchen Impulsen ausreichend mit Realitätskontrolle gegenzusteuern? Untersuchungen zur Beantwortung dieser Fragen wären sicherlich aufwendig, da lang angelegt, z.T. prospektiv und mit multiperspektivischer Befunderhebung von Angehörigen, Pflegekräften und Ärzten. Aber sie würden uns in den Versorgungsfragen voranbringen.

Auch im Hinblick auf emotional-affektive, also im weitesten Sinne psychotherapeutische Betreuungsansätze gibt es kaum gesichertes Wissen. Welche emotionalen Reaktionen der Pflegenden verbessern die Orientierung und Merkfähigkeit von Dementen? Wo ist die Grenze zwischen Informations- und Erklärungsbemühungen des Betreuers und Überforderungserlebnis bzw. Angst des Kranken? Wann ist es sinnvoll, fürsorglich-bestimmend zu sein, also Widerstand zu überwinden, um einen Zustand belastender Unentschiedenheit zu beenden, wann sind ablenkende, stimulierende Aktivitäten hilfreicher? Wann hilft es, auch dementen alten Menschen noch Deutungen ihres Verhaltens anzubieten, die an unbewußte psychische Vorgänge anknüpfen? Wie groß ist der Anteil von Rückzugsbedürfnis und Realitätsvermeidung an den dementen Symptomen, mit denen sich die Umwelt auseinandersetzen muß? Fördert es gesunde Verhaltensanteile des alten Menschen, wenn in der Betreuung emotionale Zuwendung dosiert, also u.U. auch entzogen, wird? Können absichtlich provozierende Reize realitätsangemessenes Verhalten Dementer fördern? Über welche kognitiven Schritte kommt das - oft erstaunlich sensibel gebliebene - Verständnis auch schwerdementer Menschen für relevante emotionale und atmosphärische Merkmale ihres Umfeldes zustande? Jede dieser Fragen repräsentiert Wissenslücken.

Würde und der Wille der verwirrten alten Menschen

Von großer Bedeutung für das Thema Würde und Respekt ist die Willensproblematik geistig eingeschränkter alter Menschen. Wenige Definitionen bereiten so große Schwierigkeiten wie die des Willens. Bei meinen nachfolgenden fragmentarischen Überlegungen setze ich die juristisch eingeführte Unterscheidung zwischen natürlichem Willen als kurz dauernder seelischer Äußerung und dem Willen (Einwilligungs-, Willensfähigkeit, zielgerichteter Willensbildung) als länger dauernder Ausrichtung psychischer und intellektueller Energien voraus. Der Grundsatz, auch der natürliche Wille sei stets soweit wie möglich zu berücksichtigen, ist als Handlungsorientierung uneingeschränkt zu befürworten. Aber dieser natürliche Wille äußert sich bei Kranken mit starken geistigen Einbußen und Antriebsmangel häufig nur als Ablehnung helfender Angebote. Zur erhaltenen Willens-und Entscheidungsfähigkeit gehört in der Regel auch die Fähigkeit des Individuums, eigene Widerstände zu überwinden. Diese Widerstände haben oft etwas mit noch nicht ausreichendem Antrieb oder Unlust zu tun. Wer sich für den Respekt vor dem natürlichen Willen des geistig Eingeschränkten entscheidet, muß sich u.a. fragen, was dieser ihm anvertraute Kranke von sich selbst erwartet und verlangt hätte, als er noch im Sinne vernünftiger Abwägung einwilligungsfähig war.

So ist z.B. auch dem Gesunden vertraut, daß aus Fremdantrieb Eigenantrieb werden kann, daß aus manchmal zunächst fast erzwungenen motorischen (Wandern, tänzerische Gymnastik) und expressiven

(Singen) Aktivitäten neue, zusätzliche Antriebskraft entstehen kann und dieser Aktivierungsprozeß sich über eine gewisse Strecke hin selbst unterhält.

Weil im Zentrum des Unzulänglichkeitsgefühls in der Dementversorgung das Empfinden steht, mehr mit diesen vielen Kranken machen zu müssen - oft heißt es dann: "Man kann sie doch nicht einfach so herumsitzen lassen ..." - muß auch das Antriebsproblem genauer geklärt werden, und zwar insbesondere unter dem juristischen Aspekt der Beachtung des Willens. Wo hat man die Grenze zwischen therapeutischer Anregung und Nötigung zu ziehen? Wie ist die schwache, weil freundliche Abwehr eines dementen Menschen, der in seinem Leben stets nur verbindlich reagiert hat, im Vergleich zur ruppigen Ablehnung desjenigen zu bewerten, dessen Verhalten schon immer schroff und hölzern war? Die Willensfrage geistig eingeschränkter alter Menschen, angesiedelt zwischen Antriebsschwäche und therapeutisch-betreuerischem Anspruch, muß eingehender geklärt werden.

Die Problematik läßt sich mit folgenden grundsätzlichen Fragen umreißen, auf die ich keine Antworten zu geben vermag.

1. Gehört zum Willen, daß dieser Wille und sein Ziel bewußt erlebt werden können?
2. Wie ist Wille gegen Wunsch, Bedürfnis und triebhaften Impuls abzugrenzen?
3. Wieweit wird Willensfähigkeit definiert durch das Maß an Realitätsangemessenheit und Vernunft des Zieles, auf das sich ein Wille richtet?
4. Wie beständig und reproduzierbar muß Wille mindestens sein, um wenigstens als natürlicher Wille im obigen Sinne anerkannt zu werden?
5. Wo sind die Grenzen zwischen eigenem und fremdem Willen bei körperlich und geistig geschwächten Menschen, die der Argumentationsmacht Stärkerer unterlegen sind und einwilligen, aber eigentlich nur nachgeben?
6. Wie sind unterschiedliche intellektuelle Ausgangsniveaus und unterschiedliche soziale Prägungen zu bewerten im Hinblick auf formal identische Willensäußerungen? Kann die Entscheidung über eingeschränkte Willensfähigkeit nur aus einer biographisch relativierenden Betrachtung heraus getroffen werden?

Die Zahl der dementen alten Menschen wächst von Tag zu Tag. Deshalb wird die Auseinandersetzung mit all diesen Fragen und Wissensdefiziten immer notwendiger. In der Bereitschaft, uns zu ihrer Klärung sehr anzustrengen, würde sich ein angemessenes Erleben der Würde auch der verwirrten alten Menschen ausdrücken.

Sicher bin ich mit diesen Gedanken nur in einem größeren Abstand um das schwere Thema der Würde des verwirrten alten Menschen gekreist. Vielleicht ist es aber auch ganz gut, daß der Begriff Würde unscharfe und weiche Grenzen behält und sich einer präziseren Gliederung oder Operationalisierung entzieht. So bleibt er nämlich weiterhin dafür geeignet, viel von unseren Erwartungen, Ansprüchen und Wünschen aufzunehmen. Gelegentlich strahlen sie dann auf uns zurück, und oft tut dies unserem Verhalten gut.

Hans Peter Kitzig

Chronisch psychisch krank - Bedürfnisse und Wünsche der Patienten

Ich will in diesem Beitrag versuchen, Einsichten zu vermitteln in die Belange psychisch langzeitig kranker Menschen. Gewiß, diese Betrachtungsweise ist nicht neu. Gleichwohl, sie ist in letzter Zeit ein wenig in den Hintergrund geraten, indem die Verhältnisse dieser sogenannten Langzeitpatienten vorwiegend organisatorisch behandelt worden sind: Die derzeit in Mode geratene Gewohnheit, derartige Sachverhalte vorrangig als organisatorisches Versorgungsproblem zu sehen, hat - so meine ich es wenigstens - geradezu zu einer Art "Organisationspsychiatrie" geführt. Freilich ist dies auch beeinflußt von all jenen Folgerungen, die sich zwingend - manchmal sogar drängend-bedrückend - aus den Auflagen des Kostenrechtes herleiten. Andere Einflüsse wiederum entstehen aus zeitbedingten Meinungsbildern: So trennt man sich denn heutzutage gern begrifflich von früheren Verhältnissen, indem man sogenannte "Alte Langzeitpatienten" von den "Neuen" unterscheidet. Die "Alten", das sind jene, die der "Anstaltspsychiatrie" vorzuwerfen sind, die "Neuen" aber, was ist denn mit denen? Das sind dann wohl jene, an denen die derzeitigen doch wohl so modernen therapeutischen Hilfen versagt haben. Wie aber sollen wir angesichts solcher Gegenüberstellungen unsere Idee vom "Zugang im Verstehen" einbringen?

Ich meine, es ist wohl mehr oder weniger eine Glaubensfrage, ob man wirklich so von den Langzeitpatienten - von den "Alten" und von den "Neuen" - reden will, denn langzeitig anhaltende Erkrankung hat es allenthalben gegeben. Und dies wird wohl - leider - auch so bleiben.

Mir ist dabei etwas anderes wichtig. Und das ist der Umgang mit dem Verständnis der Zeit, denn ich denke, wenn man die zeitliche Ausdehnung solcher Krankheitsbetroffenheiten lediglich kalendarisch mißt, wenn also Monate oder Jahre das ausdrücken sollen, was mit "Langzeit" gemeint sein soll, dann wird man der besonderen Bedeutung dieser zeitlichen Dimension nicht gerecht. Denn es geht doch vielmehr - so verstehe ich es jedenfalls - innerhalb der Chronifizierung um "lebenszeitliche Aspekte". So hat denn kalendarisch meßbare Zeit für den, um den es hier geht, eine ganz andere Bedeutung als das, was ich unter "gelebter Lebenszeit" verstanden wissen möchte. Zum Beispiel ist doch wohl ein Jahrzehnt für einen ganz jungen Menschen etwas anderes als für einen im mittleren Alter und wieder etwas ganz anderes für einen alten Menschen. Lange Zeit, verbracht in Behinderung aus Gründen psychischer Erkrankung, das bedeutet, beschnitten zu sein in allen Lebensäußerungsmöglichkeiten. Das bedeutet aber auch Verkürzung aller Hoffnungszuversicht, und das bedeutet schließlich Verdunklung des historischen Hintergrundes, vor dem sich dieses Leben vollzieht. Zu wissen: Woher komme ich, wohin bin ich auf meinem Weg geraten, wohin kann von nun an die Reise gehen? - solches Wissen gehört doch wohl zum notwendigen Grundbestand des bewußten Seins. Wenn dieses aber unter den verschleißenden Auswirkungen der "langen Dauer" verblaßt, wenn es gar verlorengeht und wenn deshalb der, dem solcher Verlust zugefügt ist, nunmehr in fataler "Jetztzeitigkeit" verhaftet bleiben muß, dann ist er doch wohl in ein Elend geraten, dessen Bedeutung sich mit kalendarischen Meßmitteln nicht erfassen läßt.

Und deshalb meine ich, wir werden diesen Kranken, die unter der unermeßlich langen Dauer leiden, nicht gerecht, wenn wir sie "Langzeitkranke" nennen, die in "Langzeitbereichen" des Krankenhauses und auf "Langzeitstationen" versorgt werden. Das "Chronische" in der Psychiatrie ist eben etwas ganz anderes, indem es die Menschen bedroht, ihren Schatten zu verlieren.

Und es ist obendrein etwas anderes, ob sich eine Chronifizierung bedeutende lange Krankheitsstrecke an einen erstmaligen - und einmalig bleibenden - Krankheitseinbruch anschließt oder aber, ob sich innerhalb des Chronifizierungsvorganges aktuelle Krankheitseinbrüche wiederholen. Denn was bedeuten denn gerade solche wiederholten Aktualisierungsvorgänge? Sie bringen Erinnerungen hervor an vorangegangene schlimme, quälende Erlebnisse. Sie erdrücken die Zuversicht, aus der man hatte glauben können, das Schlimmste sei doch wohl überstanden. Sie beengen die Hoffnung auf eine erträgliche Zukunft. Und sie ermüden schließlich die Reserven, die doch so bitter nötig sind, um eine erneute Enttäuschung überwinden zu können. So ist denn im Vorgang der Wiederholung nicht nur eine Addition von einander ähnlichen Vorfällen zu sehen, vielmehr entsteht aus diesem "immer wieder" eine zweite, sich gleichsam potenzierende Einflußgröße, aus der jene Verhältnisse zusätzlich angereichert werden, die als "Verschleißvorgänge" unmittelbarer Ausdruck der "langen Dauer" sind.

Beim Versuch, im Wege des Verstehens Zugang zu den Belangen chronisch Kranker zu finden, will ich noch einen anderen - freilich auch ganz anders gearteten - Gedanken benennen. Dabei soll es um das Problem der Gleichstellung von körperlich und psychisch Kranken gehen.

Warum aber soll dieses ein Problem sein? Denn grundgesetzlich sind doch alle Krankengruppen gleichgestellt. Und dieser Grundsatz spiegelt sich denn auch in allen einschlägigen sozialrechtlichen Bestimmungen. Und dennoch, allenthalben wird beklagt, daß daraus noch immer nichts Rechtes geworden sei, daß dem psychisch Kranken also viele Hilfen versagt bleiben - eben im Vergleich mit den körperlich Kranken. Dies zeigt sich in der Behandlung, aber auch in der Pflege und vor allem in der Rehabilitation. Die dabei entstehenden Versorgungsdefizite werden besonders drastisch deutlich, wenn es darum gehen soll, Hilfen zur Vermeidung sonst verwirkter Erwerbsunfähigkeitsrente anzubringen: Sehr viele chronisch psychisch Kranke, insbesondere hierbei Psychosekranke, werden zu sogenannten Frührentnern. Es fehlt allenthalben an geeigneten Möglichkeiten für Rehabilitationshilfen eben zur Vermeidung solcher sozialrechtlichen Abfertigung. Denn wird erst einmal Erwerbsunfähigkeitsrente bezogen, dann wird man - im nachhinein - kaum irgendwelche nachhaltigen und wirkungsvollen Anstrengungen um Wiedereingliederung erwarten können. Der Rentnerstatus ist offenbar hierzulande gewissermaßen ein bürgerlicher Stand, der denn auch verteidigt werden soll.

Warum also funktioniert die Sache mit der Gleichstellung so schlecht? Gründe hierfür gibt es wohl viele. Ganz wesentlich scheint mir hierbei aber der Umstand, daß offenbar schon der Ansatz falsch ist. Unter den vielen Rätseln und Mißverständnissen, die uns den Zugang zu den Belangen dieser Kranken verstellen, gibt es doch wohl einen Generalirrtum: Dieser ist so oft und in so langer Zeit wiederholt worden, daß es scheint, alles das, was damit bedeutet werden soll, sei inzwischen Wahrhaftigkeit. Dabei sollte die Sache doch eigentlich ganz einfach aufzulösen sein, wenn man nur daran denken könnte, daß der Anspruch auf "Gleichstellung" überhaupt nichts zu tun hat mit dem, was daraus geworden ist: daß dies nämlich mit "Gleichmachen" interpretiert wird. Allein aus diesem grundsätzlichen Mißverständnis bauen sich jene Barrieren auf, aus deren Unüberwindlichkeit den psychisch Kranken viele Versagungen entstehen.

Es ist doch wohl so, daß weitaus die meisten sozialrechtlichen Leistungen entlang den Leitschienen entwickelt worden sind, die sich aus dem Versorgungsbedarf körperlicher Erkrankungen abzeichnen und die sich dort letztendlich als wirkungsvoll erwiesen haben. Aus solchen Zusammenhängen bestimmen sich denn auch alle anzustrebenden Ziele für Behandlung, für Pflege und vor allem auch für Rehabilitation.

Das Mißverständnis um die Gleichstellung wirkt sich aber nun für die psychisch Kranken insofern fatal aus, als eben aus dem falschen Ansatz der "Gleichmacherei" Verhältnisse entstehen, in die die Belange dieser Krankengruppe ganz und gar nicht hineinpassen können.

Daraus aber ist eine nicht versiegende Quelle des Streites und des Ärgers und schließlich auch der gegenseitigen Vorwürfe entstanden, verbunden mit wechselseitigen Schuldzuweisungen und Verdächtigungen. Der gemeinsamen Absicht zur Hilfe - und dies ist doch wohl bei allem entstandenen Verdruß nach wie vor erklärte Absicht aller - ist damit gewiß nicht gedient.

Wie wäre es denn, wenn man sich entschließen könnte, noch einmal ganz von vorn anzufangen und dabei jenen Verhältnissen nachzuspüren, aus denen der Bedarf nach Gleichstellung letztendlich entstanden ist? Dieser Bedarf aber ist doch wohl mit nichts anderem begründet als mit der Unterschiedlichkeit der Ausgangslagen: Die Belange der psychisch Kranken sind von den Belangen anderer Krankengruppen durchaus unterschieden. So unterscheiden sich denn psychisch Kranke nicht nur im Krankwerden, sie sind auch unterschieden im Kranksein und vor allem im Genesenkönnen. Macht man diese Gegebenheiten - so banal sie auch sein mögen - zur Voraussetzung, dann stellt sich sogleich die Frage nach der "Paßfähigkeit" der sozialrechtlichen Leistungsmöglichkeiten anders. Warum also sollte es dann nicht möglich sein, für die Vielfalt psychischer Erkrankungen Behandlungsformen zu beschreiben, die denn auch mit den Mitteln unseres Leistungsrechtes "paßfähig" finanziert werden können? Dies müßte in Sonderheit dann gelingen, wenn wir endlich imstande wären, auch für die chronisch Kranken Organisationsformen und Inhalte der Behandlung darzustellen, die den Vorgängen des Leistungsrechtes entsprechen. Aus dem Umstand der grundsätzlichen Unterschiedlichkeit der Ausgangslagen müßte es schließlich auch gelingen, therapeutische Zielsetzungen zu beschreiben, die sich aus den individuellen Belangen der psychisch Kranken herleiten. Ganz besonders gilt dies für alle Rehabilitationshilfen: solange die für psychisch Kranke anzustrebenden Rehabilitationsziele gewissermaßen deckungsgleich mit den für körperlich Kranke gültigen beschrieben werden müssen, bleiben die psychisch kranken Rehabilitanden hoffnungslos zurück.

Wir sollten also ganz schnell die Irrtumswege, die in die Gleichmacherei geführt haben, verlassen und dafür die Voraussetzungen aufklären, auf die sich der Bedarf nach Gleichstellung gründet. Wenn wir dies tun, werden wir finden, daß wir selbst vieles vernachlässigt haben: Wo - zum Beispiel - sind denn jene therapeutischen Rezepturen vorgezeichnet, die zur Behandlung der unterschiedlichen Formen chronisch Kranker geeignet sind? Wo - zum Beispiel - kann man nachlesen über die besonderen Rehabilitationsziele, geeignet für psychisch kranke alte Menschen? Wie ist sie denn überhaupt zu verstehen, die Zielidee aller Rehabilitation: "Wiedereingliederung"? Und wo gibt es schließlich die Schauplätze, in denen Rehabilitation für psychisch Kranke in dem hier gemeinten Sinne - also ausgestattet mit paßfähigen und deshalb auch erreichbaren Rehabilitationszielen - stattfinden könnte?

Wie aber stellt sich das wohl alles aus der Sicht der Kranken dar? Erfüllen wir wirklich deren Erwartungen, vor allem, wenn wir "spezifische Rehabilitationsziele", wie sie aus unserer Sicht erkennbar sind, anstreben? Wie wird es von ihnen verstanden, wenn seelisches Leid ihnen eben doch nicht in der erhofften Zeit abgenommen werden kann? Wie wird es hingenommen, wenn am Ende Leidensreste verbleiben, die den gesamten zukünftigen Lebenszuschnitt beeinträchtigen?

Ich meine also: wie kann es der Kranke verstehen, wenn ihm ein gerütteltes Maß an Leidensrest für lange Zeit - vielleicht sogar für alle Zukunft - zugemutet bleibt? Und was fängt er wohl mit jenen ihm von uns gebotenen Hilfen an, mit deren "Paßfähigkeit" es ohnehin aus den oben genannten Gründen seine Schwierigkeiten hat? Gibt es also so etwas wie ein Einverständnis oder wenigstens eine wechselseitig hingenommene Übereinkunft, wenn es um Hilfsangebote und um die Möglichkeit des Annehmens der Offerten geht? Wie geht es bei alledem den Angehörigen?

Bedarfsanalysen sind ab und an unternommen worden. Und es ist auch wohl zu hoffen, daß jeder, der ein Krankenhaus plant, der Organisationsformen begründet und die Behandlungs- und Rehabilitationsprogramme überlegt, zuvor eine Bedarfseinschätzung am Adressaten unternommen hat.

Wie aber geht es dabei zu? Doch wohl so, daß die Kranken nach ihren aktuellen Bedürfnissen und nach allem zukünftigen Lebensbedarf gefragt werden. Wir haben das auch getan. Ich erinnere solche Befragungen aus bitteren Zeiten kläglicher Armut, als von Krankenhausreformen noch keine Rede sein konnte. Aber wir haben dann und wann solche Befragungen auch in jüngster Zeit wiederholt.

Was man da an Auskünften von den chronisch Kranken erhält, gibt Rätsel auf. So erinnere ich eine Umfrage, die seinerzeit bei den Kranken, den Mitarbeitern (!), den Angehörigen und den Vormündern (!) in einem Heim abgehalten wurde, dessen Versorgungsverhältnisse rundum unsagbar ärmlich waren. Dennoch, die deshalb erwarteten Änderungswünsche blieben aus. Im Gegenteil, nicht nur, daß Abänderung der ekelhaften Situation unerwünscht blieb - fast einhellig wurde uns die Angst vor eben solchen Änderungen vorgetragen.

Solche zunächst doch wohl sehr überraschenden Übereinkünfte mit kläglichem Elend haben wir häufig erfahren, als wir selbst vor vielen Jahren Gelegenheit hatten, Wohn- und Pflegeheime zu begründen, und den Patienten der Chronisch-Kranken-Abteilungen unseres Krankenhauses Umzugsangebote in die Heime machten.

Seit wir um solche unseligen Formbarkeiten kranker Menschen und um derartig angstvoll verteidigte Armutsgewöhnung wissen, haben wir großen Zweifel dann, wenn behauptet wird, die Scheu vor dem Ortswechsel, der da ins Haus steht, die Angst vor Aufgabe der gewohnten Lebenssituation, die Furcht vor dem Verlust vertrauter Menschen - dies alles bedeute nichts anderes als Anhänglichkeit an das tatsächlich entstandene "Zuhause". Kann das aber wirklich wahr sein, daß derartige Enge und Kläglichkeit, wie ich sie hier beschrieben habe, zur sogar noch schutzbedürftigen "Heimat" geworden sind?

Ich habe das nie glauben können; nicht nur aus der Einsicht, daß derartig befremdliche situationsbejahende Meinungsbilder bei chronisch Kranken, ihren Betreuern, aber auch den Angehörigen aus langer verformender Gewohnheit entstanden sind. Ich habe es vielmehr vor allem deshalb nicht glauben können, weil man solcher vermeintlichen Schicksalsunterwerfung jenen Anspruch auf Würde nicht opfern kann, den jedermann anzumelden hat - gleichgültig, ob er diesen Anspruch nun tatsächlich geltend macht oder nicht.

Seither habe ich Zweifel an der Gültigkeit der Ergebnisse einschlägiger Lebensbedürfnis- und Bedarfsumfragen unter psychisch Kranken. Was aber kann denn sonst geschehen? Wie also kann man Überlegungen um Versorgungsqualitäten mit besseren Ergebnissen zustande bringen? Was wollen die Kranken mit ihrem Leben tatsächlich anfangen außerhalb aktueller gewohnheitsabkünftiger Ergebenheit?

Ich weiß um die Anfechtbarkeit dessen, was ich jetzt vortragen will, und ich höre schon im voraus kritische Anmerkungen und ahne den Vorwurf hoffärtiger Überheblichkeit. Dennoch, schließlich bedeutet jede therapeutische Handlung ein Gutteil Zumutung für den Adressaten und Wagnis für den Verantwortlichen zugleich. Ich will es also wagen zu sagen: Nach meiner Meinung eröffnet sich für den Verantwortlichen Zugang zur Bedürfnis- und Bedarfsplanung für den chronisch Kranken, in Sonderheit für den psychisch kranken alten Menschen, aus der abwägend-kritischen Einschätzung seines Lebensanspruchs. Gemeint ist das, was auch "Angemessenheit der Hilfe" genannt werden könnte. Das ist jene Zuwendungsqualität, die sich in der Einschätzung der zur Leidensbehebung möglichen Hilfen, aber auch in der Einschätzung dessen, was wohl - eben weil nicht behebbar - vom Betroffenen ausgehalten werden muß, abzeichnet. Mit anderen Worten: was also wird er - der chronisch Kranke - wohl mögen? Was alles kann ihm nützlich werden? Was andererseits sollte er besser meiden? Und wie bildet sich dies vor unserem Gewissen ab?

Und damit bin ich nun endlich bei den Ratschlägen, die ich mir zur Erläuterung eines Betreuungsangebotes überlegt habe. Die hierzu an sich notwendigen sozialrechtlichen, wirtschaftlichen, die personellen und organisatorischen Einzelheiten kann ich hier nicht ausführen. Darüber ist - auch von uns - an anderer Stelle oft genug berichtet worden[1]. Einige Empfehlungen möchte ich aber geben:

1) Wir sollten einander gut kennen - die Kranken und Gesunden. Wie anders denn könnte sich der gesuchte Verständniszugang eröffnen als aus mitmenschlicher Nähe? Damit meine ich nicht kumpaneihafte, plumpe Vertraulichkeit, wie sie oft unter "lagerähnlichen Bedingungen", die früher nicht selten unsere Chronisch-Kranken-Stationen prägten, entsteht. Ich meine vielmehr eine Vertrautheit, deren Profilschärfe aus respektvoller Distanz gezeichnet ist. In der Vertrautheit aber kommt der ganze Mensch vor, nicht nur eine Person, aufgelistet gleichsam als psychopathologischer Befundbestand. Kurzum: wir sollten uns zueinander so verhalten, daß wir zu gegenseitig lesbaren "beschriebenen Blättern" werden.

2) Wir sollten uns bemühen, die Gefahr der Einsamkeit abzuwehren. Wir haben unsere Krankenhäuser so gebaut und betreiben sie organisatorisch in einer Weise, die an die Versorgung körperlich Kranker erinnert. In solche anonymen Verhältnisse will Behaglichkeit nicht so recht einziehen. Aber bedeutet es nicht eher "Umzug in eine neue Wohnung", als daß es "Krankenhausaufnahme" ist, wenn ein Mensch zu langdauernder stationärer Behandlung zu uns kommt? Warum reden wir noch immer von "Stationen", wenn es doch um Wohnbereiche gehen sollte? Warum pflegen wir blasse Bezeichnungen wie "Tagesraum", "Dienstzimmer" u.a.m.? Warum endlich fällt es uns so schwer, der Einsicht nachzugeben, daß die Welt nun einmal von zwei Geschlechtern besiedelt ist? Ich frage also: Warum denn wird allenthalben noch immer an der Geschlechtertrennung festgehalten, wenn es um Krankenpflege geht? Und aus welchem Grund eigentlich müssen wir uns zu sprachlich aufwendigen Formulierungen flüchten, wenn schließlich der Verzicht auf Geschlechtertrennung innerhalb eines Pflegebereichs benannt werden soll? Wie nennen wir das doch gleich? "Gemischtgeschlechtliche Abteilung" - was für Gedanken mögen wohl dieses sprachliche Ungeheuer zustande gebracht haben?

Zum Wohnen, sei es das therapeutische Wohnen im Krankenhaus, sei es das Wohnen im Heim oder in der Wohngemeinschaft - kurzum, zum Wohnen gehört das Beschäftigtsein. So ist es jedenfalls dann, wenn der Alltag seinen guten Sinn haben soll. Und so sollten wir uns denn - mehr als bisher - darum kümmern, daß jedermann Möglichkeit

---

[1] *Kitzig, P.*: Differenziertes Modell komplementärer Einrichtungen im psychiatrischen Krankenhaus, in: Kommunale Psychiatrie. Bestandsaufnahme und Ausblick. Schattauer, Stuttgart-New York 1986.

zum sinnvollen Tun geboten wird. Die Barrieren, die durch die Schwierigkeiten bei der Vermittlung Behinderter in den sogenannten allgemeinen Arbeitsmarkt aus vielerlei Gründen aufgerichtet sind, sollten uns nicht mutlos machen. Muß es denn immer der Platz im "allgemeinen Arbeitsmarkt" sein - ein Gefüge, das sich seit eh und je spröde und abweisend unseren Wünschen gegenüber verhält? Mit einiger Fantasie sollte es uns gelingen, in wirtschaftlich-nützlicher, kaufmännisch-verträglicher und sozialrechtlich-paßfähiger Weise geeignete Beschäftigungsmöglichkeiten zu finden. Und wenn solche Plätze - auch außerhalb des Anspruchs auf reguläre Erwerbsfähigkeit - den Betroffenen nur plausible Sinnhaftigkeit vermitteln, dann sollte uns dies nicht hindern, nach solchen Möglichkeiten zu greifen.

3) Viele chronisch Kranke leben in der kostenrechtlichen Zuständigkeit der Sozialhilfe. Im Zusammenhang mit den Sozialhilfeleistungen wird oft gefragt, welches Ausmaß an Zuwendung denn wohl unerläßlich notwendig sei, um die Gefahr der Verarmung abzuwehren. Jedermann weiß, daß es hierfür sogenannte Regelsätze gibt, nach denen finanzielle Aufwendungen bemessen sind. Ab und an gerät eine Zuwendungsgrößenordnung, genannt der Warenkorb, in lebhafte streitige Diskussion, und manches andere mehr.

Bei alledem kann ich nicht glauben, daß die Grenze zum Armsein allein durch die Quantität der Zuwendung einerseits oder durch das Ausmaß materieller Versagungen andererseits gezogen wird. Ich habe das immer anders verstanden, indem ich denke: Arm kann nicht der sein, der für sich "Hoffnung auf morgen" verspürt. Dies hat wohl etwas zu tun mit der Idee des Sparens: Der, der imstande ist, etwas für sich zurückzulegen, muß der nicht, indem er damit an das Morgen denkt, Zukunft haben? Daraus ist mir die Idee von der Bedeutung der "hohen Kante" entstanden: etwas auf die "hohe Kante" legen - das bedeutet doch, etwas übrig haben, sorgsam behüten wollen, zurücklegen, damit es für morgen zur Verfügung steht.

Wenn wir uns die ärmliche Ausstattung der Lebenseinrichtungen chronisch Kranker betrachten, dann wäre es vielleicht nützlich, hierbei an meine Überlegungen zur "hohen Kante" zu denken.

4) Nun habe ich noch einen Ratschlag: Seit die bereits erläuterte "Organisationspsychiatrie" sich so sehr verselbständigt hat und seit es obendrein scheint, dies alles würde nun noch von einer weiteren Form, gewissermaßen einer "Administrationspsychiatrie", überholt, seither ist abermals ein leidvolles Konkurrenzverhalten zwischen den verschiedenen an der Krankenbehandlung beteiligten Berufsgruppen entstanden. Worum wird da nicht alles gestritten? - Letztendlich bleiben ja doch im unseligen Meinungsstreit der Selbstgerechten viele Belange der Kranken auf der Strecke: So streiten sich vor allem die unmittelbar therapieaktiven Mitarbeiter, d.h. die Ärzte, die Angehörigen des pflegerischen Dienstes, die Sozialarbeiter mit den Mitarbeitern der Sozialverwaltungen. Und was der eine als unverzichtbare Behandlungsnotwendigkeit energisch ausweist, das trägt der andere als bindende Verpflichtung zur Wirtschaftlichkeit und Sparsamkeit vorwurfsvoll vor. Ich meine, wir wären alle miteinander gut beraten, wenn wir selbst besser voneinander wüßten, wenn wir also unsere Verantwortungsfelder kennten, unsere Verpflichtungen, unsere Abhängigkeiten und wenn wir auch die Grenzen des Möglichen kennten. So sollte nach meiner Meinung das Gefechtsfeld dieser Streitereien zu einem Feld wechselseitiger Bildung gemacht werden. Wir könnten hernach, nachdem wir uns in unseren Möglichkeiten, aber auch in unseren Befangenheiten, einander entdeckt hätten, leichter zueinander finden. Nicht gemeint ist mit diesen Vorschlägen, daß etwa von Verwaltungsbeamten so etwas wie ärztliche oder sozialtherapeutische Aufgaben übernommen werden sollten oder umgekehrt. Aber das Wissen darum, dies denke ich, dies kann man wohl verlangen!

Ich bin sicher, dies ist ein guter Rat, und er ist, wie übrigens die vorherigen auch, gar nicht einmal teuer.

II

Die Subjektivität der Erfahrung

Christian Scharfetter

Die Erfahrung des Subjekts

Schizophrene Menschen - ihre besondere Verletzbarkeit

Das Thema "Die Subjektivität der Erfahrung" ist hier für mich zu lesen: Selbst- und Welterfahrung des Menschen, welchen wir nach einer bald einhundertjährigen Tradition, folgend dem Nosopoeten *E. Kraepelin* und dem Taufpaten dieser zeit- und personenabhängigen Konvention, *E. Bleuler*, schizophren nennen. Der Titel gemahnt auch an die Subjektivität des Beobachters, des Beschreibers, Benenners, welcher "Erfahrungen" mit Mitmenschen "umsetzt" zu "Daten", welche er "objektiv" zu sein wähnt. Gegenstand meines Beitrages soll die besondere Verletzbarkeit des schizophren genannten Menschen sein.

Wie nähern wir uns dem Thema? In gleicher Weise wie den Menschen, den Lebewesen überhaupt: in behutsamer Aufmerksamkeit und Achtung vor dem anderen als eigenen. Durch ein Hinhorchen, Hinsehen, Hinspüren, welches emotional-affektives Eingehen und rational-kognitives Auffassen zugleich erlaubt. Es ist die behutsame Annäherung in der Grundhaltung non-egoistischer Liebe zu dem Bruder, der Schwester, dem geschwisterlichen Lebewesen, welches im eigenen Leid auch allgemeines Menschengeschick austrägt (tua res agitur).

Diese liebevolle Achtung (Pali: Metta) auf den anderen macht uns bereit für nicht-herabsetzendes Mitleid (Karuna, compassion, Sympathie, nicht pity) und für Mitfreude (mudita). Die Entfaltung solch menschenwürdiger Geisteskultur gewährt die Entwicklung von Gelassenheit (Uppekha), Nichthaften - als Freiraum des Sich-zur-Verfügung-Haltens, ohne kustodial-direktiv oder szientistisch-reduktionierend einzugreifen.

Bedenken wir die behutsame Achtsamkeit (*Esquirol*, in *Heinroth*s Ausgabe 1827, S. 105):

> "Man muß mit den Gestörten zusammenleben, um sich die richtigen Begriffe über die Ursachen, die Symptome, den Verlauf, die Krisen und Ausgänge ihrer Krankheitszustände zu verschaffen und um die unendliche Sorgfalt und die unzählbaren Einzelheiten zu schätzen, die die Behandlung erfordert."

Für diese behutsame Annäherung tragen wir die Fragen als eine Haltung an die Patienten heran:

Was erleben diese Menschen?

Wie erleben sie sich selbst und ihre Welt?

Wie hängt ihr Verhalten mit ihrem Erleben zusammen?

Was tun sie selbst zur Bewältigung, zur Abwehr, zum Kampf, zur Flucht?

Was brauchen sie als Therapie, was können sie zulassen, ertragen, verwerten?

Hören wir achtsam hin: die Menschen sagen, zeigen es uns - besser als Lehrbücher, Diagnosen- und Symptom-Kompendien, Fragebogen und Rechenergebnisse es je vermitteln können.

Worum geht es in der besonderen Verletzlichkeit? Es geht immer um das Ich als Instrument der Weltbewältigung.

"Es geht immer um mich".

Es geht um das Ich/Selbst-Erleben. Die zentrale Frage der meisten dieser Menschen ist: "Wie leben?", mit dem gefährdeten, untergehenden, zerfallenden Ich?

"Mir fehlt das selbstverständliche Ich, das ist das Kostbarste, was ich habe."

"Ich besitze keinen festen Ort in meinem Innern."

"Ich habe kein Ich mehr, aber um in dieser Welt zu leben, braucht man ein Ich."

Abbildung 1: Isolation, Alination des Schizophrenen

"Das Ich ist zerrissen, zerrinnt, das Ich ist in unendlich viele Partikel zerfallen."

"Ich und die Welt sind eins, beide zerfallen."

"Mein Eigenes wurde abgeschlachtet, innerlich ist es eine Metzgerei."

Die Frage also ist: wie leben ohne das Ich, diese temporäre Konstellation von Funktionen, die uns eine intersubjektiv kommunikable Welt konstituieren, sogar bestehen läßt? Der Therapeut hat ein zwischenmenschliches Klima zu schaffen, in dem das Ich sich wieder findet, festigt, versammelt, zur Ruhe kommt.

Ich-Verlust und Weltverlust gehören zusammen:

"Ich und die Welt sind eines."

Wo kein stabiles Ich ist, ist keine verläßliche Welt als menschengemeinsamer Boden da, als Erde, als Realität, als Heimat.

"Nie war ich auf der Erde zuhause."

"Ich weiß nicht, bin ich im Jenseits oder im Diesseits ...

das Einfachste ist furchtbar geworden ...

es ist eine unendliche Erdenferne ...

das Nirgendland ...

die Erde - ein Rätselraum"

"Mir fehlen die einfachsten Verbindungsmittel.

Wie oft alles unvereinbar scheint, ohne Zusammenhang fliegt da ein Auge, dort ein Fisch durch den fremden Raum, von dem ich nicht weiß, ob er existiert.

Manchmal erschreckt mich das scheinbar Selbstverständlichste, wenn es da so losgelöst und ohne Zusammenhang in mich eindringt."

"Ich habe keinen verläßlichen Boden, bin nicht auf der Erde."

"Ich wohne nicht."

"Das ist eine existentielle Hölle."

Das Leben ist ferne, unsicher, verloren.

"Glaubst Du, daß es möglich wäre, eine Beziehung zu haben zum eigenen Leben?"

"Ich bin tot - jenseits von tot und lebendig."

"Da ist eine wahnsinnige Angst, die letzte Beziehung zur Welt zu verlieren."

"Was ich spüre, läßt sich am besten als innere Erstickung beschreiben ...".

Der Therapeut bietet eine nicht zu gefährdende Beziehung, begleitet und ermutigt zum Wiedergewinn der Erfahrung des eigenen lebendigen Leibes, des Atemraumes und -fließens. Das festigt die Beziehung zur Welt.

Abbildung 2: Schizophrene Selbsterfahrung

Der Leib - Inkarnationsstätte des Bewußtseins: zei spalten, zerrissen, in Auflösung, grenzenlos.

"Ich bin nicht zuhause in meinem Leib."
"Da ist kein Zusammenhalt ... auseinandergerissen."
"Das ist die Zersetzung des Leibes.
Stücke sind aus dem Körper herausgerissen.
Mein Körper ist eine unendliche Quelle von Leiden."
"Ich fühle mich am Atmen gehindert."

Dies ruft nach einer Einbeziehung des Leibes in die therapeutische Rekonstruktionshilfe.

Mit Ich und Welt und ihrer Veränderung geht die Realität als intersubjektiver Überschneidungsbereich der im Bewußtsein konstituierten menschengemeinsamen "Umwelt" verloren. Im gemeinsamen Handeln, Schweigen, Reden wird sie wiederhergestellt, gefestigt, verbreitet.

Die Beziehung zu anderen Menschen ist entfremdet:

"Ich verstehe die Menschen nicht mehr."

"Ich bin isoliert ..., allein ..., da ist kein Mensch ..."

"Das Wort, das ich spreche, ist nicht das Wort, das den anderen erreicht."

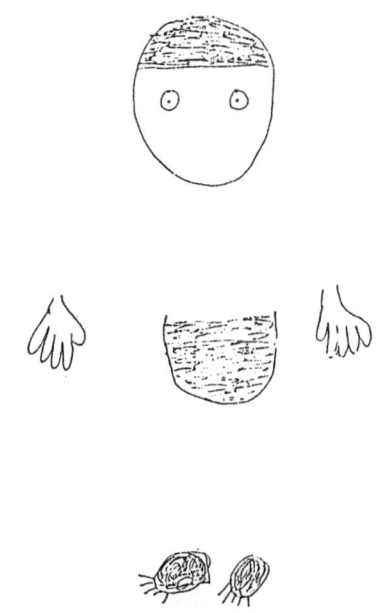

Abbildung 3: Selbsterfahrung eines Schizophrenen

Der Therapeut ist Begleiter, verstehend und antwortend.

Die grundlegenden Konstituenten des Ich sind verloren gegangen oder unsicher geworden:

- Die Gewißheit der eigenen Lebendigkeit
- Die Selbststeuerung im Vernehmen und Handeln
- Die menschliche Beschaffenheit und der Zusammenhang ("Mein Fleisch ist nicht Menschenfleisch", "Ganz entmenschlichter Zustand")

- Die Abgrenzung eines Eigenbereiches als Grundlage des Sich-in-Beziehung-Setzens.
- Der Verlust der Identität ("Im Spiegel sehe ich das Gesicht einer anderen Frau - es ist ein Zustand der Verwandlung - Muriel mit den tausend Gesichtern und doch ohne Gesicht.")

Solcher Art bedrohtes, bodenloses, heimatloses Ich ist ausgesetzt in der Ungeborgenheit.

Das Eigene hat keinen Wert mehr (eine Patientin verkroch sich zu Beginn ihrer Psychose in einen Mülleimer, da sie so wertlos sei; ein Patient sagte, in seinen Adern fließe Gülle).

Die Selbstentwertung kann bis zur Selbstauslöschung gehen. Es ist eine besondere Tragik, wenn manche dieser Menschen die in ihnen wirkenden selbstzerstörenden Kräfte noch introspektiv sehen können, ohne sich dagegen wehren zu können. "Ich habe mich selbst durch bewußte Akte der Selbstzerstörung kaputt gemacht."

Vulnerabilität, Schmerz, Leiden:

"In mir ist alles wie eine Wunde, eine einzige riesige Wunde. Das ganze Leben ist ein einziger Schmerz."

"Liebe, Körper, alles was die Schönheit dieser Welt ausmacht, ist mir verwehrt. Verdammt zu einem Pseudodasein. Ausgestoßen aus der Welt, die ich mir erschuf. Unter euch ein gequälter Geist, nicht zu euch gehörig und auch verstoßen von der anderen, der Welt des Todes. Hin und her gerissen zwischen unendlich vielen Welten, nirgends zu Hause. Eine andere Sprache sprechend, jene des Stummseins und der Verstummtheit ob der anderen Art. Alles ist vergänglich schmerzhafter Augenblick, so intensiv und unmittelbar, daß es unerträglich ist. Ein Wrack mit menschlichem Antlitz, dessen Erinnerungen alle mit Schmerzen verbunden sind. Keine Hoffnung auf Erlösung.

Ich leide, leide und leide, leide, daß mir eure Raum- und Zeiteinheit nicht mehr gehört, daß ich an ihr nicht mehr teilhaben kann, weil sie zu fremd ist.

Ich schreibe und schreie, weil das unendliche Bewußtsein in seiner negativen Umkehrung an mir seine Unendlichkeit beweist. Das unendliche unbeschreibliche Leiden einer Geisteskranken. Es ist eine Reise ohne Anfang und Ende, eine Reise von Nirgendwo nach Nirgendwo, der Steuermann eine Seele, die ihren Zusammenhalt verloren hat, eine abwesende Seele, das abwesende Ich."

Selbst hier kann der Therapeut mitgehen.

Der schizophrene Mensch ist ein Symbol des Menschen im Zustand des Leidens (dukkha) des Samsara, dem Geworfensein, der Ausgesetztheit, der Gefährdung des Ich in Entwicklung und Bestand.

Er ist auch ein Symbol der Erlösungssehnsucht, der Sehnsucht nach Befreiung, nach Salvation.

Der schizophrene Mensch ist wie jedes Lebewesen Bruder und Schwester, welche Gemeinsames austragen, das uns alle angeht. Dieses Austragen ist deutlicher, offener als bei den Gesunden, welche, eingebettet in Normen, das Chaos verdrängen.

Seien wir wachsam auf den Mißbrauch des Schizophrenen. Die biologistische Reduktion des Schizophrenen auf eine morphologische, biochemische, neurophysiologische Somatose wird der inneren biographischen Verknüpfung kränkender und überfordernder Lebensereignisse nicht gerecht, an denen schließlich das Ich temporär, manchmal dauernd, zerbricht.

Die psychologistische Reduktion führt zur Konstruktion metapsychologischer Bilder mangelnder libidinöser Kathexis der Selbstrepräsentanzen oder deutet selbst die apathische Ohnmacht chronisch unproduktiver Verläufe noch nach dem Abwehrmodell. Das Training neuropsychologischer Minderfunktionen abstrahiert vom affektiv-emotionalen Bereich dieser Menschen und von ihrer Ich-/Selbsterfahrung.

Die kulturalistischen und sozialkritischen Deutungen übergehen die Frage nach der idiosynkratischen Vulnerabilität des einzelnen. Manche antipsychiatrische Ideologie leugnet den lebenspraktischen Krankheitswert des Ich-Zusammenbruches.

Die Deutung des Schizophrenen als eines Menschen in einer religiös-spirituellen Durchbruchserfahrung, vielleicht auf dem Wege zu einem Schamanen oder ekstatischen Heiligen, sieht ab von der Infirmität in der alltäglichen Lebensbewältigung, von den psycho-sozialen und leiblichen Grundlagen der Ichdesintegration.

Wo immer eingleisige, oft sogar zu einem multidimensionalen Komplement ausstaffierte Kausalableitungen, sogar systemische Deutungen Allgemeinaussagen waren, sind sie gefährdet, an der individuellen Geschichte der Ichdesintegration des Einzelnen vorbeizugehen. Dann droht Verwaltung überhand zu nehmen, Chemopsychiatrie, kustodiales Versorgen oder irgendeine andere Form von Management.

Die Geschichte zeigt uns die Entwertung Kranker durch verstiegenen Intellektuellenhochmut bei *Nietzsche* (1889, "Moral für Ärzte" in der "Götzendämmerung"):

"Der Kranke ist ein Parasit der Gesellschaft. In einem gewissen Zustande ist es unanständig, noch länger zu leben. Das Fortvegetieren in feiger Abhängigkeit von Ärzten und Praktiken, nachdem der Sinn vom Leben, das Recht zum Leben verlorengegangen ist, sollte bei der Gesellschaft eine tiefe Verachtung nach sich ziehen. Die Ärzte wiederum hätten die Vermittlung dieser Verachtung zu sein - nicht Rezepte, sondern jeden Tag eine neue Dosis Ekel vor ihren Patienten ...

Eine neue Verantwortlichkeit schaffen, die des Arztes, für alle Fälle, wo das höchste Interesse des Lebens, des aufsteigenden Lebens, das rücksichtsloseste Nieder- und Beiseite-Drängen des entarteten Lebens verlangt - zum Beispiel für das Recht auf Zeugung, für das Recht, geboren zu werden, für das Recht zu leben ..."

Der selbsterhöhende Akademikerwahn "in heroischer Seelenstimmung" vom "vernünftigen Interesse" als Entscheidungskriterium über Lebenlassen oder Vernichten von Kranken manifestiert sich bei dem Strafrechtler *Binding* und dem Psychiater *Hoche* (1922).

Binding sprach von "Idioteninstituten", die "der Pflege nicht nur absolut wertloser, sondern negativ zu wertender Existenzen dienen". Und von Menschen in diesen Anstalten sagte er: "Daß es lebende Menschen gibt, deren Tod für sie eine Erlösung und zugleich für die Gesellschaft und den Staat insbesondere eine Befreiung von einer Last ist, läßt sich in keiner Weise bezweifeln ... Ihr Leben ist absolut zwecklos ..." Ebenso fand *Hoche* "für die Tötung geistiger Toter keine Gegengründe in der ärztlichen Sittenlehre." Die Insassen seien "völlig leere Menschenhüllen", "Ballastexistenzen", deren "Beseitigung kein Verbrechen, sondern einen erlaubten ärztlichen Akt darstellt". Diese Anethie steigerte sich in die Massenvernichtung von Kranken im Hitler-Deutschland.

Was ist zu tun? Die Verwirklichung achtungsvoller Haltung allem Lebendigen gegenüber ist die Grundvoraussetzung. Der Therapeut hat sich vorzubereiten für eine Kultivierung des Humanen in Liebe, Mitleid, Mitfreude. Er hat sich zu üben im Nichthaften, im Loslassen vom Eingreifen-Wollen, von immer nur temporär gültigen Konstruktionen des Wissens, von fixierten Zielvorstellungen. Er hat achtzugeben auf die Selbstheilungskräfte im Kranken und auf seinen je eigenen Weg. Er muß sich schulen auf das immer sensiblere Wahrnehmen der Patienten-Bedürfnisse. Zur Vorbereitung des Therapeuten gehört seine eigene Bewußtseinsentwicklung, die Achtung vor dem Geschwisterleid, die Bescheidenheit des Begleitens, die Treue des Dabeiseins, die Pflege des Mitseins. Der Therapeut darf dankbar sein für die Erfahrung des Menschlichen, die der Kranke an ihn heranträgt, auch für die Selbsterfahrung, die ihm der Kranke in der Begegnung erlaubt.

In einem solchen Geiste wünschten wir uns Therapeuten, von solchem Geiste wünschten wir uns die Institutionen erfüllt, die den pflegerischen und therapeutischen Auftrag wahrnehmen. Die Humanisierung des Krankenhauses bedeutet eine verantwortungsbewußte Personalisierung des Umgangs von Therapeuten und Patienten und ihren Angehörigen mit Wahrung der je eigenen Bereiche gegenüber einem funktionalistischen Expertenmanagement. Dies beginnt im scheinbar Kleinen, dem eigenen Raum, der Kleidung, der Rücksichtnahme auf Eigenes, der Sorgfalt der Aufklärung über Befunde, Diagnose, Pro-

gnose, Behandlungskonzepte. Es reicht bis zur baulichen und personellen Ausstattung der Krankenhäuser, bis zum Unterricht und den
Forschungsvorhaben.

Der Alltag in der Institution ist die Bewährungsstätte der Entwicklung, Haltung der Therapeuten als Vertretern einer Kultur des
Humanen. Darin, was für ein Menschenbild die Medizin, die Psychiatrie in Haltung und Tun verwirklicht, was unter Krankheit, Heilung,
Heil verstanden wird, zeigt sich die Kultur. Das meinte *Larraya* (1982)
mit dem Satz: "La cura es el ser de la cultura".

Richten wir uns nach dem Wort von *Rilke* (3. Elegie): "Tu ein Lie-
bes vor ihm, ein verlässliches Tagwerk".

Literatur

Binding, K./Hoche, A.: Die Freigabe der Vernichtung lebensunwerten Lebens. Meiner, Leipzig 1922.

Esquirol, E.: Allgemeine und spezielle Pathologie und Therapie der Seelenstörungen.
erarbeitet von *Hille, K.C.* und mit Zusätzen von *Heinroth, I.C.A.* Hartmann, Leipzig 1827.

Larraya, F.P.: Lo irracionál en la cultura, vol I-IV. Fundación para la educación, la
sciencia y la cultura, Buenos Aires 1982.

Nietzsche, E.: Götzendämmerung, Bd. 8. Kröner, Stuttgart 1964, S. 154.

Hans D. Brenner

Ethische Fragen in der psychiatrischen Forschung

Ethische Fragen stellen sich - angesichts der wachsenden Sensibilisierung einer breiteren Öffentlichkeit für die ethischen Implikationen unseres Wissenschaftsbetriebes allgemein - auch in der psychiatrischen Forschung mit zunehmender Aktualität und Dringlichkeit. Der Anspruch unserer Gesellschaft auf weiteren medizinischen Fortschritt und gleichzeitig auf den vollen Schutz der individuellen Rechte von Teilnehmern bei allen Forschungsuntersuchungen scheint ein Spannungsfeld vorzugeben, in dem gegensätzliche Interessen unweigerlich aufeinanderprallen müssen.

Wir erleben dabei gegenwärtig eine Strömung, die von der über Jahrhunderte entwickelten informellen berufsständischen Ethik wegführt, hin zu von Rechtsprechung und Verwaltung durchgesetzten formellen Regeln und Richtlinien zur Kontrolle medizinischer Tätigkeit überhaupt, speziell aber der Forschung mit Menschen. Diese Strömung speist sich aus zwei Quellen.

Zumeist ist uns nur die jüngere davon bewußt. Abscheu und Erschrecken vor den im Namen der medizinischen Forschung im nationalsozialistischen Deutschland an Juden und anderen ethnischen Minoritäten als "Menschenopfer einer verrückt gewordenen Wissenschaft" (*Patullo*, 1980) begangenen Verbrechen fanden ihren Niederschlag zuerst im "Nürnberger Kodex" von 1947 (*Krauss*, 1974). In ihm sind die wesentlichen Elemente späterer Deklarationen zum Ethos in der medizinischen wie in der psychologischen Forschung bereits enthalten. Hinzu kam später die Aufdeckung beschämend fragwürdiger und risikoreicher Forschungsuntersuchungen mit Menschen auch in anderen Ländern, speziell anläßlich ausgedehnter Kongress-Hearings in den USA um 1950.

Der wichtigste international anerkannte Ethikkodex ist heute im medizinischen Bereich die "Deklaration von Helsinki" in der revidierten Fassung von Tokio, die auf der 29. Generalversammlung des Weltärztebundes im Jahr 1975 vorgelegt wurde (Weltärztebund, 1976). Ihr Äquivalent stellen in der Psychologie die "Ethical standards of psychologists" der American Psychological Association (APA) von 1963 und 1973 dar (APA, 1973). In Ergänzung dieser Texte wurden speziell für die psychiatrische Forschung weitere Richtlinien aufgestellt, so von der World Psychiatric Association 1977 in Honolulu die

"Deklaration von Hawaii" (Weltverband für Psychiatrie, 1977) und, ebenfalls 1977, von einem Internationalen ad hoc-Komitee die "Guidelines for clinical trials of psychotropic drugs" (*Wittenborn*, 1977).

Die vermutlich wichtigere, wesentlich ältere Quelle formeller ethischer Vorschriften für die Forschung mit Menschen entspringt aber der Bürgerrechtsbewegung in den Vereinigten Staaten. Diese war in ihren Anfängen gekennzeichnet durch die Annahme des 13. und 14. Zusatzes zur Amerikanischen Verfassung in den 60er Jahren des letzten Jahrhunderts und erhielt in der Mitte unseres Jahrhunderts neue Schwungkraft durch den sogenannten "Warren-Gerichtshof" und den "Civil Rights Act" von 1964. Ihre Auswirkungen zeigen sich vor allem in der Rechtsprechung und Verwaltung. Gegenwärtig finden hier die Rechte von Frauen und Kindern, von Gefangenen, sowie speziell auch von seelisch Kranken, Alkoholikern und Drogenabhängigen besondere Beachtung.

Beide Strömungen haben in kumulierender Weise ein Klima großer Empfindsamkeit für die Verletzung individueller Rechte oder für die Bedrohung des Wohlergehens in der medizinischen Forschung geschaffen. Das langgehegte Bild vom forschenden Arzt als einem prinzipiell ethisch bewußten Menschen, dem man innerhalb relativ weitgezogener Grenzen sorglos vertrauen könne, er werde im Umgang mit Kranken und Behinderten immer und ausschließlich deren wohlverstandenes Interesse im Auge haben, wird darin abgelöst von der Meinung, Forschung mit Menschen setze stets und zu allererst ein Verhältnis zwischen Gleichen voraus. Dies bringen, soweit ich sehe, die im letzten Jahrzehnt erlassenen Richtlinien des US-Departement of Health, Education and Welfare am unmißverständlichsten und nachdrücklichsten auf den Punkt.

Die wichtigsten der in den verschiedenen relevanten Texten zur Forschung mit Menschen niedergelegten ethischen Prinzipien stimmen durchaus mit dem überein, was sich auch aus dem grundlegenden ethischen Prinzip klinischer Praxis ergibt. Dieses besagt bekanntlich, daß man niemals und unter keinen Umständen wissentlich gegen die Interessen eines Patienten handeln darf und innerhalb vernünftiger Grenzen alles tun muß, um sicherzustellen, daß dies auch unwissentlich nicht geschieht. Hauptsächlichste Voraussetzungen jeder medizinischen Maßnahme - ob in der Klinik oder in der Forschung - sind dementsprechend:

1. daß potentieller Nutzen und potentieller Schaden im Lichte des ganzen verfügbaren Wissens sorgfältig gegeneinander abgewogen werden (Nutzen/Risiko Abwägung),

2. daß eine Einwilligung des Patienten nach vorangegangener Aufklärung vorliegt ("informed consent"),

3. daß im Rahmen des Möglichen alle Vorkehrungen getroffen werden, um die Vertraulichkeit der Information zu gewährleisten.

Das Ideal der verschiedenen Texte zur Ethik in der Forschung ist offensichtlich ein voll handlungsfähiger, in seiner Entscheidung völlig freier Patient, mit gut entwickeltem Sinn für Autonomie und verläßlichen personalen Ressourcen einerseits, sowie ein uneingeschränkt kompetenter und sachkundiger Forscher andererseits. Aus dem unübersehbaren Widerspruch zwischen Ideal und Wirklichkeit resultieren die schwierigsten ethischen Probleme, und sie zeigen sich in der psychiatrischen Forschung in besonderer Ausprägung und Schärfe. So wird etwa das Recht auf die Freiwilligkeit und Selbständigkeit der Einwilligung im Einzelfall durch mangelndes Verständnis, Entscheidungsunfähigkeit, soziale Unsicherheit, Abhängigkeit oder eingeschränkte Möglichkeiten der Kommunikation bedroht. Das Recht auf Vertraulichkeit der Information erhält psychiatriespezifische Brisanz allein schon durch die spezifisch sensible Natur psychiatrischer Daten oder durch die vermehrte Notwendigkeit des Austauschs vertraulicher Mitteilungen innerhalb eines größeren Behandlungsteams.

In der - allerdings eher spärlichen - einschlägigen Literatur werden diese Probleme durchaus gesehen (*Helmchen* u. *Müller-Oerlinghausen*, 1978; *Bloch* und *Chodoff*, 1987). Sie werden aber im wesentlichen unter dem Aspekt diskutiert, mit welchen besonderen prozeduralen Vorkehrungen man ihnen begegnen könnte. Trotz mancher neuer Definitionen (z.B. "consent under duress", "uneducated consent", "extended confidence") und einer ansehnlichen Zahl verfeinerter methodischer Strategien und Techniken fehlen bisher für viele der dabei aufgeworfenen Fragen befriedigende Antworten. Es wäre also durchaus legitim und sinnvoll, die Diskussion auf dieser Ebene weiterzuführen.

Mit Blick auf das Thema der "Subjektivität der Erfahrung" will ich hier zu den aufgezeigten Problemen aber aus eigenem Erleben heraus grundsätzlicher Stellung beziehen. In meiner eigenen Arbeit bin ich immer wieder aufs neue mit einem scheinbar unlösbaren Dauerkonflikt zwischen Klinik und Forschung konfrontiert. Lange Zeit war ich der Überzeugung, an unserer Berner Klinik beim Wiederaufbau einer nennenswerten Forschung nach längerer Unterbrechung erlebtes Desinteresse, Widerstände verschiedenster Art oder als unsachlich empfundene Kritik speisten sich vor allem aus irrationalem Wissenschaftsskeptizismus, wenn nicht zum Teil aus zweifelhaften persönlichen Motiven. Andere Erklärungsmöglichkeiten sah ich kaum. Ich war aus dem Zentralinstitut für Seelische Gesundheit in Mannheim und Bern gekommen, in dem Forschungsarbeit geradezu als moralischer Imperativ galt. Notwendigkeit und Berechtigung von psychiatrischer Forschung scheinen ja offenkundig. Gerade die wirksamsten Therapieverfahren der heutigen psychiatrischen Praxis und viele neuere Diagnoseverfahren haben erfolgreich das Stadium des wissenschaftlichen Versuchs durchlaufen, bevor sie als Standardmaßnahmen anerkannt wurden.

Mit zunehmender wechselseitiger Durchdringung von Klinik und Forschung erst begann ich zu spüren und zu verstehen, daß die wesentlichen Ursachen des Konflikts tiefer reichen und grundsätzlicher Natur sind, d.h. nur bedingt an den jeweils konkret Handelnden und dem jeweiligen klinischen Umfeld festgemacht werden können. Er scheint mir heute primär Ausdruck eines Vertrauensschwunds in die moralische Integrität der psychiatrischen Forscher zu sein, die in ihrer Gesamtheit auf die neuen Herausforderungen, welche sich aus dem Wandel individueller und gesellschaftlicher Einstellungen zur Forschung ergeben, bisher nicht in erforderlicher Weise geantwortet haben. Im folgenden will ich diese Auffassung begründen und mir notwendig erscheinende ethische Konsequenzen daraus aufzeigen.

Untersucht man, wie in der Alltagspraxis psychiatrischer Forschung mit besonders schwierigen ethischen Problemen umgegangen wird, erkennt man, daß vor allem zwei scheinbare Auswege beschritten werden. Der eine führt hin zu rigiden, formalen und legalistischen Verfahrensweisen. Beispiele dafür sind technisch detaillierte, schwer verständliche oder langatmige Formulare zum Einholen der Einwilligung - in denen dann aber gleichwohl nicht selten kritische Elemente wie Nennung der Risiken oder des Rechts auf Rückzug der Einwilligung fehlen - oder pauschale Versicherungen, daß ein Mensch juristisch gesehen prinzipiell so lange fähig sei, sein Einverständnis zu geben, als er nicht von einem hierfür zuständigen Gericht für geschäftsunfähig erklärt worden ist. Hier findet also eine Verschiebung von ethischer und sozialer Verantwortung hin zu juristisch abgesichertem Verhalten statt, vom "was soll getan werden" zum "wie soll es getan werden". Juristische Haftung und ethische Verantwortung gehören aber verschiedenen Kategorien an und haben kaum etwas miteinander gemeinsam.

Ein anderer viel beschrittener Ausweg wird mit der Überzeugung begründet, jede Einverständniserklärung oder vertrauliche Mitteilung sei letztlich Ausdruck des Vertrauens, nicht aber Dokument einer demgegenüber selbständigen oder unabhängigen Urteilsfähigkeit des Patienten. Die letzte Entscheidung über eine Teilnahme an Forschungsuntersuchungen oder über die Verwendung bzw. Weitergabe vertraulicher Information sei daher bei dem im wohlverstandenen Interesse des Patienten und der Gesellschaft handelnden Forscher oder dem behandelnden Arzt am besten aufgehoben (vgl. *Rössler*, 1978; *Wing*, 1978). Hier drohen individuelle Rechte also durch Rückgriff auf ein im positiven Sinn verstandenes paternalistisches Verhältnis ausgehöhlt zu werden.

Kritischster Aspekt beider Denk- und Handlungsweisen scheint mir
aber bei näherem Hinsehen die Unterordnung aller übrigen ethischen
Prinzipien unter das Prinzip der Abklärung des Verhältnisses von
Nutzen und Risiko zu sein. Je eindeutiger der Nutzen einer Maßnahme ihren potentiellen Schaden überwiegt, umso eher glaubt man,
"nachgeordnete" Probleme bei der Einwilligung, der Vertraulichkeit
usw. in Kauf nehmen zu können. Vordergründig scheint dies als
durchaus konsequent, verlangen die ethischen Deklarationen doch ty-
pischerweise, zunächst einmal Risiko und Nutzen gegeneinander ab-
zuwägen, um über die Akzeptierbarkeit einer Forschungsuntersuchung überhaupt entscheiden zu können. Diese Art der Kosten/Nut-
zen-Analyse kann als moderne Version derjenigen moralischen Position gelten, nach welcher der Zweck die Mittel heiligt, und ist uns ja
aus anderen Lebensbereichen durchaus nicht unvertraut. Im Alltag
der psychiatrischen Forschung - gleiches gilt wohl für den Bereich der
medizinischen Forschung allgemein - regieren also weitgehend entweder legalistischer Relativismus oder - wo bewußt ethische Überlegungen angestellt werden - eine utilitaristische Ethik der Konsequenzen.

Aus zwei Gründen ist dies äußerst unbefriedigend und bedenklich.
Zum einen wird nach Definition eine Forschungsuntersuchung ja gerade dazu durchgeführt, um Antworten auf bisher unbeantwortete
Fragen zu finden. Wenn von einer Maßnahme bereits sicher bekannt
wäre, daß sie positive Auswirkungen auf die ausgewählte Zielgruppe
hat, wäre eine weitere Forschungsuntersuchung unnötig. Jede Forschungsuntersuchung enthält also inhärent ein Element des Zweifels,
wie gut auch immer die theoretischen Gründe für die Erwartung eines
überwiegenden Nutzens sein mögen. In der Psychiatrie ist dieses Element schon aus Gründen des eher geringen Entwicklungsstandes ausreichend gesicherter oder hinreichend überprüfbarer ätiopathogene-
tischer Theorien und Modelle besonders groß.

Zum anderen ist eine utilitaristische ethische Position gerade in
der psychiatrischen Forschung deshalb besonders fragwürdig, weil
hier mehr als in der somatischen Medizin Wertfragen ins Spiel kommen. Was gut oder schlecht ist, variiert in der Psychiatrie sehr stark
entlang unterschiedlicher theoretischer Systeme oder persönlicher
Werthierarchien. Es kommt hinzu, daß sich manche scheinbar objektiven Probleme der Psychiatrie bei näherem Hinsehen eher als Konflikte zwischen konkurrierenden Wertvorstellungen entpuppen. Fragen der Weltanschauung, des Bildes vom Menschen und der wissenschaftlichen Ideologie sind in der Psychiatrie also unter einer dünnen
Decke professioneller Selbstverständlichkeit allgegenwärtig. Sie werden lediglich offensichtlicher, wenn sich die Differenz zwischen den
Interessen von Forscher und Behandlungsteam vergrößert. Die viel-

beschworene Identität der wesentlichsten Elemente von Forschungsuntersuchungen und klinischer Diagnostik oder Therapie ist ohnehin
kaum mehr als eine dünne Rationalisierung. Zu unterschiedlich können im Einzelfall primäre Zielsetzung, handlungsleitende Motiva-
tionen oder Rahmenbedingungen sein (vgl. *Heimann*, 1978).

Wie sehr ideologische Fixierungen und subjektive Wertungen den
Blick für ethische Probleme schärfen oder blenden können, ist gegenwärtig am Beispiel zweier in Bern durchgeführter Forschungsprojekte mitzuerleben. Im einen Fall läßt sich für ein neues, aber toxiko-
logisch und pharmakologisch eingehend vorgeprüftes Pharmakon
plausibel die Erwartung begründen, es könne zu einer günstigen Beeinflussung der sogenannten Minussymptomatik chronisch schizophrener Patienten beitragen, einem Zustandsbild, dem wir bekanntlich oft recht hilflos gegenüberstehen. Seine Wirksamkeit soll in einer
offenen Studie an zehn Patienten überprüft werden (*Pauchard* u. *Am-
bühl*, 1986). Keinem Patienten muß wegen der Teilnahme die übliche
Standardbehandlung vorenthalten werden. Das Prüfprotokoll ist um-
fangreich und erschöpfend, die Einhaltung aller wichtigen ethischen
Standards ist gewährleistet. Trotzdem dauert es in einem Rehabilita-
tionsbereich mit rund 150 Betten über ein Jahr und bedarf unzähliger
neuerlicher Anfragen und Diskussionen, bis endlich der letzte Patient
in die Untersuchung einbezogen werden kann - ich bin versucht zu
formulieren, für die Forschungsuntersuchung "freigegeben" wird - und
dies, obwohl bei den ersten Patienten positive Wirkungen der Substanz berichtet werden.

Den anderen Fall stellt eine Forschungsuntersuchung mit einer
therapeutischen Wohngemeinschaft zur Behandlung von maximal 8
akut psychotischen Patienten unter möglichstem Verzicht auf Neuroleptika dar (*Ciompi* u. *Bernasconi*, 1986). In der ersten Behandlungs-
phase leben die nach festen Aufnahmekriterien ausgewählten Patienten mit einem ständigen, jeweils 48 Stunden lang ununterbrochen anwesenden Betreuer - darunter bewußt auch Laien - im sogenannten
"weichen Zimmer" zusammen, ausgestattet nur mit Kissen und Matratzen. Auf diese Weise wird versucht, eine einfühlsame mitmensch-
liche Begleitung durch die psychotische Krise zu gewährleisten und zu
deren Verständnis zu verhelfen. Bei diesen Patienten wird also auf die
gegenwärtige Standardbehandlung einheitlich verzichtet, obwohl bei
allem, was man über Erleben und Verarbeitung akuter Psychosen
weiß, potentieller Nutzen und potentieller Schaden der gewählten
Vorgehensweise große interindividuelle Unterschiede aufweisen dürf-
ten. Eine Einwilligung nach erfolgter Aufklärung ist dabei nur bedingt
möglich, und auch die Wahrung der Vertraulichkeit erscheint schwierig. Das Wohngruppenprojekt findet jedoch breiteste Zustimmung
und kann von daher problemlos durchgeführt werden.

Es geht hier nicht um eine inhaltliche Bewertung dieser beiden
Forschungsprojekte. Ich halte beide für relevant und nützlich. Es muß
aber nachdenklich machen, daß im einen Fall ethische Probleme -
soweit sie überhaupt reflektiert werden - vernachlässigbar erscheinen,
weil das Projekt aus ideologischen Gründen von vornherein für extrem nützlich oder humanistisch gehalten wird, während im anderen
Fall ebenfalls aus ideologischen Gründen kaum eine ausreichende
Kooperationsbereitschaft zu erreichen ist.

Selbst die Mitarbeiter der Forschungsuntersuchung zur therapeutischen Wohngemeinschaft scheinen sich einer ethischen Problematik
oder potentiellen Verletzung ethischer Prinzipien beim einzelnen Patienten nur ungenügend bewußt zu sein. Ein beteiligter Arzt meint im
Bericht einer psychiatrischen Zeitschrift (*Böttjer* und *Lang*, 1988) es
sei unter den vorhandenen Bedingungen überhaupt kein Problem,
jemanden ohne Medikamente aus der Psychose herauszubekommen.
Zwar dauere das in der Regel etwas länger, aber der Zeitfaktor sei zu
vernachlässigen. Im gleichen Bericht äußert eine Krankenschwester
freimütig, der anfangs gefaßte Vorsatz, auf Neuroleptika ganz zu ver-
zichten, habe sich nicht durchhalten lassen. Nach einem Jahr habe
deswegen eine erste Krisensitzung zur Klärung der Frage stattgefun-
den, ob weiterhin hilflos dagesessen werden sollte.

Eine utilitaristische Forschungsethik erlaubt es offensichtlich allzu
leicht, individuelle ethische Rechte unter Verweis auf den - in der
Psychiatrie besonders stark von subjektiven ideologischen Überzeugungen und von Wertungen abhängigen - vermeintlichen oder tatsäch-
lichen großen Nutzen bzw. 'Wert' einer Forschungsuntersuchung
hintanzustellen oder zu übergehen. Dies festzustellen heißt nicht zu
bestreiten, daß eine solche Sichtweise in vielen, vielleicht zahlenmäßig sogar überwiegenden Fällen durchaus angemessen sein kann.
Aber gerade dort, wo sie unangemessen ist, stellen sich die entschei-
denden Fragen nach Integrität, Verantwortlichkeit und Vertrauen.
Diese Fragen erzwingen eine ethische Position, welche den üblichen
utilitaristischen Umgang mit ethischen Prinzipien entscheidend ein-
schränkt. Mit anderen Worten ist dann eine Ethik gefordert, welche
darauf beruht, daß es zumindest einige Handlungscharakteristika gibt,
die eine Handlung unabhängig von ihren Konsequenzen richtig oder
falsch sein lassen. Sicherlich sind Handlungskonsequenzen aus ethischer Sicht immer entscheidend, aber niemals alles entscheidend.

Als sprachgewaltigster Anwalt einer solchen, als deontologisch be-
zeichneten Ethik gilt *Kant* (1785), der in seiner "Grundlegung der Metaphysik" betont, daß ein Mensch niemals nur Mittel zum Zweck sein
darf, sondern immer auch Zweck in sich selbst ist. Jedes Ding hat
nach ihm entweder einen Preis oder einen Zweck, der Mensch hat
niemals einen Preis. Das Resumée lautet in *Kants* eigenen Worten:

"Was dagegen über allen Preis erhaben ist, mithin kein Äquivalent verstattet, das hat Würde (einen inneren Wert)" (S. 434). Diese Abgrenzung der Würde vom Marktpreis ist in ihrer Dichte wohl unübertrefflich.

Die übergeordnete ethische Balance, die in der Forschung anzustreben ist, erweist sich damit als nicht identisch mit der Balance von Nutzen und Schaden: andere deontologische Rechte - etwa diejenigen auf Einwilligung oder Vertraulichkeit - haben ihr eigenes Gewicht als qualitative Merkmale von Würde. Diese Balance stellt sich vielmehr als intellektuelle Spannung zwischen mehreren konkurrierenden - unter Umständen auch miteinander unvereinbaren - und nicht einfach gegeneinander aufwägbaren ethischen Analysen dar. Es kann dabei durchaus Situationen geben, in denen ein geringeres Übel getan werden muß, um ein größeres zu verhindern: ein moralisches Dilemma, das aber - was wichtig ist - nicht davon frei spricht, schlecht gehandelt zu haben, jedoch den Trost der am wenigsten schlechten Handlungsweise läßt. Mit anderen Worten können wir es also rechtfertigen, ein geringeres Übel zu tun, um ein größeres zu verhindern, keinesfalls aber, etwas Schlechtes zu tun, nur um Gutes zu bewirken. Falsche Handlungen können gegeneinander abgewogen werden, nicht aber falsche gegen richtige. Dies macht Forschungsethik zu einem fehlbaren und unvollkommenen Unterfangen, läßt sie aber niemals bloße Meinungsfrage sein. Gefordert ist vielmehr ein Anerkennen dieser jeder Forschungsarbeit inhärenten ethischen Spannung und ihre Lösung so weit als möglich, aber nicht darüber hinaus. Wo Argumentation und Analyse versagen, treten Integrität und Verantwortlichkeit der Person des Forschers unmittelbar hervor.

Eine solche deontologische ethische Position läßt sich auch aus anderen Voraussetzungen ableiten. Beispiel dafür ist die Diskussion um Freiheit, Selbstbestimmung und Identität des Menschen in der abendländischen Anthropologie. Ihr zugrundeliegende Vorstellungen hat eindrucksvoll *Pico della Mirandola* schon in seiner Schrift "De dignitate hominis" als Rede des Schöpfers an Adam formuliert: "Ich habe Dich nicht himmlisch noch irdisch, nicht sterblich noch unsterblich gemacht, damit Du Dich frei, aus eigener Macht, selbst modulierend und bearbeitend zu der von Dir gewollten Form ausbilden kannst" (zit. nach *Rössler*, 1978, S. 121). Nach *Pico della Mirandola* besteht also die Würde des Menschen darin, daß er nicht auf das festgelegt werden kann, was gegenwärtig von ihm in Erscheinung tritt oder früher in Erscheinung getreten sein mag. Der Mensch ist vielmehr immer auf dem Weg zu seiner Bestimmung und Identität, er hat seine Stellung in der Welt immer erst zu suchen und zu vollenden. Nicht festliegende Fakten, sondern deren Wandelbarkeit und Veränderung charakterisieren sein tieferes Wesen. Freiheit, Selbständigkeit und Selbstbestimmung werden also auch hier unabhängig und jenseits von Nutzen zu essentiellen ethischen Rechten. Forschendes Handeln kann demnach dann als ethisch qualifiziert werden, wenn es zur Erhaltung dieser Rechte beiträgt, auf denen Menschenwürde wesentlich mit beruht.

Das Bekenntnis zu einer deontologischen Ethik in der psychiatrischen Forschung hätte entscheidende Konsequenzen. Beispielsweise geschieht dann durch die Verletzung des Rechts auf Einwilligung nach erfolgter Aufklärung dem Betroffenen Unrecht, auch wenn er nicht weiter geschädigt wird. Das Recht auf Einwilligung ist also nicht durch andere Aspekte einer Forschungsuntersuchung, etwa deren vermeintlichen Nutzen oder 'Wert', aufzuwiegen. Zu leicht kann es ansonsten verletzt werden, wenn ein abstraktes Ziel wie "Wissen", "Erkenntnis" oder "Wohl der Allgemeinheit" gegen ein Individuum oder eine für unbedeutend gehaltene Gruppe steht.

Gleiches gilt für das Recht auf Vertraulichkeit. Auch dieses hat seinen eigenständigen ethischen Wert, der sich nicht nur aus der Verpflichtung zur Einhaltung eines gegebenen Versprechens ergibt. Sicherlich macht das explizite oder implizite Versprechen, eine Information anderen nicht zu offenbaren, es sei denn unter gegenseitig vereinbarten Bedingungen, diese vertraulich. Bedeutsamer aber erscheinen ethische Elemente der personalen Autonomie, nämlich die Kontrolle der Information über sich selbst - vermutlich auch über die Anlässe und Weisen der Selbstrepräsentation - sowie die Kontrolle der eigenen Privatsphäre. Gerade hier wäre von einer sensiblen Forschung das Wesen des gegenwärtigen Wandels im Verhältnis zwischen Individuum und Gesellschaft besonders deutlich zu erkennen, man denke nur an die aktuelle Diskussion um die Verfügungsgewalt über psychiatrische Krankengeschichten oder die Zulässigkeit kumulativer psychiatrischer Fallregister. Die Kollision auf diesen Gebieten war nur eine Frage der Zeit und wäre ohne die utilitaristische Verengung des Blickwinkels abzusehen gewesen.

Deontologische Forschungsethik betreiben hieße also sich einzugestehen, daß mehr als prozedurale Korrekturen überfällig sind. Wir müßten dann akzeptieren, daß wir Menschen nicht zum Objekt einer wie hoch auch immer veranschlagten Forschung machen dürfen, solange substantielle Zweifel über die Möglichkeiten der Einhaltung eines wesentlichen ethischen Standards bestehen bleiben, daß unserer Forschungsarbeit also Grenzen gezogen sind, welche unter allen Umständen, selbst um den Preis eines an sich wünschbar erscheinenden individuellen oder sozialen Fortschritts, als unverletzbar zu gelten haben.

Was dies im Konkreten bedeutet, kann hier nur an wenigen Beispielen aufgezeigt werden. Forschungsuntersuchungen mit seelisch

Kranken sollten stets direkt auf die Krankheit, auf Aspekte des institutionellen Rahmens oder auf Informationen bezogen sein, welche von keiner anderen Teilnehmergruppe erhalten werden können. Untersuchungen, welche nicht von direktem Nutzen sind, verbieten sich bei psychiatrischen Patienten, wenn irgendein Risiko eines Schadens besteht. Eine Teilnahme von zwangseingewiesenen Patienten an Forschung ist mit Blick auf das Prinzip der Freiwilligkeit der Einwilligung grundsätzlich fragwürdig, ebenso von urteilsunfähigen Patienten. Auf das Einholen pauschaler Bewilligungen, Daten aus der Krankengeschichte oder andere Informationen, speziell auf Tonträgern oder Videobändern, für Forschung zur Verfügung zu stellen, sollte verzichtet werden. Schon vor der Einholung besonders sensibler Daten sollte darüber informiert werden, welche Bedrohungen der Vertraulichkeit möglicherweise existieren, und wieweit notfalls Bereitschaft besteht, diese zu schützen. Diese Beispiele müssen hier genügen.

Durch eine deontologische Forschungsethik erhalten darüber hinaus auch andere Elemente einer Forschungsuntersuchung zusätzlich eine ethische Bedeutung, die ansonsten kaum unter diesem Aspekt gesehen werden: etwa die Signifikanz des Forschungsvorhabens, die Relevanz der gestellten Fragen, die Qualität des Forschungsdesigns usw. Man könnte hier von Schwellenbedingungen sprechen, welche erfüllt sein müssen, bevor es überhaupt zu einer Kontaktaufnahme mit potentiellen Teilnehmern kommen darf. Forschungsvorhaben mit psychisch Kranken, welche trivial, unnötig oder repetitiv sind, oder deren methodisches Design allein schon eine Beantwortung der gestellten Fragen zweifelhaft erscheinen läßt, sind dann unter keinen Umständen ethisch zu legitimieren.

Darüber hinaus wäre für jeden Forschungsplan zu fordern, daß auch ethische Fragen darin ausführlich antizipiert und diskutiert werden, vor allem:
- Beschreibung und Abschätzung aller potentiellen physischen, psychischen, sozialen oder rechtlichen Risiken,
- Beschreibung der Vorkehrungen zum Schutz bzw. zur Minderung von potentiellen Risiken,
- Beschreibung alternativer Verfahren oder Behandlungen, welche von Vorteil sein könnten,
- Beschreibung des Vorgehens, um die Einwilligung einzuholen,
- Beschreibung der Vorkehrungen zur Wahrung der Vertraulichkeit.

Eine solch sorgfältige Antizipation möglicher ethischer Probleme einer Forschungsuntersuchung und die Auseinandersetzung damit könnte diese verringern, vielleicht zum großen Teil vermeiden helfen.

Aber auch die Aktivitäten nach Abschluß einer Forschungsuntersuchung sollten unter ethischen Gesichtspunkten reflektiert werden:

Vorkehrungen gegen Möglichkeiten einer Fehlinterpretation der Forschungsergebnisse, Angaben zu den Grenzen ihrer Aussagekraft, ausdrücklicher Verweis auf mögliche alternative Erklärungen oder Verzicht auf Unterdrückung nicht bestätigter Daten gehören ebenso hierher wie Nachgespräche zur Bearbeitung der von den Teilnehmern während der Forschungsuntersuchung gemachten Erfahrungen.

Darüber hinaus scheint es mir aus persönlicher Erfahrung heraus berechtigt zu fragen, inwieweit angesichts der besonders schwierigen Abwägung von Nutzen und Risiko in der psychiatrischen Forschung nicht eine prinzipielle Konsultativpflicht bestehen sollte, etwa gegenüber dem Behandlungsteam, dessen Arbeit ja zunehmend an Eigengewicht gewinnt, und dessen ungenügend motivierte Beteiligung ohnehin zusätzliche, kaum lösbare ethische Probleme aufwirft. Damit allenfalls verbundene Gefahren einer Verschiebung von Verantwortlichkeiten oder einer Rollendiffusion scheinen mir vermeidbar, sobald sich die Beteiligten ihrer bewußt sind. Die potentiellen Vorteile einer derart breiten Abklärung können dagegen kaum hoch genug eingeschätzt werden. Auch würde bei einem solchen Vorgehen der Konflikt zwischen Klinik und Forschung immer wieder in den Bereich gemeinsamen - wenn es sein muß, auch streitbaren - Bemühens zurückgeführt, wo er eigentlich auch hingehört (vgl. auch *Heimann*, 1978).

Ich fasse zusammen. Das Bekenntnis zu einer deontologischen Forschungsethik würde psychiatrische Forschung sicherlich nicht einfacher machen, ist aber vielleicht der einzige Weg, um angesichts einer aus guten Gründen zunehmend kritischen bis skeptischen Öffentlichkeit das Bewußtsein von Berechtigung und Wert psychiatrischer Forschung zu erhalten. Keinesfalls darf noch länger übersehen werden, daß, worauf auch *Rössler* (1978) hinweist, Forschungsethik nicht die private Ethik der Forscher ist, und daß die einschlägigen Gesetzestexte und Verwaltungsvorschriften nicht etwa nur Auffassungen irgendwelcher Kommissionen widerspiegeln, sondern daß in ihnen die Einstellung der Gesellschaft insgesamt zur Forschung in der Psychiatrie zum Ausdruck kommt. Gerade deshalb ist es nicht nur unzureichend, sondern falsch, auf als restriktiv empfundene Vorschriften oder auf als unsachlich erlebte Kritik lediglich mit legalistischen oder mit rein utilitaristischen Denk- und Handlungsweisen zu antworten, oder gar darüber bloß zu klagen. Noch vorhandenes Vertrauen läßt sich so auf Dauer kaum erhalten, zu Recht oder zu Unrecht verlorenes nicht zurückgewinnen, ebensowenig wie durch die mancherorts noch immer gern verfolgte Vorwärtsstrategie der vermeintlich besseren Argumente.

Keine Berufsgruppe in der Psychiatrie, und schon gar nicht die dort in der Forschung Tätigen, kann ihre Arbeit auf Dauer gegen die Strömungen des Zeitgeistes ausüben. Wir müssen uns vielmehr selbst als Teil davon begreifen lernen, um langfristig beides sicherstellen zu können: den von einer sensibilisierten Öffentlichkeit nachdrücklich eingeklagten besseren Schutz der Würde der uns anvertrauten psychisch Kranken ebenso wie die notwendige Weiterentwicklung unseres Wissens über seelische Störungen und unserer therapeutischen Möglichkeiten.

Literatur

American Psychological Association, APA (Hrsg.): Ethical principles in the conduct of research with human subjects. Ad hoc Committee on Ethical Standards in Psychological Research. Washington, D.C. 1973.

Bloch, S./Chodoff, P. (Hrsg.): Psychiatric ethics. Oxford University Press 1987.

Böttjer, U./Lang, A.: Einstellung zu Patienten ändern, in: Der Eppendorfer, 3 (1988), H. 1, 8-9.

Ciompi, L./Bernasconi, R.: Soteria Bern, erste Erfahrungen mit einer neuartigen Milieutherapie für akute Schizophrenie. Psychologische Praxis, 13 (1986), 172-176.

Heimann, H.: Ärztlich-ethische Fragen in der psychiatrischen Forschung. Entwurf einer allgemeinen Grundlegung, in: *Helmchen, H./Müller-Oerlinghausen, B.* (Hrsg.): Psychiatrische Therapie-Forschung. Springer, Berlin 1978.

Kant, I.: Grundlegung zur Metaphysik der Sitten, Bd. IV. 1785.

Krauss, P.: Medizinischer Fortschritt und ärztliche Ethik. Beck, München 1974.

Pauchard, J-P./Ambühl, B.: Behandlung von chronisch schizophrenen Patienten mit negativen Symptomen mit Ritanserin. Studien-Protokoll der Abteilung für Theoretische und Evaluative Psychiatrie, Bern 1986.

Patullo. E.L.: Who risks what in social research?, in: JRB: A review of human subjects research, 2 (1980), 1-4.

Rössler, D.: Psychiatrie und Menschenwürde. Anmerkungen zur Funktion ärztlicher Ethik, in: *Helmchen, H./Müller-Oerlinghausen, B.* (Hrsg.): Psychiatrische Therapie-Forschung. Springer, Berlin 1978.

Weltärztebund: 29. Generalversammlung des Weltärztebundes, Tokyo 1975. Deutsches Ärzteblatt (1976), 131-133.

Weltverband für Psychiatrie: Deklaration von Hawaii. Honolulu, 28.8.-3.9.1977.

Wing, J.: Ethics and psychiatric research, in: *Bloch, S./Chodoff, P.* (Hrsg.): Psychiatric ethics. Oxford University Press 1987.

Wittenborn, J.R.: Guidelines for clinical trials of psychotropic drugs. I. Historical background. II. Guideline statement, in: Pharmacopsychiatry 10 (1977), 205-231.

Alexander Veltin

Vom multiprofessionellen Umgang mit psychisch Kranken

Nicht ohne Absicht bediene ich mich zur Kennzeichnung der Gestaltung von Behandlung und Betreuung durch Helfer, die verschiedenen Berufsgruppen angehören, des Begriffes Umgang. Das geschieht in Anlehnung an die Überlegungen *M. Schrenks* (1973), der sich seinerseits auf den *Freiherrn von Knigge* beruft. Denn das Wort Umgang faßt sowohl das Gesamt der Beziehungen zwischen den Kranken und den Helfern und deren Handhabung als auch das Verhältnis der Helfer untereinander. Im Umgang ereignet sich die Auseinandersetzung mit der Würde der Beteiligten (vgl. *Colla-Müller*, in diesem Band), im Umgang werden die großen Scheine der Grundsätze in die kleinen Münzen aktueller Entscheidungen gewechselt (vgl. *Schreiber*, in diesem Band).

Ich will mich bei meinen Ausführungen auf die Betrachtung des Teilaspektes des Umganges, des Verhältnisses der Helfer zueinander, beschränken. Die Art und Weise nämlich, wie die Helfer unterschiedlicher Profession in der Psychiatrie zueinander stehen und miteinander arbeiten, stellt ein keineswegs befriedigend gelöstes Problem dar, seit der Panoramawandel in der psychiatrischen Diagnostik und Therapie, der im vergangenen Jahrhundert einsetzte, an dem wir im zwanzigsten Jahrhundert als Handelnde und Zeugen unmittelbar Anteil haben, zu tiefgreifenden Veränderungen in den "psychiatrischen Kompetenzbereichen" geführt hat (*Schipperges*, 1977).

Es sei in aller Kürze rekapituliert: Unter dem Einfluß sozialpsychologischer und soziologischer Wissenschaftserfahrung ist es zu einer Relativierung des traditionellen medizinischen Krankheitsmodells gekommen. Es hat sich die Auffassung durchgesetzt, daß an der Entstehung und dem Verlauf psychischer Erkrankungen neben somatischen und psychischen auch soziale Faktoren beteiligt sind und daß der einzelne Kranke nicht nur als isolierte Person, sondern immer auch als Mitglied einer sozialen Gruppe als Hilfsbedürftiger in Erscheinung tritt. Solchem komplexen Krankheitsgeschehen kann psychiatrische Diagnostik, Therapie und Rehabilitation nur genügen, wenn fachkompetente Vertreter aus den Bereichen der Psychiatrie, Psychotherapie, Psychosomatik, der Psychologie, Pädagogik und der Sozialwissenschaften ihre Kenntnisse und Erfahrungen in abgestimmter Weise in den Behandlungsprozeß einbringen.

Für die Praxis des Umganges bedeutet das: Die klassische therapeutische Zweierbeziehung zwischen einem Kranken und seinem
Helfer verändert und erweitert sich zu einem multilateralen Bezie-
hungssystem, in dem der Fokus der Aufmerksamkeit und der Interaktion der Beteiligten zwischen Einzelpersonen und den sozialen Gruppierungen, denen sie angehören, wechselt. Der Kranke hat es einerseits mit einzelnen Helfern zu tun, die sich ihm in unterschiedlicher
Intensität zuwenden, zum anderen mit einer bestimmten Anzahl von
Helfern, die, je nach den Umständen, in einer lockeren Beziehung zueinander stehen, wie das vielfach im ambulanten Bereich der Fall ist,
oder ihm, wie zumeist im institutionellen Sektor, in einer mehr oder
minder geschlossenen Gruppe gegenübertreten.

Die Bemühungen der Helfer wiederum zielen sowohl auf den
Kranken als Einzelperson ab als auch auf die Menschengruppen, de-
nen der Kranke in seinem Lebensfeld bzw. in der Behandlungs- und
Betreuungssituation angehört.

Die therapeutische Zweierbeziehung, bisher klar konturiertes Element eines hierarchisch strukturierten Behandlungssystems, ist nunmehr eingebettet in ein Beziehungsnetz wechselnder Ausrichtung, in
welchem ihre Konturen im Behandlungsablauf von Situation zu Situation scharf hervortreten oder auf dem Hintergrund der Gruppenpro-
zesse verschwimmen.

Es hat sich gezeigt, daß es für alle Beteiligten, für die Patienten,
ihre Bezugspersonen und die Helfer, mit nicht geringen Anforderungen verbunden ist, sich in dieses neue Beziehungsmuster hineinzufin-
den. Die professionellen Helfer sehen sich zudem einer zusätzlichen
Schwierigkeit gegenüber. Sie sind nicht nur mit dem Erfordernis konfrontiert, sich auf den ständigen Wechsel des Interaktionsfokus zwischen dem einzelnen Hilfsbedürftigen und der sozialen Gruppierung,
der er angehört (Familie, Nachbarschaft, Krankenstation, Patienten-
club usw.), einzustellen, sondern stehen auch vor der Notwendigkeit,
sich untereinander kontinuierlich über die Grundsätze und Ziele ihrer
Handlungsweise zu verständigen, das heißt, den Modalitäten ihrer
Zusammenarbeit als einem dritten Fokus ihre Aufmerksamkeit zuzu-
wenden.

Man darf sich nicht wundern, daß sich im Prozeß der Umstellung
auf solch ungewohnte, weil nicht gelernte Umgangsformen Widerstände bemerkbar machen. Einzelne dieser Hemmnisse werden noch
berührt werden, sofern sie sich auf den vorstehend erwähnten dritten
Fokus im therapeutischen Arrangement erstrecken, der ja der Haupt-
gegenstand dieser Erörterungen ist.

Der Umgang, den die Helfer im psychosozialen Feld untereinander
pflegen, die Beziehungen, die sie zueinander unterhalten, verdienen
die gleiche Beachtung wie die Beziehungen der Helfer zum einzelnen

Kranken und zu den sozialen Gruppierungen, denen der Kranke angehört, den beiden anderen Brennpunkten des therapeutischen Systems. Denn die Art, wie die Helfer miteinander umgehen, bestimmt ihr Verhalten zu den Patienten/Klienten und wirkt sich unmittelbar auf deren Verhalten aus. Ebenso - das sei in diesem Zusammenhang in Parenthese angemerkt - beeinflußt das Verhalten der Patienten/ Klienten das Verhalten ihrer Helfer.

Anknüpfen will ich mit den weiteren Überlegungen an die Eindrücke, die ich auf einer interdisziplinären Fortbildungsveranstaltung gesammelt habe. Anfang März 1988 war ich Gast auf der "3. Eickelborner Fachtagung zu Fragen der Forensischen Psychiatrie". Die Tagung stand unter einem dem vorliegenden Band verwandten Leitgedanken: "Alltag im Maßregel-Vollzug". Im Programm waren außer einführenden Referaten 16 Arbeitsgruppen zu Problemstellungen aus der täglichen Praxis ausgedruckt. Unter den Teilnehmern der Arbeitsgruppen fanden sich Vertreter aller in der Psychiatrie zahlenmäßig ins Gewicht fallender Berufe: Krankenpfleger, Krankenschwestern, Sozialarbeiter/Sozialpädagogen, Ärzte, Psychologen, Beschäftigungs-/Arbeitstherapeuten. Außerdem beteiligten sich an den, so wurde berichtet, durchweg lebhaften Diskussionen Angehörige aus den verschiedenen Sparten des Justizwesens, insbesondere aus dem Strafvollzug.

Diese Feststellungen zur Zusammensetzung der Gesprächsteilnehmer und ihrer Gesprächsbereitschaft trafen auch auf die Arbeitsgruppe zu, mit deren Moderation der Pflegeleiter einer psychiatrischen Klinik und ich beauftragt waren. Die thematische Vorgabe lautete: "Kooperation der Berufsgruppen".

Ganz allgemein läßt sich zum Gesprächsverhalten der Teilnehmer in den zwei mal zwei Sitzungen sagen, daß es den Anwesenden keine größeren Schwierigkeiten bereitete, sich in einem Kreis zu äußern, in dem sich Menschen mit einer höchst unterschiedlichen schulischen und beruflichen Sozialisation zusammengefunden hatten. Das war nicht immer so und dürfte wohl immer noch nicht allerorts der Fall sein, wenn auch heute Ausspracheforen als Bestandteile berufsgruppenübergreifender Fortbildungstagungen von den Veranstaltern mit großer Selbstverständlichkeit angeboten und von den Besuchern in gleicher Weise wahrgenommen werden.

Lange Jahre standen nicht nur die hierarchische Distanz, sondern auch das Gefälle im Verbalisierungsvermögen auf Grund unterschiedlicher Sozialisation in Schule und Beruf einer Verständigung etwa zwischen Ärzten und Pflegekräften in psychiatrischen Institutionen im Wege. Nicht ohne Grund mußte das Pflegepersonal selbst bei den Initiatoren eines offeneren Umgangsstils aus den akademischen Berufen befürchten, auch mit guten Argumenten gegen deren Redegewandtheit nicht aufkommen zu können. Denn es gab, nahm man das Gespräch auf, ausreichend Anlaß zu Auseinandersetzungen um Zuständigkeiten, Verantwortlichkeiten, um Sicht- und Vorgehensweisen. Die Gesprächsprotokolle, die *Ch.* und *Th. Fengler* in ihrem Bericht über den "Alltag in der Anstalt" (1980) aufgenommen haben, vermitteln davon einen lebendigen Eindruck.

So darf das Bild des offenen Dialoges, mit dem Vertreter der verschiedenen in der Psychiatrie tätigen Berufsgruppen auf Tagungen und in Seminaren aufeinander zugehen, nicht darüber hinwegtäuschen, daß in der Breite des Arbeitsalltages noch keineswegs eine hinreichende Übereinstimmung in Hinblick auf die Einschätzung der wechselseitigen Beziehungen und ihrer Handhabung im Behandlungs- und Betreuungsprozeß bestehen. Aus den Äußerungen der Arbeitsgruppenteilnehmer war einmal zu entnehmen, daß die Mehrzahl von ihnen keine oder nur sehr eingeschränkte Möglichkeiten sah, in gleicher Offenheit wie auf der Tagung Fragen der Zusammenarbeit der Berufsgruppen an ihren Arbeitsplätzen zu erörtern, sowohl innerhalb der eigenen Berufsgruppe als auch mit den Vertretern anderer Berufsgruppen; zum anderen ließen sich ihre Aussagen dahingehend interpretieren, daß nur sehr unbestimmte Vorstellungen darüber bestanden, wie denn konkret ein mit den Arbeitskollegen abgestimmter Umgang mit den Patienten zu gestalten sei, wenngleich Einvernehmen zu bestehen schien, daß eine angemessene Behandlung, Betreuung und Rehabilitation psychisch Kranker und Behinderter nur auf dem Boden einer sinnvollen Aufgabenteilung erfolgen könne.

Diese Eindrücke lagen ganz auf der Linie der Erfahrungen, die ich in den letzten Jahren auf vergleichbaren Veranstaltungen gemacht habe. So eindeutig mittlerweile eine verbindliche Zusammenarbeit der Mitglieder eines Dienstes und der Dienste untereinander in den Grundsätzen psychiatrischer Versorgungspläne und -programme auch festgeschrieben ist, darf das nicht vergessen machen, daß zwischen der Forderung nach einem Zusammenwirken der Berufsgruppen einerseits und deren Realisierung im Arbeitsalltag andererseits ein nicht unerhebliches Mißverhältnis besteht. Anspruch und Wirklichkeit klaffen in bezug auf einen partnerschaftlichen Arbeitsstil vielerorts noch weit auseinander.

Am ehesten gelingt eine patientenbezogene Zusammenarbeit bisher in Diensten und Einrichtungen, die sich in der einen oder anderen Form an Gruppenkonzepten orientieren, etwa an den Prinzipien der therapeutischen Gemeinschaft, die in den sechziger Jahren Eingang in die deutsche Psychiatrie fanden. Sich zu einer Partnerschaft auf Zeit in einer Arbeitsgruppe im Rahmen einer Fortbildungsveranstaltung zusammenzufinden ist eine Sache, eine andere, sich im Alltag mit Vertretern der eigenen und der anderen Berufsgruppen über eine sinnvolle Aufgabenteilung zu verständigen. Das hängt nicht zuletzt damit zusammen, daß die Gewichte zwischen den Berufsgruppen, die in der heutigen Zeit psychosoziale Probleme in Angriff nehmen, höchst ungleich verteilt sind, was ihre berufliche Tradition, Identität und professionelle Differenzierung angeht.

Zur Frage der ärztlichen Zuständigkeit für Geisteskranke läßt sich Sachdienliches schon dem Corpus Hippokraticum entnehmen. Als einen uns zeitlich näherstehenden Gewährsmann habe ich an anderer Stelle *(Veltin, 1988) Erasmus von Rotterdam* zitiert, weil er im "Lob der Heilkunst" ein frühes Kooperationsmodell für die Behandlung geisteskranker Menschen vorstellt. Unter Berufung auf die leibseelische Einheit des Menschen erläutert *Erasmus* die Unterschiede in den Zuständigkeiten, aber auch das Aufeinanderangewiesensein von Arzt und Priester bei der Behandlung seelischer Erkrankungen.

Das Kooperationsmodell des *Erasmus* unterscheidet sich allerdings in einer wichtigen Ausgangsposition von den Kooperationsmodalitäten moderner Prägung. Die Partner Arzt und Priester konnten schon damals, jeder für den eigenen Stand, auf eine jahrhundertealte berufliche Tradition zurückblicken bis hin zu gemeinsamen Wurzeln ihrer Handlungskompetenz. Psychologen, Sozialarbeiter, Sozialpädagogen, auf die in einer säkularisierten Welt Funktionen der Geistlichkeit übergegangen sind, haben eine erst einhundertjährige Geschichte ihrer Fächer im Rücken.

Die Sozialarbeit als Fachdisziplin entwickelte sich ausgangs des vorigen Jahrhunderts aus den Wurzeln der behördlichen Armen- und freien Wohlfahrtspflege, die Sozialpädagogik in derselben Zeit aus der Amalgamierung von Pädagogik und sozialem Engagement für Kinder und Jugendliche. Die Erweiterung der Arbeitsfelder beider Fächer um die Betreuung psychisch Kranker und Behinderter erfolgte erst in den letzten 20-30 Jahren.

Auch die Psychologen fanden auf breiterer Front erst in den sechziger Jahren Zugang zur Psychiatrie. Als akademisches Lehrfach und berufliche Disziplin ist die Psychologie nicht viel älter als die Sozialpädagogik und Sozialarbeit, auch sie ein Kind des letzten Drittels des vorigen Jahrhunderts. Die an ihren Anfängen stehenden verschiedenen Schulen waren der Entwicklung eines ihre Vertreter verbindenden Selbstverständnisses nicht gerade förderlich.

Noch jüngeren Datums ist die Professionalisierung der Beschäftigungs- und Arbeitstherapeutinnen und -therapeuten, um eine weitere Berufsgruppe zu nennen, die bei der Behandlung und Rehabilitation psychisch Kranker und Behinderter unentbehrlich ist. Die erste Schule für Beschäftigungstherapie auf dem Boden der Bundesrepublik wurde im Jahre 1953 in Hannover gegründet.

Selbst die psychiatrischen Krankenschwestern und Krankenpfleger sind gegenüber der Gruppe der Ärzte im Nachteil hinsichtlich eines auf Tradition sich gründenden Selbstverständnisses und ihrer beruflichen Identität. Sicher wurden schon Kranke gepflegt und Verwundete versorgt, ehe sich ein ärztlicher Stand entwickelte. Krankenpflege blieb aber lange Zeit für die, die sie ausübten, nur eine Tätigkeit unter anderen. Noch für das Hospital der mittelalterlichen Welt gilt, daß sich in ihm erst Ansätze einer beruflichen Ausformung der Krankenpflege finden. Denn als Instrument der Armen-, Alten- und Gebrechlichenpflege, der Obdachlosenversorgung hatte das "Gasthuis", das "Siekenhues", mit der medizinischen Einrichtung Krankenhaus unserer Tage wenig gemeinsam. Krankenpflege als Beruf etablierte sich erst im vergangenen Jahrhundert, Bemühungen um eine berufliche Qualifikation der Pflegekräfte in der Psychiatrie setzten gar erst mit Beginn dieses Jahrhunderts ein. In Württemberg wurden Kurse und obligate Prüfungen für das "Wartpersonal" der Heil- und Pflegeanstalten im Jahre 1913 eingeführt. Von einer Professionalisierung der psychiatrischen Pflegeberufe im strengen Sinn kann man seit dem Jahre 1957 sprechen, als für die Krankenschwestern und Krankenpfleger in der Psychiatrie staatlich sanktionierte Ausbildungs-, Prüfungs- und Zulassungsrichtlinien verbindlich wurden.

Umfang und Verbindlichkeit der Bildungsmaßnahmen in einer Berufssparte stellen ein wichtiges Kriterium für den Grad der Professionalisierung der ihr angehörenden Personen dar, die wiederum für das berufliche Selbstverständnis so bedeutsam ist. Legt man als Vergleichsmaßstab für die in der Psychiatrie tätigen Berufsgruppen die dreistufige Gliederung des beruflichen Werdeganges nach Ausbildung (berufliche Erstqualifikation), Weiterbildung (Aneignung der Voraussetzungen für bestimmte Formen der Berufsausübung) und Fortbildung (Anpassung des beruflichen Handlungsrepertoires an den aktuellen Kenntnis- und Wissensstand) zugrunde, ist der ärztliche Kanon auf den einzelnen Stufen am breitesten angelegt und ausgebaut, auch am weitestgehenden spezialisiert.

Und noch in einer weiteren Hinsicht besteht zwischen den in der Psychiatrie tätigen Berufsgruppen ein Gefälle. Alle professionellen Helfer in der Psychiatrie müssen ihren Kenntnis- und Wissenstand in Prüfungen nachweisen, um ihren Beruf ausüben zu können. Krankenpflegekräfte und Ärzte bedürfen über den Examensnachweis hinaus zur Berufsausübung einer besonderen staatlichen Erlaubnis. Sie kann bei Verstößen gegen eine sach- und fachgerechte Erfüllung der Berufsaufgaben entzogen werden. Vom Arzt wird zudem als Voraussetzung für ein berufliches Tätigwerden, sei es in der eigenen Praxis, sei es als Beamter oder Angestellter, ein Verhalten gefordert, das der "Würde des ärztlichen Berufsstandes" entspricht. Sie unterliegt der ordentlichen und der Standesgerichtsbarkeit. Verstöße gegen die ärztliche Würde können mit dem Entzug der Approbation, also der Berufserlaubnis, geahndet werden.

Alle diese aufgeführten Unterschiede in der professionellen Prägung und im gewachsenen Selbstverständnis der an der psychiatrischen Versorgung beteiligten Berufsgruppen, auf die die historische Betrachtung aufmerksam macht, stehen in enger Wechselwirkung zu deren gesellschaftlichen Positionen, Rechtsstellung, zu Macht und Einfluß und Durchsetzungsvermögen, sie begründen recht eigentlich einen großen Teil der Schwierigkeiten, die sich bei der Umsetzung der Forderung nach multiprofessioneller Zusammenarbeit ergeben: So wurde der Arzt beispielsweise auf Grund seiner sozialen Stellung und seines gesellschaftlichen Ansehens geradezu zwangsläufig zur Leitfigur für die Berufe, die in jüngerer Zeit in die psychiatrische Versorgung eintraten. Psychologen und Sozialarbeiter, die in den fünfziger und sechziger Jahren die Arbeit in psychiatrischen Krankenhäusern aufnahmen, zogen den weißen Kittel an. Sie schlüpften wie selbstverständlich in die Rolle ärztlichen Hilfspersonals. Das Identifikationsbedürfnis war nicht gering. Selbst der Prozeß der allmählich einsetzenden Emanzipation aus dem Abhängigkeitsverhältnis wurde bestimmt durch den Versuch, das ärztliche Vorbild in einem Teilbereich zu übertreffen, durch forcierte Aneignung psychotherapeutischer Methoden und Techniken. Das geschah bei den Psychologen zu Lasten ihrer genuinen Kompetenzen zur Bearbeitung von Beziehungsproblemen der Kranken und Behinderten im sozialen Feld und zur Erkennung und Förderung der gesunden Persönlichkeitsanteile dieses Personenkreises, bei den Sozialarbeitern zu Lasten der Kompetenzen, die sie zur Hilfe für die Kranken und Behinderten bei der Bewältigung des Lebensalltages befähigen.

Als weiterer Beleg für die auf Unterschieden in Professionalisierung, Position und Rollenverständnis beruhende Umgangsproblematik kann das spannungsreiche Verhältnis zwischen Pflegeberufen und "akademischen" Berufen angeführt werden. Ich darf dazu auf einen Aufsatz in der Psychiatrischen Praxis (*Veltin*, 1987) verweisen, in dem ich dargelegt habe, daß das Widerstandsverhalten des Pflegepersonals gegenüber Veränderungen der Kommunikations- und Kooperationsstrukturen, wie sie in den letzten dreißig Jahren intendiert wurden, einen breiten Motivationshintergrund hatte und hat, in den die sich als Agenten des innovativen Personals verstehenden Ärzte und Psychologen durchaus involviert waren und sind.

Der letzte Teil meiner Ausführungen knüpft an an die Bemerkung über die dem Arzt von der Gesellschaft abverlangte und vom Ärztestand in Anspruch genommene Würde. Würde ist hier gemeint als persönliches Qualifikationsmerkmal und Verhaltensnorm; Würde erscheint in diesem Zusammenhang im Sinne der Definition *Schreibers* (in diesem Band) als Ausdruck einer persönlichen Leistung.

Daß es eine kodifizierte Würde des Arztes, nicht aber die eines Psychologen, Sozialarbeiters, einer Krankenschwester oder Beschäftigungstherapeutin, gibt, hängt mit der in der mittelalterlichen und feudalistischen Ständeverfassung verankerten Tradition des ärztlichen Berufes zusammen. Vergleichbare Entwicklungen finden sich bei den Juristen und den Theologen. Prinzipiell faßt der Begriff der Würde als Merkmal des Arztberufes nichts anderes, als was man auch von den anderen helfenden Berufen an Einstellung und Verhalten erwartet: Fachkompetenz und ein an moralisch-sittlichen Normen ausgerichtetes Handeln.

Der Begriff Würde, wie ihn die Gesellschaft im hier gemeinten Sinne versteht, umfaßt aber nicht nur den Tatbestand, daß der Helfer über eine gründliche Kenntnis seines Faches und handwerkliches Können verfügt, sein Wissen ständig vervollkommnet und gewissenhaft und pflichtbewußt anwendet, sondern auch den Sachverhalt, daß sich das Bemühen um das rechte berufliche Handeln im Bild seiner Persönlichkeit der Außenwelt vermittelt. Wenn *Goethe* in "Dichtung und Wahrheit" davon berichtet, daß er einem "ansehnlichen würdigen Mann in den besten Jahren" begegnet ist, bringt er zum Ausdruck, daß sich ihm Erfahrung, Reife und Integrität dieses Mannes in dessen äußerer Haltung und in dessen ganzer Art, sich zu geben, mitgeteilt haben. Würde nötigt Respekt ab, man begegnet ihr mit Achtung.

Zur Zeit der Gründung der ersten Heilanstalten im vergangenen Jahrhundert hielt man nur solche Ärzte für geeignet, eine Anstalt zu leiten, die "Scharfblick, Beobachtungsgeist, Witz, guten Willen, Beharrlichkeit, Geduld, Übung, einen imponierenden Körper und eine Miene, die Ehrfurcht gebietet" besaßen (*Panse*, 1964). Würdiges Auftreten schloß in jener Zeit durchaus ein das Geltendmachen des Bewußtseins vom eigenen Wert. *Goethe* selbst ist da Beispiel.

In unserer Zeit ist man sich schmerzlich bewußt geworden, wie sehr Außendarstellung, die Demonstration der Insignien von Würde und innere Substanz, wie Respekt heischender Anspruch und ihn begründende persönliche Qualitäten auseinanderfallen können und daß an bestimmte Traditionen anknüpfende Wertvorstellungen und Wertdarstellung in der heutigen Lebenswirklichkeit keinen Konsens mehr finden. Es setzt deshalb nicht in Erstaunen, daß der Begriff einer den helfenden Berufen eignenden Würde nicht gerade auf dem offenen Markt gehandelt wird.

Eine besondere Seite dieses Problems will ich versuchen, an einem Teilaspekt des Verhältnisses der Berufsgruppen zueinander, der Gestaltung von Zusammenarbeit, abzuhandeln. Die Grundlagen der Zusammenarbeit im psychosozialen Feld lassen sich nach gängiger Auffassung in thesenhafter Form so beschreiben:

- Zusammenarbeit beruft sich auf ein Behandlungskonzept, das die individuellen und sozialen Dimensionen psychischen Krankwerdens und Krankseins umfassend berücksichtigt. Die Aufgaben von Behandlung, Betreuung und Rehabilitaiton können nicht mehr in überkommener Weise von Ärzten, Krankenschwestern, Krankenpflegern und den übrigen traditionellen medizinischen Berufen allein verwirklicht werden, sondern nur unter Mitwirkung aller anderen im psychosozialen Feld engagierten Berufsgruppen. Das setzt bei allen die Bereitschaft zu einer fachübergreifenden Betrachtungsweise voraus, unbeschadet der eigenen beruflichen Qualifikation und Identität.
- Zusammenarbeit stellt keinen Wert an sich dar. Sinn und Wirkung entfaltet sie nur, wenn mit ihr Ziele verfolgt werden, in denen diejenigen übereinstimmen, die sich zu einer Arbeitspartnerschaft zusammenfinden, oder wenn von einer Gruppe von Helfern Aufgaben angegangen werden, die man einer gemeinsamen Anstrengung für wert erachtet.
- Zusammenarbeit ist zum weiteren zu verstehen als ein fortdauernder Prozeß des sich untereinander Verständigens und des miteinander Handelns, an den nicht die Erwartung geknüpft werden kann und darf, er münde ein in einen die Beteiligten auf Dauer zufriedenstellenden Zustand des Interessenausgleichs und der Harmonie. Zusammenarbeit heißt mithin lernen, mit und in Konkurrenzsituationen zu leben.
- Zusammenarbeit ist nicht nur eine Frage des guten Willens, sondern vor allem die Frage danach, wie mit Konflikten umgegangen wird, vor allem solchen, bei denen die Patienten und deren Angehörige involviert sind.
- Es ist zu unterscheiden zwischen Graden, Stufen und Ebenen der Zusammenarbeit: u.a. informelle und formelle Beziehungen, fakultative und Routinekontakte, Arbeitskonferenzen und Arbeitsbündnisse, fallbezogenes und problembezogenes Zusammenwirken, jeweils auf den Ebenen von Mitarbeitern, Leitern oder Trägern von Diensten, Einrichtungen und Organisationen.
- Mit wertenden Begriffsbildungen wie "schlechte" oder "gute Zusammenarbeit" sollte man zurückhaltend umgehen. Sie sind in sich widersprüchlich, wenn der Bedeutungsgehalt von "zusammen" - durchaus angemessen - als "übereinstimmend" oder "gemeinsam" interpretiert wird.

Wie anders lauten dagegen die Verhaltensregeln, die *Vinzenz von Paul* seinen Helferinnen, den "Filles de la Charité", für das Zusammenleben gab: "Achtet euch gegenseitig! Lebt miteinander! Beklagt euch nicht übereinander! Ertragt euch gegenseitig! Jeder hat seine Fehler! Wenn ihr eure Schwester nicht ertragt, wie sollte sie euch ertragen? Seid bescheiden an jedem Ort und zu jeder Zeit." (*Leibbrand,* 1960/61)

Ein größerer Kontrast als der zwischen diesen beiden Katalogen von Merkmalen zur Gestaltung von Helferbeziehungen ist kaum denkbar; doch handelt es sich um keinen echten Gegensatz, vielmehr beziehen sich die Leitsätze auf zwei verschiedene Kategorien des Phänomens Zusammenarbeit.

In der aktuellen Definition der Modalitäten von Zusammenarbeit stehen sozialpsychologisch abzuleitende methodische und handwerkliche Elemente ganz im Vordergrund, während in den Regeln der "Filles de la Charité" ganz auf die menschlichen Tugenden abgehoben wird, die zur Zusammenarbeit befähigen. Es geht auf der einen Seite um eine methodisch orientierte psychiatrische Praxis und auf der anderen Seite um die weltanschauliche Orientierung des helfenden Handelns (*Seidel,* 1981).

"Achtet euch gegenseitig", das heißt, respektiert die Würde der anderen, nicht nur deren Menschenwürde, sondern auch deren Würde als Helferinnen und Helfer. Der Hl. Vinzenz, der Gründer der ersten christlich-humanitären Privatirrenanstalt, brauchte sich bei der Aufstellung seiner Verhaltensregeln nicht ausdrücklich auf das ihnen zugrundeliegende Handlungskonzept berufen. Im damals noch geschlossenen christlichen Weltbild verstand es sich für ihn und die ihm Gleichgesinnten von selbst, daß die Nöte der Zeit es erforderten, die innere religiöse Welt in den Alltag des unsicheren Daseins hineinzutragen, wie *Leibbrand* (1960/61) es ausgedrückt hat, und am leidenden Menschen die Werke der Barmherzigkeit zu verrichten. Jeder wußte, was zu tun war, wenn es darum ging, Hungrige zu speisen, Durstige zu tränken, Nackte zu kleiden, Fremde zu beherbergen, Gefangene zu erlösen, Kranke zu besuchen und Tote zu begraben.

Wir Heutigen verfügen nicht mehr, wie Vinzenz und seine Zeitgenossen, über ein geschlossenes System allgemein als verbindlich anerkannter Wertvorstellungen. In unserer offenen Gesellschaft, in der die Bürger ihrem Leben einen unterschiedlichen Sinn geben und sich an unterschiedlichen Wertvorstellungen orientieren, ist im sozialen Handlungsfeld Übereinstimmung noch am ehesten unter Rückgriff auf die Wissenschaftserfahrungen vom menschlichen Zusammenleben möglich. Die Frage ist, ob uns nicht die Würde als Angehörige helfender Berufe dazu verpflichtet, uns in bezug auf Eigenschaften, die dazu befähigen, die Würde der Kranken und die eigene Würde zu wahren, zumindest um einen Minimalkonsens zu bemühen.

Literatur

Fengler, Ch./Fengler, Th.: Alltag in der Anstalt. Psychiatrie-Verlag, Rehburg-Loccum 1980.

Leibbrand, W.: Vinzenz von Paul, in: Hochland 53 (1960/61) 53.

Panse, Fr.: Das psychiatrische Krankenhauswesen. Thieme, Stuttgart 1964.

Schipperges, H.: Entwicklung und Veränderung, in: *Vogel, Th./Vliegen, J.* (Hrsg.): Diagnostische und therapeutische Methoden in der Psychiatrie. Thieme, Stuttgart 1977.

Schrenk, M.: Über den Umgang mit Geisteskranken. Springer, Berlin 1973.

Seidel, R.: Die alten Schwierigkeiten mit dem rechten Guten, in: Sozialpsychiatrische Informationen 11 (1981), Nr. 63/64, S. 62.

Veltin, A.: Über Innovationshindernisse, in: Psychiatrische Praxis, Sonderheft 1, 14. Jg. (1987), 9.

Veltin, A.: Zur Entwicklung der multiprofessionellen Zusammenarbeit in der psychosozialen Versorgung - Einschätzung der heutigen Situation unter Berücksichtigung relevanter Aspekte der Psychiatriegeschichte, in: Orientierung an der Person, hrsg. v. der Gesellschaft für Wissenschaftliche Gesprächspsychotherapie, Köln 1988.

Sven Olaf Hoffmann

Die Beziehung von Arzt und Patient aus der Sicht eines Psychotherapeuten

Anmerkungen zur Frage der Werte und der Menschenwürde in der Psychotherapie

Wenn ich aus der Sicht des Psychotherapeuten über die Arzt-Patient-Beziehung spreche, dann bedeutet das für mich die Verpflichtung zu einer ständigen "Brechung" meines Themas über die Vorstellung von der menschlichen Würde. Ich werde also nicht, wie es manche vielleicht erwarten mögen, über die traditionellen Gesichtspunkte wie die Übertragung und Gegenübertragung, über die therapeutische Allianz u.ä. sprechen, zumindest werde ich dies nicht vorrangig tun, sondern ich möchte vor allem von offenen und verdeckten Wertvorstellungen in der Psychotherapie und ihren Auswirkungen auf die Menschenwürde, vor allem die des Patienten, sprechen.

Als Psychotherapeut über ein solches Thema in einem psychiatrischen Landeskrankenhaus (PLK) zu sprechen, ist nicht ohne Pikanterie. Nähme ich einige psychiatrische Kollegen ganz wörtlich, oder korrekter, nähme ich mir die Freiheit, sie ein bißchen böswillig-gezielt mißzuverstehen, dann hätte ich im PLK besser den Mund zu halten. Dieser wohlgemerkt fiktiven, für mich aber im Raum stehenden Forderung nachzukommen, und gleichzeitig einen Vortrag auf einer Tagung mit ungewöhnlichem Thema zu halten, ist nicht ganz einfach. Vielleicht ist aber am Ende meiner Ausführungen das Trennende nicht ganz so mächtig wie es am Anfang wirken mag.

Ich arbeite als Psychotherapeut an einer psychosomatischen Klinik, genauer gesagt, als psychoanalytisch orientierter Psychotherapeut. Den Begriff des Psychoanalytikers vermeide ich bewußt, weil meine tägliche Arbeit mit der des Psychoanalytikers in Privatpraxis nur sehr begrenzte Gemeinsamkeiten aufweist. Das Krankengut, die Methoden und womöglich noch mehr Forschungsinteresse und -orientierung in meiner Institution sind mit denen in der analytischen Praxis kaum vergleichbar. Ich will damit auch sagen, daß mir die Probleme von Institutionen vertraut sind, auch wenn ich sehr wohl die unterschiedlichen Realitäten einer personell und finanziell vergleichsweise gut ausgestatteten Universitätsklinik und die Gegebenheiten eines psychiatrischen Landeskrankenhauses andererseits einzuschätzen weiß.

Zum Thema: Es gibt nicht viele Ausführungen über den Zusammenhang von personaler Würde und Psychotherapie. Eine der wenigen stammt von *R. Abelson* (1978), einem Professor für Philosophie an der New York University. Und diese Arbeit kommt zu einem Resultat, das, träfe es zu, vernichtend für die Psychotherapie wäre. *Abelson*s Konzept der *personalen Würde* beinhaltet, daß man als Person handelt, nicht als Automat.

"Sich als Person zu verhalten, heißt Verantwortung für seine Handlungen zu übernehmen und diese nicht Kräften jenseits der eigenen Kontrolle anzulasten. Und sich mit Würde zu verhalten, heißt auf seinen Rechten als Person, einschließlich des Rechts auf Privatheit, zu bestehen ... Anzunehmen, daß wir unbewußte Gedanken, Gefühle und Wünsche hätten, die eine andere Person besser als wir selbst erkennen könnte, hieße, die sehr eigentliche, metaphysische Privatheit zu verleugnen, die uns zu Personen macht. Es hieße gleichzeitig anzunehmen, daß wir Automaten seien, deren innere Verdrahtung durch einen Psychomechaniker inspiziert und repariert werden könnte." (1978, S. 207).

Wer sich über diesen geistreichen Hieb gegen die Psychoanalyse freut, freut sich zu früh. *Abelson*s Verdikt trifft alle, die mit Hilfe professioneller Techniken anderen Menschen helfen wollen (*Margolis*, 1978; auf die stringenten Erwiderungen dieses - ebenfalls - Professors für Philosophie auf *Abelson*s Argumente kann ich nur hinweisen). Es gilt für jede Technik der Psychotherapie genauso wie für die Psychiatrie, es gilt für jede psychische Behandlung, jeden Anspruch zu heilen, es gilt auch noch für die Antipsychiatrie mit ihrer Ablehnung einer Behandlungsintention überhaupt.

Das Dilemma sieht nach *Abelson* so aus, daß es vom Standpunkt der Psychotherapie entweder keine Personen (in seinem Sinne) gibt, die von etwas profitieren könnten oder, anders herum, daß es gar keine spezifischen Gewinne gibt, die die Psychotherapie Personen vermitteln könnte. Nur sich als Automaten mißverstehende und von Therapeuten in diesem Sinne mißverstandene Menschen profitieren von Psychotherapie. Sie sind aber keine Personen mit genuiner Würde, sondern gewissermaßen Unpersonen. Ich will diesen Streit (*Abelson* und *Margolis*, 1978), der viel von der alten Determinismus-Diskussion wieder aufgreift, nicht weiter verfolgen. Er scheint mir jedoch für die Reflexion der Wertimplikation der Psychotherapie ein guter Einstieg. Eine weit verbreitete und von den Psychoanalytikern wie auch anderen Schulen gern referierte Position besagt, daß die Psychotherapie weltanschauliche Positionen des Menschen nicht berühre. Es gibt einen verbreiteten Konsens, daß Therapeut und Patient einen Bereich unterschiedlicher Wertvorstellungen in weltanschaulicher, religiöser und anderer Sicht haben können, der von der Therapie nicht tangiert werde. Dieser Konsens hält sich auch hartnäckig gegen Forschungsergebnisse, die zu dem Schluß kommen, daß eine Therapie erfolgreicher verläuft, wenn Therapeut und Patient eher mehr als weniger gemeinsame moralische Wertvorstellungen teilen. Er hält sich auch gegen die sich zunehmend abzeichnende Position in der Psychotherapieforschung, daß es sinnvoller ist, auch bei längerfristiger Therapie den Therapeuten zu wechseln, wenn man sich in grundlegenden Dingen von ihm nicht akzeptiert fühlt.

Solche moralische Rechtschaffenheit wird von *Rose Spiegel* (1978, S. 272) an die psychoanalytische Adresse wie folgt skizziert.

"Wir haben ein Selbstbild als Gestalter von Werten, über Werte wenden wir uns an die Gesellschaft, und wir können einen eigenen Beitrag zum Wertkonzept selbst vorweisen. Darüber hinaus schätzen wir uns als in exklusiver Weise für ethische Dinge sensibel und darin alle anderen Berufe überragend ein. Schließlich bestehen wir auf der Vollständigkeit von Selbsterforschung und Selbsterkenntnis, wir suchen nach der Pathogenese und Dynamik verschiedenster Zustände des Seins und des Verhaltens, einschließlich der Erkenntnis, was gut und was böse ist."

Ich konnte nicht ganz erkennen, ob die so beschriebene Konzeption des Psychoanalytikers als eines an den Wagner in *Goethes* Faust erinnernden Wesens nun satirisch gemeint oder naiv war. (Das will ich aber keinesfalls der Autorin, sondern eher meiner eingeschränkten Kenntnis des Englischen und seiner Hintergründigkeit anlasten). Aber Frau *Spiegel* beschreibt etwas, was wahrscheinlich von nicht wenigen Analytikern unbefangen so erlebt wird.

Die Tradition, sich aus der moralischen Bewertung herauszunehmen, indem man die Moral als solche selbst hinterfragt, findet sich m.E. auch in *H.Hartmanns* berühmtem Essay "Psychoanalyse und moralische Werte" (1960; 1973). Mir liegt allerdings daran zu betonen, daß ich *Hartmann* in heutzutage geradezu unmoderner Weise wertschätze und mein kritischer Ansatz hier eher einer Vermutung gleichkommt. *Freud* hatte seinen Unwillen, sich mit therapeutischen Wertvorstellungen auseinanderzusetzen, anders kundgetan. Für ihn verstand sich das Moralische von selbst, und ein Patient ohne eine entwickelte moralische Einstellung schien ihm für die Psychoanalyse nicht geeignet. (Hierbei wird - nebenbei bemerkt - auch deutlich, daß die Wichtigkeit der Wertübereinstimmung von Patient und Therapeut *Freud* in seiner eigenen Terminologie zumindest vorbewußt gewesen sein muß).

Ich bleibe noch beim Thema der fiktiven psychotherapeutischen Wertfreiheit. *Edith Weisskopf-Joelson* (1980), die zu den schärfsten Kritikern der Vorstellung einer wertfreien Therapie gehört, plädiert daher für die Offenlegung des Wertsystems der verschiedenen Psychotherapieformen, die für sie - in diesem Zusammenhang - "Wahrnehmungseinrichtungen" (perceptual houses) sind, zu denen der Patient bekehrt werden soll. Eine solche Wertimplikation sei von der Diagnose über den therapeutischen Prozeß bis in die Therapieziele unablässig wirksam. Zu solcher Wertabhängigkeit der Psychotherapie zu stehen, heißt für die Autorin zugleich auch den Anspruch auf wissenschaftliche Objektivität aufzugeben. Dieser Verzicht sei es ganz offensichtlich, vor dem die Psychotherapeuten sich scheuten, und deswegen werde die Fiktion der Wertfreiheit weiter gepflegt. Wahrscheinlich hat Frau *Weisskopf-Joelson* Recht. Ich denke nur, daß sie in der Annahme irrt, es gebe außerhalb der Psychotherapie so etwas wie eine objektiv wertfreie Wissenschaft. Außer von einigen Ingenieuren mit einem Bedürfnis nach ruhigem Schlaf dürfte im Jahre 1988 diese Position von niemandem mehr vertreten werden.

Ein anderer Psychoanalytiker, *O.A. Will* (1981) hat sich bemüht, das ganze Ausmaß von Wertimplikationen herauszuarbeiten. Dabei zeigt er eine glückliche Hand darin, die Notwendigkeit glaubensmäßiger Werteinstellung für jeden Menschen anzuerkennen und zugleich ihre unauflösbare Problematik in der Therapie nicht zu verleugnen. Allein die Antinomie von *Freiheit*, die man dem Patienten lassen will, und *Verantwortung*, die man unabweisbar in dem Moment für ihn übernimmt, in dem man die Therapie beginnt, ist nur mit dialektischer Begrifflichkeit zu fassen. Im Handeln ist sie kaum auflösbar. *Will* meint denn auch, daß unsere Wertvorstellungen uns lieb und teuer seien. Wir pflegten sie und sie täten gleiches mit uns. Wir könnten ohne sie nicht leben, und sie schützten uns mit ihren Illusionen in der Einsamkeit der Welt. "Als Therapeuten", so sagt *Will*, "müssen wir streng auf unsere Wertvorstellungen und Überzeugungen achten. In befremdlicher Weise sind sie zugleich unsere Schöpfungen und, im Rahmen unserer Kenntnis, können sie zugleich universelle Gültigkeit annehmen" (1981, S. 212).

Ich will versuchen, die Schwierigkeiten an drei Beispielen herauszuarbeiten. Dazu wähle ich 1. das Erstgespräch und die Therapieindikation, 2. die therapeutische Abhängigkeitsbeziehung, die sich aus dem ersten Punkt direkt ableitet und 3. Behandlungsprobleme mit suizidalen Patienten, diese wiederum in Reflexion der Abhängigkeitsbeziehung.

1. Ich beginne mit dem *Erstgespräch* und der *Therapieindikation*. Ungleichheiten, die die Menschenwürde berühren, bestehen von Anfang an. Ist der Patient Angehöriger der Unterschicht, ist sein "Diskurs" (ein z.Zt. unter Psychoanalytikern sehr beliebtes Modewort) nicht so elaboriert und ist er Angehöriger der gesetzlichen Krankenversicherung, so hat er von vornherein eine schlechtere Chance, für eine Psychotherapie, vor allem eine analytische Psychotherapie, angenommen

zu werden. Ist er wohlhabend, selbständig oder Beamter und psychisch differenziert, so darf er auch ein bißchen kränker als der zuerst genannte Patient sein - seine Chancen für eine positive Psychotherapieindikation sind deutlich besser. Die traditionelle Unterstellung für den Ausbildungsstand des Therapeuten ist, daß er in der Lage sei, eine qualifizierte Indikation für eine Behandlung zu stellen. In der Praxis ist er jedoch in der Regel nur in der Lage, eine Therapieindikation für das von ihm beherrschte Verfahren zu bieten, wobei die schon erwähnten Punkte deutlich interferierend hinzukommen. Zu einer qualifizierten Differentialindikation sind heute die allerwenigsten Psychotherapeuten in der Lage; dies gilt so gut wie für alle Schulen. Der Patient erfährt davon jedoch nichts. Er wird auch von den wenigsten Therapeuten über die wahrscheinlichen Nachteile und die ziemlich sicheren Schwierigkeiten der bevorstehenden Therapie aufgeklärt. Über auch denkbare Schäden der Therapie wird wahrscheinlich so gut wie nie gesprochen, obwohl auch hierzu seit dem Ende der 70er Jahre ernstzunehmende Literatur vorliegt (*Hadley* u. *Strupp*, 1976). Psychoanalytiker neigen dazu, die Therapie als eine große Reise ins Unbekannte darzustellen, wobei die Risiken solcher Art von Tourismus ganz überwiegend auf seiten des Patienten liegen. Natürlich kann kein seriöser Therapeut einem Patienten konkrete Ergebnisse versprechen, aber ich behaupte, daß die Position der totalen therapeutischen Unwissenheit von Anfang an problematisch ist. Wer tatsächlich keine Ahnung hat, was auf den Patienten zukommen kann, sollte seinen Beruf schleunigst aufgeben. Der Patient seinerseits hat eine Bereitschaft zur Hoffnung, ohne die er nicht überleben könnte. Die Inanspruchnahme der Hoffnung durch den Therapeuten verpflichtet diesen - wie spitzfindig sein intellektueller Abstand auch immer begründet sein mag. Die bemühte und weitgehende Information auch über alternative Therapiemethoden, über die mit Wahrscheinlichkeit zu erwartenden Erfolge und die möglichen Nachteile des vorgeschlagenen Behandlungsverfahrens halte ich unter dem Gesichtspunkt des Respekts vor der Person des anderen für eine Basisbedingung. Das gilt auch, wenn ich natürlich realisiere, daß viele Patienten gar keine Aufklärung suchen, sondern bewußt oder unbewußt die Entscheidung dem Therapeuten überlassen möchten. Wahrscheinlich gilt dies sogar für die Mehrzahl.

Das Thema reicht aber weiter. Hoffnung auf den Therapeuten, so wissen wir ziemlich genau, ist ein entscheidender Wirkfaktor für die Therapie. Die Qualität der frühen Arbeitsbeziehung, d.h. die sich in den ersten Therapiestunden einstellende Gewißheit des Patienten, daß der Therapeut ihm wird helfen können, ist einer der besten Prädiktoren auf den späteren Therapieerfolg. Diese besonders von der Arbeitsgruppe um *Luborsky* (z.B. 1983) betonten Zusammenhänge, haben mehrere Konsequenzen. Die Hoffnung des Patienten nämlich läßt sich verstärken, krude ausgedrückt, manipulieren. Der Therapeut, der dem Patienten sagt, daß er glaube, ihm mit einiger Wahrscheinlichkeit wirksam helfen zu können, verstärkt in gleicher Weise die Chance des Patienten, von der Therapie zu profitieren, wie auch dessen Abhängigkeit von seiner Person. (Auf die Problematik solcher Erweckung von Hoffnung geht *Rauchfleisch*, 1982, differenziert ein). Ich denke, daß es gar keinen ethisch-sauberen Ausweg gibt: Halte ich mich in einer den Patienten und mich vor falschen Hoffnungen schützenden Distanz, so gerate ich m.E. in die gleichen moralischen Kalamitäten, wie wenn ich die Verantwortung bewußt übernehme und konkret Zuversicht oder Skepsis äußere. Die unverpflichtende Haltung schützt moralisch den Therapeuten nicht vor Verpflichtung. Was ein technisch sehr gut zu begründendes Mittel sein kann, ist völlig ungeeignet als ethischer Weißmacher.

2. Die *therapeutische Abhängigkeitsbeziehung*. Die Qualität der *Ungleichheit* dieser Beziehung ergibt sich wesentlich daraus, daß ein Teil hilfsbedürftig ist und der andere Teil professionelle Hilfe anbietet. In der *Asymmetrie* des psychoanalytischen Therapiesettings mit den Forderungen nach Abstinenz, Anonymität und Neutralität an den Therapeuten wiederholt sich diese Ungleichheit noch einmal. Gerade diese Wiederholung der situativen Realität in der therapeutischen Technik stellt für viele Patienten ein erhebliches Problem dar, welches an die Grenzen der personalen Würde heranreicht. Ich will vorwegschicken, daß ich diese Wiederholung für unvermeidlich halte, nicht in der Rigidität, wie sie manchmal anzutreffen ist, aber im Prinzip. Die Verleugnung von professioneller Kompetenz auf der einen und unmittelbarer Bedürftigkeit auf der anderen Seite scheint mir keine Lösung des Problems. Die Psychotherapie "von Mensch zu Mensch" gewinnt günstigstenfalls das an personalem Respekt, was sie an therapeutischer Effizienz verliert.

Besser, redlicher und wirksamer scheint es mir, die Etablierung einer Abhängigkeitsbeziehung zuzulassen und sie dem Patienten mit ihren jeweiligen Implikationen bewußt zu machen, wobei ich hier vor allem an die Wertimplikationen denke. Die Abhängigkeitsbeziehung ist somit ein nicht unbedingt erstrebtes, aber sich zwingend ergebendes Therapiephänomen. In seiner Konzeption der allgemeinen, hinter den verschiedenen Psychotherapieformen stehenden Wirkfaktoren nennt der Psychotherapieforscher *H. Strupp* (1973) als entscheidende Variablen eine Abhängigkeitsbeziehung, die sich nach dem Muster der Eltern-Kind-Beziehung aufbaut, und einen Patienten, der fähig ist, aus solch einem Arrangement Profit zu ziehen. Diese Abhängigkeitsbeziehung ist eindeutig beeinflußbar, sie kann vom Therapeuten verzögert, gemildert und forciert werden. Oft folgt sie aber auch einer vehementen Eigengesetzlichkeit, die sich gegen alle Steuerungsversuche des Therapeuten durchsetzt. Ich kann das hier nur erwähnen.

So kann es für den Therapeuten eigentlich nur darum gehen, im Sinne der oben zitierten Autoren *Will, Weisskopf-Joelson* und anderer, die bestehende Ungleichheit und die Machtverhältnisse selbst zu realisieren, über einen notwendigen Zeitraum zu ertragen und zu verantworten, um sie dann einer möglichst weitgehenden Auflösung zuzuführen. Das ist die Position, die in einer m.E. viel zu wenig beachteten Arbeit von *W. Loch* (1974) niedergelegt ist. *Loch* fragt dezidiert danach, ob die dem Analytiker im therapeutischen Prozeß zufallende Aufgabe des "Gesetzgebers und Lehrers" für den Patienten eine legitime oder illegitime sei. Er faßt zusammen:

"Die vorgelegten Betrachtungen ergaben, daß der Psychoanalytiker tatsächlich in vielfacher Weise als Gesetzgeber, als Vermittler des Gesetzes und/oder als Lehrer wirkt, nämlich weil er Sprache einführt und/oder erweitert, von Begründungen und also Werten überzeugt und, last not least, feste Rahmenbedingungen setzt, ohne welche der psychoanalytische Prozeß nicht sein könnte." (S. 454)

Die Aufhebung der Paradoxie, daß eine Therapie, die zur Befreiung führen soll, über die Unfreiheit führt, sieht *Loch* in dem der Therapie parallel verlaufenden "Forschungsunternehmen". Während die Ungleichheit herrscht, werden gleichzeitig die Rahmenbedingungen und die Regeln, die die Psychoanalyse zur Erreichung ihrer Ziele benötigt, der eigenen Untersuchungsmethode unterworfen und damit dem Patienten das Mittel zur Befreiung aus seiner temporären Abhängigkeit selbst in die Hand gegeben. Es ist natürlich klar, daß hier von Idealbedingungen, sowohl was die Entstehung der Setzungsfunktion des Therapeuten als auch ihre von Anfang an konzipierte Auflösung angeht, die Rede ist. Dennoch fand ich diese Zusammenhänge nirgends so scharf und kompetent formuliert.

Die Verletzung der personalen Würde kann über die *situativ reale* und über die *therapietechnisch entstehende Ungleichheit* erfolgen. Ich halte diese Unterscheidung für besonders wichtig. Ein Beispiel für die Ausnützung der situativ realen Abhängigkeit des Patienten in seiner Bedürftigkeit scheint mir die Aufnahme von sexuellen Beziehungen zwischen in solchen Fällen fast ausschließlich männlichen Therapeuten und der weiblichen Patientin zu sein. Es ist schwer, das Ausmaß dieses Problems abzuschätzen. Wahrscheinlich steigt die Inzidenz solcher Vorkommnisse mit der immer größeren Anzahl von begabt oder unbegabt, qualifiziert oder unqualifiziert in die Psycho-Berufe drängenden Personen. *Apfel* und *Simon* (1985) nehmen für die USA aufgrund verschiedenster Erhebungen ein entsprechendes Agieren bei 5 bis 10% aller männlichen Psychotherapeuten an, wobei die Zahl der Psychoanalytiker im engeren Sinne geringer zu sein scheint. Das entspräche auch meiner Einschätzung für die deutsche Situation. Was bedeuten solche Zahlen für das bisher Ausgeführte? Ich fasse meine Meinung zusammen: Sexuelle Beziehungen zwischen Patient und Therapeut sind in keinem Fall nützlich und in allen schädlich. Daß sie überhaupt nützlich sein sollen, geht auf einen Dr. *Shepard* zurück, der 1971 sein Gewissen erleichtern und seine Handlungen begründen mußte, indem er ein Buch mit dem irreführenden Titel "Liebesbehandlung" verfaßte. Auch in Deutschland waren seinerzeit die Illustrierten voll davon. *Roberta Apfel* und *Bennett Simon* (1985) arbeiten ganz andere Folgen an den von ihnen nachuntersuchten und nachtherapierten Patienten heraus: Ausgeprägte Erlebnisse von Scham und Schuld, Zweifel an der eigenen Vernunft, Wiederbelebung infantiler Mißbrauchserlebnisse, Wut und Rache gegenüber Therapeuten und Männern, sexuelle Störungen, unauflösbare Bindungen an die Therapeuten und weitere. Entsprechend gestalten sich die häufig notwendigen Therapiefortsetzungen sehr schwierig. Ähnliches gilt für die zunehmend häufiger im Rahmen von "Gruppenexperimenten" stattfindenden Ereignisse (*Shepard* und *Lee*, 1970), wenn sich dort auch das ethische Versagen der Therapeuten durch die Verteilung der Verantwortung auf mehrere besser verschleiern läßt. Im Kern geht es um die Ausnutzung der Abhängigkeit des Patienten für die Befriedigung der eigenen Bedürfnisse (*Rauchfleisch*, 1982); d.h. die reale Bedürftigkeit des Patienten wird mißbraucht. Soweit scheint die Sache klar, und ich kenne keinen ernsthaften Kollegen, der hier anderer Meinung wäre.

Tatsächlich ist das Problem komplexer, und *Apfel* und *Simon*, die jeden positiven Effekt für fraglich halten, halten solche Vorkommnisse für unvermeidbar "angesichts der Struktur der Psychotherapie und des Überbordens von Rettungsphantasien" (S. 57). Rettungsphantasien können auf Seiten des Therapeuten, aber auch auf Seiten des Patienten bestehen. Der Patient kann, wie *Shepard* ja auch behauptet, selbst solche Beziehungen wünschen. Im Rahmen des Übertragungsgeschehens wird es kaum eine analytische Psychotherapie geben, bei der nicht auch erotische Wünsche auftauchen. Zu seinem Glück stößt der Patient in der überwiegenden Zahl der Fälle jedoch dabei auf Therapeuten, die *Freud*s Forderung nach der Abstinenz von allen nichtsprachlichen Handlungen ernstnehmen. Therapeuten, die darüber hinaus auch nicht bereit sind, über ihre eigenen Gefühle gegenüber solchen Wünschen des Patienten zu reden, was mit dem Konzept der "Neutralität" gemeint ist. Hier eröffnet sich nun eine ganz andere Dimension von möglichen Kränkungserlebnissen des Patienten.

Der Patient exponiert sich in der Therapie einseitig, wobei diese Exposition natürlich in viel weitere und viel wichtigere Gebiete als sexuelle Wünsche reicht. Er exponiert sich ganz allgemein, redet ins Leere und kennt die Meinungen des Therapeuten zu seinen Hoffnungen, Wünschen und Phantasien nicht, oder nur insoweit wie dieser sie äußert. Insbesondere kennt er nicht die normativen Urteile darüber, die ihm ihrerseits ja als die eigentlichen Regulatoren seiner Gefühle von Scham und Schuld erscheinen. Mancher Patient wendet sehr viel Mühe und Sensibilität auf, um zu erfassen, was der Therapeut "eigentlich" von ihm hält. Im Rahmen des Übertragungs-Verständnisses geht es dabei natürlich um die Wiederholung der infantilen Fragen an die Eltern. Aber für den Umgang zwischen erwachsenen Menschen, für das konkrete Erleben im Hier und Jetzt, befriedigt solches Verständnis wenig. Dem Erleben von Kränkung, Verletzung und Demütigung ist ein weiter Raum geöffnet. Ich will hier nicht untersuchen, ob solche Erlebnisse im Rahmen analytischer Psychotherapie überhaupt vermeidbar sind. Manches spricht dafür, daß insbesondere bei einer narzißtischen Unsicherheit, das ist Problematik des Selbstgefühls, sich solche Krisen in der Therapie regelhaft verschärfen. Innerhalb der therapeutischen Interaktion werden sie fraglos durch die behandlungstechnische "Asymmetrie" von Patient und Therapeut ausgelöst. Die Aufarbeitung solcher Erlebnisse ist mühsam und verlangt erheblichen zeitlichen Aufwand. Manchmal scheitern Therapieversuche bereits an dieser Klippe. Ich habe die Vorwürfe entsprechender Patienten, daß ich sie nicht akzeptierte, auf meinem therapeutischen Roß säße, mich rigide an mein Schema hielte, oder wie auch immer sie sie formulierten, meist gut nachvollziehen können, auch wenn ich sie inhaltlich für unzutreffend hielt. Die Möglichkeit, im Rahmen der therapeutischen Abstinenz und Neutralität durch eine zu weitgehende Versagung Fehler zu machen, ist groß. Das ist beispielhaft von dem amerikanischen Psychoanalytiker *Leo Stone* (1961; 1973) dargelegt worden.

"Während des ganzen Prozesses ist die Erscheinung des Patienten als einer integrierten, erwachsenen Persönlichkeit mehr als die Summe ihrer psychischen oder funktionellen Systeme. Während rein technische oder intellektuelle Irrtümer sich in den meisten Fällen korrigieren lassen, können Jahre geduldiger und kundiger Arbeit zunichte gemacht werden, wenn es an einem kritischen Punkt des Prozesses nicht gelingt, die angemessene menschliche Reaktion zu zeigen, die jeder Mensch von einem anderen erwartet, zu dem er in tiefer Abhängigkeit steht." (S. 65 f.)

3. Ich will von einer dritten und letzten Seite aus auf mein Thema zugehen. Es ist das Motiv des *Umgangs mit suizidalen Patienten* in der Psychotherapie. Ich will hier dezidiert *nicht* über den Umgang mit suizidalen Psychotikern sprechen (obwohl es natürlich auch hier Über-

schneidungen gibt), sondern es geht um neurotisch Depressive mit ihrer charakteristischen schleichenden Verstimmung und latent chronischen Suizidalität. *Ornstein* und *Kay* (1983), zwei amerikanische Psychiater und Psychotherapeuten, die sich speziell mit diesem Thema befaßt haben, meinen, daß ethische Fragen zum einen nur im Einzelfall geprüft werden können; jede Generalisierung verbiete sich von selbst. Zum anderen vertreten sie die Ansicht, daß trotz der Gefahr des Todes des Patienten von eigener Hand sich die moralischen Probleme nicht grundsätzlich von den Problemen der Therapie bei anderen Formen der Psychopathologie unterscheiden. Sie nennen 3 Therapieprinzipien (Annehmen, Verstehen, Erklären), von denen ich hier nur das erste, die empathische Einfühlung in den Patienten und die Annahme auch seiner pathologischen Motive, untersuchen möchte. Die Autoren meinen dezidiert, daß es moralisch nicht reiche, das Leben als der Güter höchstes zu setzen und diesen Wert auch gegenüber dem Patienten zu verteidigen, sondern daß vorrangig sei, sich in ihn einzufühlen, auch und gerade da, wo seine Wünsche und Werte den unseren entgegenstehen. Erst diese innere Annahme des (ambulanten) Psychotherapiepatienten ermögliche die stimmige Entscheidung, ob z.B. protektive Maßnahmen, wie eine Einweisung in die Klinik, unumgänglich sind. Auf keinen Fall sei die Frage so zu klären, wie sie oft gestellt werde, nämlich ob man mit einem suizidalen Patienten überhaupt eine Psychotherapie fortsetzen könne, oder ob man nicht vielmehr den Patienten mit anderen Mitteln schützen müsse. Ich denke, daß man bei dieser Einlassung vor allem berücksichtigen muß, daß hier die Rede von langfristigen Psychotherapien und von dem Behandler gut vertrauten Patienten ist, und nicht von der Schnellentscheidung im ärztlichen oder psychiatrischen Notdienst.

Ich meine aber auch, daß es insbesondere bei psychotherapeutischen Patienten wichtig ist, sich durch die Suizidalität nicht ängstigen zu lassen. Wenn ich letztlich auch bereit bin, meine Mitverantwortung für den Tod des Patienten zu übernehmen, dann vertraue ich gewissermaßen auf etwas in ihm, was ihm selbst als Kontrolle nicht mehr zur Verfügung steht. Die Identifizierung mit dem Therapeuten führt beim Patienten dann regelmäßig zu einer paradoxen Wirkung, nämlich der Entlastung vom suizidalen Druck. Gleichzeitig fühlt sich der Patient durch meine tatsächliche Gelassenheit mißverstanden. Eine Patientin drückte dies einmal mir gegenüber so aus: "Ich möchte wissen, woher Sie im letzten Jahr den Glauben genommen haben, daß ich zur nächsten Stunde wieder erscheinen würde". Ich hatte in diesem Fall in der Tat oft nicht gewußt, ob ich sie noch einmal wiedersehen würde, und dennoch war es gerade hier mein Nicht-Eingreifen, das sie am sichersten schützte. Die Annahme des Auch-möglichen-Todes des Patienten scheint mir wesentlich nicht nur für die Suizidprophylaxe, sondern auch für die persönliche Würde. In einer sehr mutigen Formulierung meinen *T.A. Widiger* und *M. Rinaldi* (1983), daß die Annahme des Suizids sich ethisch als vernünftig zu begründende Alternative zu einem tragischen Leben vertreten lasse. So etwas liest man nur selten geschrieben, auch wenn man es im kollegialen Umgang öfters vernimmt. Das sorgsam unterdrückte "Gott sei Dank", wenn es einem chronisch gequälten Schizophrenen endlich gelungen ist, sich das Leben zu nehmen, stammt wohl aus der gleichen Einschätzung. Ich habe keine solche Äußerung jemals als zynisch, sondern alle immer als einfühlend und respektvoll in Erinnerung. "Die Akzeptanz des Suizids beinhaltet ein einfühlendes Verstehen der tragischen Lebensbedingungen des Patienten und eine Anerkennung der eigenen Unfähigkeit, sein Leiden zu lindern" (*Widiger* u. *Rinaldi*, 1983, S. 263). Die Frage, die ich hier anhängen möchte, ist die, ob unser Handeln letztlich durch das Wohl des Patienten oder durch unser professionelles Selbstbild und unser persönliches Selbstgefühl bestimmt wird. Wir hätten gern, daß beide Gesichtspunkte immer in Einklang wären. Meine Ausführungen sollten anhand ausgewählter Beispiele des psychotherapeutischen Handelns diesen Einklang in Frage stellen.

Literatur

Abelson, R.: Psychotherapy and personal dignity, in: Psychoanal. Contemp. Thought, 1, (1978), 203-216.

Abelson, R./Margolis, J.: A further exchange on psychotherapy, personal dignity, and persons, in: Psychoanal. Contemp. Thought, 1, (1978), 227-236.

Apfel, R.J./Simon, B.: Patient-Therapist sexual contact. I. Psychodynamic perspectives on the causes and results, in: Psychother. Psychosom., 43 (1985), 57-62.

Apfel, R.J./Simon, B.: Patient-therapist sexual contact. II. Problems of subsequent psychotherapy, in: Psychother. Psychosom., 43 (1985), 63-68.

Hadley, S.W./Strupp, H.H.: Contemporary views of negative effects in psychotherapy, in: Archs. Gen. Psychiat., 33 (1976), 1291-1303.

Hartmann, H.: Psychoanalyse und moralische Werte. Klett, Stuttgart 1973.

Heigl, F./Heigl-Evers, A.: Die Wertprüfung in der Psychoanlyse, in: Z. Psychosom. Med. Psychother., 30 (1984), 72-82.

Loch, W.: Der Analytiker als Gesetzgeber und Lehrer, in: Psyche, 28 (1974), 431-460.

Luborsky, L./Crits Christoph, P./Alexander, L./Margolis, M./Cohen, M.: Two helping alliance methods for predicting outcomes of psychotherapy - a counting signs vs. a global rating method, in: J. Nerv. Ment. Dis., 171 (1983), 480-491.

Ornstein, P.H./Kay, J.: Ethical problems in the psychotherapy of the suicidal patient, in: Psychiat. Annals, 13 (1983), 332-340.

Rauchfleisch, U.: Nach bestem Wissen und Gewissen. Die ethische Verantwortung in Psychologie und Psychotherapie. Vandenhoeck & Ruprecht, Göttingen 1982.

Shepard, M.: The love treatment: sexual interest between patients and psychotherapists. Syden, New York 1971.

Shepard, M./Lee, M.: Marathon 16. Putnam's Sons, New York 1970.

Spiegel, R.. On psychoanalysis values and ethics, in: J. Amer. Acad. Psychoanal., 6 (1973), 271-273.

Stone, L.: Die psychoanalytische Situation (1961). Fischer, Frankfurt 1973.

Strupp, H.H.: On the basic ingredients of psychotherapy, in: J. Consult. Clin. Psychol., 41 (1973), 1-15.

Weisskopf-Joelson, E.: Values - the enfant terrible of psychotherapy, in: Psychother.: Theory, Res., Pract., 17 (1980), 459-466.

Widiger, T.A./Rinaldi, M.: An acceptance of suicide, in: Psychother., 20 (1983), 263-273.

Will, O.A.: Values and the psychotherapist, in: Amer. J. Psychoanal., 41 (1981), 203-212.

Thomas Bliesener

Die ärztliche Visite

Hindernisse und Chancen zum Dialog

1. Eine Arbeitsbesprechung ist kein Krankenbesuch

Die meisten ärztlichen Visiten sind nicht, was ihr Name verspricht. Ein Besuch bei einem kranken Menschen, eine Gelegenheit zur Nachfrage, zur Aussprache oder zum gegenseitigen Erzählen, das ist die Visite in der Regel nicht. Patienten haben viele Wünsche und Bedürfnisse, viele Hoffnungen und Erwartungen, die sie an den Arzt richten möchten. Sie möchten mehr wissen, was mit ihnen los ist und was mit ihnen gemacht wird, was ihnen bevorsteht und wie sich das Schlimmste abwenden läßt. Sie sind oft voll Trauer über verlorene Kräfte und voll Angst vor der Krankheit oder der Behandlung; deswegen brauchen sie Trost und Zuversicht. Sie haben spezielle persönliche Wünsche (oft Kleinigkeiten), die vorzubringen sie sich schämen, oder sie haben Ungerechtigkeiten und Zurückweisungen im Stationsbetrieb erlebt, über die sie sich am liebsten beschwerten. Dafür brauchten sie Mut und Vertrauen, und eine Situation, die ihnen Gelegenheit gäbe, alles zur Sprache zu bringen. Aber eine solche Gelegenheit ist die ärztliche Visite gewöhnlich nicht.

Das tägliche Vorbeikommen des Arztes beim Kranken ist weniger "Visite" als eher "Visitation" - im besten Falle. Es ist weniger "Begegnung", sondern mehr "Besichtigung". Der Arzt kommt, häufig mit einem Kometenschweif anderer Mitarbeiter der Station, in die unmittelbare räumliche Nähe eines jeden seiner Patienten nacheinander. Dabei ist der jeweilige visitierte Patient durchaus das Ziel, das Thema und auch das Untersuchungsobjekt der ärztlichen Arbeit. Sein Körper wird fachlich in Augenschein genommen, untersucht und beurteilt, seine Krankengeschichte und seine jüngste Gesundheitsentwicklung werden festgestellt und ausgewertet, weitere diagnostische und therapeutische Maßnahmen werden untereinander beraten und festgelegt. Kurz, am Bett des Kranken findet ein Fachgespräch über ihn statt.

Freilich wird manchmal der Patient auch in gewissem Maße ins Gespräch einbezogen. Dies geschieht in der Hauptsache zu zwei Zwecken: Informationen von ihm zu bekommen oder an ihn zu geben. Beispiele sind Fragen wie "Tut's da weh?" und Verordnungen wie

"Dreimal täglich nach dem Essen". Selbstverständlich sind sie für eine funktionierende medizinische Versorgung von Bedeutung, aber sie sind trotzdem nicht hinlänglicher Ausdruck menschlicher Begegnung. Wenn der Arzt erfährt, wo es dem Patienten weh tut, hat er damit noch lange nicht gehört, was ihn bedrückt. Und wenn der Arzt ein Medikament verschreibt, hat er noch lange keine Antwort auf quälende Ängste und Sorgen gegeben. Bei der kurzfristigen Einbeziehung von Patienten in das ärztliche Fachgespräch über sie bleibt ihre Rolle immer noch untergeordnet und eingeschränkt. Hier darf der Patient zwar die Rolle des Statisten verlassen, aber er bekommt nur die Rolle des Informanten oder Adressaten. Was er nicht bekommt, ist die Rolle eines Partners, der eigene Themen nach eigenen Prioritäten einbringen kann.

Im klinischen Alltag ist die Visite also, was die Präsenz der Personen angeht, eine Möglichkeit zum Dialog zwischen Arzt und Patient, aber was den Vollzug der Interaktion angeht, in Wirklichkeit nur eine Arbeitsbesprechung von Arzt und Personal am Patienten. Wie aber geht diese Einengung vonstatten, wie setzt sich in der Wirklichkeit der Arbeitszweck der ärztlichen Seite gegenüber dem Dialogbedürfnis der Patientenseite durch? Zwei grundsätzliche Antworten sind möglich:

1. Der Interessenkonflikt löst sich im Vorfeld durch einseitigen Verzicht. Dies könnte dadurch geschehen, daß Patienten Einsicht in den knappen Zeithaushalt des Klinikbetriebes haben, oder daß sie Mitgefühl mit den überforderten Ärzten entwickeln, oder daß sie durch die Erzählungen von Mitpatienten und aus eigenen schlechten Erfahrungen demoralisiert sind und keine Hoffnung auf Erfolg mehr sehen.

2. Der Interessenkonflikt löst sich im Interaktionsprozeß durch einseitige Verhinderung. Dies könnte dadurch geschehen, daß die mächtigere Seite durch die praktische Organisation der Kommunikation keinen Einsatz und keinen Raum für die Absichten der schwächeren Seite freiläßt. Es könnte sogar so geschehen, daß erste Ansätze des Patienten unterbrochen, gestört oder sonstwie entwertet werden.

Die Untersuchung echter Visitengespräche anhand von Tonbandmitschnitten und Transkripten sowie die ergänzende Befragung von Patienten haben gezeigt, daß beide Mechanismen zusammenspielen. Visiten werden trotz der weitergehenden Patientenbedürfnisse immer wieder zu medizinischen Arbeitsbesprechungen, weil dies die Patienten in ihrer Entmutigung zulassen und weil sie in anderen Fällen an der kommunikativen Organisation durch das Visitenteam scheitern. Einige Textausschnitte sollen im folgenden vorführen, wie subtil die ärztliche Gesprächsorganisation verhindert, daß aus der Visite ein richtiger Dialog unter Partnern wird.

2. Dem Dialogbedürfnis von Patienten stehen kommunikative Hürden entgegen

2.1. Patienten haben Mühe, zu Wort zu kommen

Wenn nicht der Stationsarzt allein Visite macht, sondern Kollegen und Assistenten, Schwestern, AIP's, PJ'ler und Famulanten mitkommen, dann bildet dieser Personenkreis allein schon durch sein gemeinsames Auftreten und durch seine Teilnehmergröße eine eigene Gruppe. Die Teilnehmer in diesem Visitenteam haben untereinander schon genug Mühe, ein Gleichgewicht ihrer unterschiedlichen Interessen zu finden. Oft genug läuft der Student im Praktischen Jahr einfach nur mit, ohne daß sein Interesse an Ausbildung, an interessanten Fällen und an Einblick in die diagnostischen und therapeutischen Überlegungen des Stationsarztes befriedigt würde. Auch die Stationsschwester hätte häufig mehr beizutragen, als sie bei der knappen Zeit und der hierarchischen Verteilung des Rederechts tatsächlich anbringen kann. Wer vom Visitenteam was sagen kann, ist zum Teil Glückssache oder Ergebnis besonderer Anstrengungen, sich gegen rivalisierende Interessen im Team durchzusetzen.

Wenn "die Visite kommt" und zum Patienten tritt, so ist dies also eine Gruppe, die vollauf mit ihren inneren kommunikativen Verflechtungen beschäftigt ist und die ihm als einem weiteren Gesprächspartner keinen freien Platz reserviert hat. Zwar kommt der Arzt als Visitenführer auf den Patienten zu, aber er steht ihm auch beim besten Willen nicht als alleiniger Dialogpartner zur Verfügung. Eher muß der Patient in Konkurrenz zum gesamten, untereinander konkurrierenden Visitenteam sich seinen Teilnehmerplatz erst erobern. Für einen abhängigen, körperlich schwachen und psychisch belasteten Menschen, obendrein oft in liegender Position, ist dies schon ein Kunststück. Der folgende Text einer ganz normalen, undramatischen Visite zeigt, wie die Mitsprache allein schon eines weiteren Mediziners, des Medizinalassistenten, den kommunikativen Ausschluß der Patientin bewirken kann.

Eine frühere Analyse dieses Textes (*Bliesener*, 1982, S. 28-29) wies nach, daß auf allen Ebenen, von der Lautstärke angefangen über die Ausführlichkeit der Formulierungen bis hin zur Verkettung der Themen, das Zusammenspiel im Visitenteam die Patientin ins Abseits stellt (vgl. Übersicht 1).

Medizinalassistent (MA)	Ärztin (A)	Patientin (P)
	Frau B., wie geht's?	
		Bin zufrieden, Frau Doktor.
	Sind zufrieden.	
		Ja.
((flüstert zu A))		
	Weißt Du, ob die normal ist?	
Die ist normal.		
	Ja?	
Hm.		
	120. Gibt das 350 ungefähr? Gut. Habt Ihr abends immer noch ihre zwei Tabletten, ihre zwei Schlaftab/	
		Nein.
		Eine.
	Ja.	
		Haja. Schon drei Tage kriege ich nur eine.
Und was kriegt sie da?		Kann aber schlafen.
	Distar zum Schlafen.	
Ach. Distraneurin!		
	Gut.	
Kann man das geben bei sowas? Ach so, ich weiß.		
	Distar ist ja ein gutes	
Hm.		
		Reicht mir ja vollkommen, die eine, ich schlaf gleich.
Kann man das geben bei Hepatopathien?		
	Ja.	
Hm? Zwei Tabletten?		
	Eine, jetzt. Zwei, sicher kann man's da geben. Das ist ja	
Mhm. Kann man ja auch der Z. geben.		
	Hö?	
((sehr leise)) Der Z. kann kann man's ja auch geben.		
	Nein, das setz ich nicht an, um Gottes willen jetzt!	
Nö.		
	Vielleicht kann man sie bald heimlassen.	

Übersicht 1: Transkript einer Visite

Medizinalassistent (MA)	Ärztin (A)	Patientin (P)
Mhm.		
	Ämm .. was wollt ich denn jetzt? ((5 sec)) Gut.	
		Dankeschön
	Ach so, darf ich nochmal schnell auf den Bauch fassen bei Ihnen?	
		Ja.
	Gut. ((tastet)) Tut das weh?	
		Nein, es tut nirgends weh.
	Haben Sie noch erbrochen?	
		Nein, seit dem Sonntag nicht mehr. ((4 sec)) Seit dem Sonntag nimmeh.
	Also, Sie sind reingekommen, weil's in der letzten Zeit immer wieder vermehrt erbrochen haben, weil's Ihnen übel war?	
		Ja, und die Frau Dr. Y hat dann die Gelbsucht festgestellt. ((3 sec))
	Tut/tut's weh, wenn ich da draufdrücke?	
		Nein, nein, das tut nicht weh. Dankeschön.
	Wiedersehen.	
		Wiedersehen.

Übersicht 1: Transkript einer Visite (Forts.).

1. *Lautstärke: Das Personal spricht zu leise*
   Unverständliches Flüstern des Medizinalassistenten (Zeile 5)
   Flüstern des Medizinalassistenten (37-38)

2. *Sprachebene: Das Personal benutzt klinischen Jargon*
   "120. Gibt das 350 ungefähr?" (10-11)
   "Distar" (20,25)
   "Distraneurin" (21)
   "Hepatopathien" (29-30)

3. *Ausführlichkeit: Das Personal redet in Andeutungen und Verkürzungen*
   "Kann man das geben bei sowas? Ach so, ich weiß" (23-24)
   "Distar ist ja ein gutes ..." (25)

4. *Thema: Das Personal bespricht ein Thema, von dem der Patient nichts versteht (im doppelten Sinne)*
   Ob die Kurve normal ist, wofür Distar am besten verordnet wird, welche Nebenwirkungen zu bedenken sind, welche Dosierung angezeigt ist usw., kann die Patientin nicht beurteilen.

5. *Betroffene Person: Das Personal spricht über den anwesenden Patienten in der 3. Person oder sogar über abwesende Dritte*
   "Habt ihr abends immer noch ihre (=P) Tabletten?" (11)
   "Kann man ja auch der Z. geben" (34-35)
   "Vielleicht kann man sie (=Z) bald heimlassen" (42-43)

6. *Verflechtung der Redebeiträge: Das Personal läßt keinen Raum zwischen seinen Beiträgen entstehen*
   Die Ärztin und der Medizinalassistent reden gleichzeitig (11,34)
   Der Medizinalassistent fällt der Ärztin ins Wort (25-26)
   Die Ärztin beansprucht eine entstehende Pause vorweg für sich selbst: "Ämm ... was wollt ich denn jetzt?" (45-46)

7. *Aufeinanderfolge der Gesprächsthemen: Das Personal verwischt die Grenzen zwischen den Themen*
   Das Ende eines Themas läßt sich nicht absehen: Der Medizinalassistent stellt der Ärztin eine Frage (23), beantwortet sie aber selber (24), stellt später jedoch noch einmal dieselbe Frage (29).
   Der Übergang von einem Thema zum nächsten vollzieht sich innerhalb ein und desselben Beitrags: "120. Gibt das 350 ungefähr? Gut. Habt ihr abends immer noch ihre zwei Schlaftabletten?" (10-13).

Übersicht 2: Kommunikative Hindernisse.

Alle erwähnten kommunikativen Hindernisse (vgl. Übersicht 2) sind natürlich nicht absolut. Anders als etwa beim Zahnarzt, dessen Tätigkeit den Patienten physisch am Reden hindern kann, braucht sich in der Visite der Patient durch den Flüsterton keineswegs davon abhalten zu lassen, selber laut und vernehmlich zu reden. Und nur weil sich Arzt und Assistent die Bälle zuspielen, braucht der Patient nicht das Ende der Partie abzuwarten, bevor er selber Spielangebote macht. Patienten könnten durchaus an irgendeiner Stelle einfach drauflosreden und das sagen, was ihnen gerade wichtig ist. Diese Möglichkeit ist ihnen durch keinerlei Gesprächsorganisation innerhalb des Visitenteams genommen.

Allerdings wäre ein spontanes Drauflosreden eine Leistung, die in unserer Kultur außer Kindern so schnell niemand zeigt. Es widerspräche allen Regeln der Rücksicht und der zivilisierten Kommunikation: Man spricht jemanden nur an, wenn er nicht anderweitig beschäftigt ist und wenn das Thema halbwegs "paßt". Es widerspräche auch allen Regeln der Vorsicht und der Vertrauensbildung: Man vertraut seine Probleme nur jemandem an, der hinhören und teilnehmen kann. Im eigenen wie im fremden Interesse pflegt man mit Initiativen nicht ins Gespräch zu platzen, sondern sie in passender Form an passender Stelle zu plazieren.

Wie fundamental Vorsicht und Rücksicht bei der Plazierung von Gesprächsinitiativen sind, kann ein extremes Beispiel veranschaulichen. Eine schwerkranke Patientin, die als verwirrt gilt und die sich nur völlig unartikuliert in das Visitengespräch einzuschalten weiß, murmelt und stöhnt trotz allem noch an der "richtigen" Stelle, nämlich immer erst dann, wenn das Personal ein angeschnittenes Thema wieder abgeschlossen hat.

MA:	Sie ist, heute morgen beim Spritzen habe ich gemerkt, daß sie ziemlich verwirrt ist.
A1:	Jaja, das glaub ich. Da wollen wir mal heute nachmittag fragen, ob wir doch das Dogmatil mal nehmen.
MA:	Was hat sie denn für eine Frequenz?
A1:	Hydergin kriegt sie, nicht?
A2:	Helfagin.
A1:	Helfagin. Helfagin. Helfagin, ja.
MA:	Ne Frequenz von 36.
P:	((murmelt unverständlich))
A2:	Was ist, was ist, Frau X?
P:	((unverständlich))
A1:	Die ißt zuwenig, nicht? Setzen wir mal das ((Medikament)) ab.
A2:	Ist schon.
A1:	Ist schon.
P:	((stöhnt))

Gerade eine solche passende Plazierung eigener Initiativen wird dem Patienten aber gewöhnlich unmöglich gemacht. Wo im Gespräch des Visitenteams nie ein Einschnitt entsteht, wo nie eine passende

Stelle für ein neues Thema kommt, wo nie die Bereitschaft zum Zu-
hören und zur Zuwendung signalisiert wird, da ist ein vorsichtiger und
rücksichtsvoller Gesprächseinstieg unmöglich. Patienten kommen
nicht deswegen so selten zu Wort, weil ihnen die physische Möglichkeit dazu genommen würde, sondern weil ihnen die soziale Möglichkeit dazu vorenthalten wird.

2.2. Patienten haben Mühe, Antwort zu bekommen

Trotz aller Hindernisse gelingt es Patienten verschiedentlich, sich mit
einer Frage, einer Mitteilung, einer Klage oder einer Sorge einzubrin-
gen. Ungefragt bringen sie mehr oder weniger deutlich etwas vor, das
sie sehr beschäftigt und mit dem sich der Arzt beschäftigen soll. Hier
bestünde für sie die Chance, aus der Visite partiell ein Gespräch mit
dem Arzt zu machen - vorausgesetzt, der Arzt läßt sich darauf ein. Für
den Patienten, der zu Wort kam, ist die entscheidende Frage, ob er
auch Antwort bekommt. Viele Beispiele, die geradezu wie Karikatu-
ren wirken, belegen das Ausbleiben der gesuchten Antwort. Es zeigt
sich, daß Ärzte beim Ausweichen, Ablenken oder Zurückweisen von
Patienteninitiativen ausgesprochen vielseitig sind. Drei Beispiele, die
an anderer Stelle ausführlich analysiert wurden, sollen dies veranschaulichen.

- Klagen -

Patientin	*Ärztin*
	Frau Z., war jemand von der
	Bäderabteilung oben?
Ja, ja war gestern	
	Und, hat sichs machen lassen?
Ja, es hat sich machen lassen.	
Aber es hat wahnsinnig geschmerzt	
nach einer Zeit. Weiß nicht,	
wie das	Ja, ja.
geht. Lang kann ichs nicht	
	Ja, ja, das äh/Wissen Sie, das isch
	diese Grenze. Da versucht man eben
Sie meinen bißchen höheralso jetzt.	die Grenze bißchen höher zu stecken,
	wie
Das erste, zweite	beim Training draußen.

Mal,

Des isch/tut *Weh!*

Es tut tatsächlich. Sagen wir
so also

Wissen Sie,
das ist eben noch ein
intensiveres Training.

Ja, also *furchtbar*!

Verstehen

Ich

Sie?

habe gedacht, da reißt etwas.

Noch 'n intensiveres Training.

Die Patientin bringt vor, daß sie durch die verordneten Übungen Schmerzen erleidet, sich überfordert fühlt und sogar Angst vor Verschlimmerungen ("da reißt etwas") hat. Darin enthalten ist der Vorwurf, daß sie falsch behandelt wird. Die Ärztin nimmt weder Anteil am Leiden, noch unterstützt sie das Durchhaltevermögen der Patientin, noch räumt sie die Angstphantasie aus. Durch Sacherklärungen, Wiederholungen, Appelle und durch Unterbrechungen bringt sie die Patientin zum Schweigen.

- Fragen -

Patientin

Arzt

Nur die eine Aufnahme. Wissen Sie,
die Lunge kann man so schlecht

Was ist es denn überhaupt?

die Lunge kann man so schlecht ,
beurteilen, wenn man liegt, gell?

Herr Doktor, gestern hätte
ich bald einen Herzschlag
gekriegt.

Warum denn? Warum haben Sie denn
einen Herzschlag bekommen?

Sie haben mir gerade wollen
eine Spritze geben.

Ich habe Ihnen eine Spritze gegeben?

Nein, Sie nicht, die Schwester.

Was hat denn die Schwester gesagt?
Ne Valium?

Die Patientin fragt nach der Diagnose und holt ergänzend zu einer
Erzählung aus, mit der sie möglicherweise ihre schon bestehenden
Befürchtungen darlegen will. Der Arzt dagegen gibt auf die direkte
Frage nach der Diagnose keine Antwort und stellt zu dem ausholen-
den Erzählansatz eine Reihe von Rückfragen und Ergänzungsfragen,
durch die sich das Thema völlig verschiebt. Wir werden nie erfahren,
was die Patientin vielleicht schon an schlimmen Andeutungen über
ihre Diagnose aufgeschnappt hatte, und die Patientin erfährt in dieser
Visite nichts über die Wahrheit ihrer Krankheit.

- Angst und Sorgen -

Patient	*Arzt*	*Assistent*
	Na, Herr E., wie siehts so aus?	
Jo, jo, es geht so.		
	Also die Wunde	
Daß die Geschwulst nicht zurückgeht!		
	Geschwulst? Das ist keine Geschwulst.	
		(lacht)
	Das ist eine Schwellung, sagen wir auf deutsch, ja? Leichte Stauung.Geschwulst, haben Sie gehört ja, die Mediziner verstehen darunter was anderes.	
Ja.		
	Die verstehen darunter Krebs, Krebs. So ungefähr.	
Das ist natürlich schon ein Unter-schied.		
	Hm?	
Das ist schon ein Unterschied.		
	"Geschwulst" heißt genau "geschwollen sein", ja?	
		"Geschwulst" kommt von "schwellen".
	Nein, äh, jaja, das heißt "geschwollen sein", aber ((weiter auf dem Flur))	

In diesem Beispiel äußert der Patient seine Ungeduld und Besorg-
nis über den langsamen Gesundungsprozeß. Der Arzt könnte nun ver-

suchen, ihm die Sorgen zu nehmen, etwa durch eine Erklärung oder durch einen Hinweis auf die Erfahrung bei anderen Patienten. Stattdessen greift er jedoch die falsche Formulierung "Geschwulst" auf und stellt sie lang und breit richtig. Mit den terminologischen Belehrungen verläßt er das Krankenzimmer und hinterläßt einen Patienten, der an Wissen bereichert, aber auf seinen Gefühlen sitzengeblieben ist.

Auffällig an diesem und einer Vielzahl weiterer Beispiele ist, daß der Arzt nicht offen die Antwort verweigert, sondern - ganz im Gegenteil - sich scheinbar um eine Antwort bemüht. Längere Sacherklärungen mit Wiederholungen, Rückfragen und Ergänzungsfragen, Worterklärungen und Begriffspräzisierungen, all dies sind ihrer eigentlichen Funktion nach Mittel der Verständigung. Allerdings führt die Verwendung dieser Verständigungsmittel in einem falschen Zusammenhang dazu, daß der Patient ohne die erhoffte Resonanz bleibt und leer ausgeht. Die falschen Antworten von seiten des Arztes muten wie eine große Täuschung an. Sie haben die Form der Zuwendung, aber die Funktion der Abwendung; sie haben den Anschein des Eingehens auf den Patienten, aber sie sind in Wirklichkeit Zurückweisungen, die den Patienten enttäuschen und verwirren. Im Gewande eines Kommunikationsbemühens wird Kommunikation vermieden. Ihr Erfolg besteht darin, daß Patienten es aufgeben, die Visite weiterhin für ihre Gesprächsbedürfnisse nutzen zu wollen. Patienten werden durch die subtile Steuerung ermüdet, sie werden sozusagen "kommunikativ sediert".

3. Die Praxis der Dialogverhinderung resultiert aus Zwängen und Mängeln

Visitenführende Ärzte beherrschen die kommunikative Steuerung, die Patienten vom Wortergreifen abhält und ihnen Antworten vorenthält, oft mit höchster Perfektion. Sie schaffen es täglich aufs Neue, den vorgegebenen Zeitrahmen einzuhalten und die Visite "durchzuziehen". Sie bringen das Kunststück fertig, zum Patienten und um des Patienten willen hinzugehen, ohne von ihm ansprechbar zu sein. Gemessen an den Bedürfnissen der Patienten ist dies natürlich bedauerlich, gemessen an den Zwängen und Leistungsanforderungen des Klinikbetriebes ist dies jedoch durchaus eine beachtliche Leistung. Je erfahrener Ärzte sind, um so routinierter und erfolgreicher schaffen sie ihr Tagespensum. Es ist durchaus eine rationale Leistung, das knappe Gut der ärztlichen Zeit, Aufmerksamkeit und Zuwendung haushälterisch zu verteilen. An einigen Stellen muß gespart werden, damit an anderen Stellen genug davon da ist. Visitenkommunikation ist in diesem Kräftehaushalt eben eine Stelle, an der gespart wird; sie ist "Spar-Kommunikation".

Freilich spielt in die Kanalisierung der Arzt-Patient-Kommunikation auch immer wieder ein ganz anders gearteter Faktor mit hinein. Die tausend Sorgen und Ängste von Patienten, ihre Trauer und ihr Leiden, ihre Klagen und ihre Hilflosigkeit rühren den Arzt an seinen eigenen schwachen Stellen an. Es würde ihn überfordern, all die Not und Schwäche, die um ihn herum herrscht, allzu sehr an sich heranzulassen. Die Toleranzgrenzen sind natürlich unterschiedlich, aber irgendwann ist der Punkt erreicht, an dem der Arzt sich nur noch mit Abwehr schützen kann. Um von der eigenen Hilflosigkeit nicht zuviel zu spüren, reagiert er dann besonders aggressiv gegenüber "wehleidigen" Patienten; um nicht mit der eigenen Hoffnungslosigkeit konfrontiert zu werden, reagiert er auf resignierte Patienten mit Durchhalteappellen, usw.

So läßt sich beobachten, daß gerade heikle Initiativen von Patienten der Zurückweisung zum Opfer fallen, sogar an Tagen, an denen bei anderen Patienten durchaus noch Zeit für einen Extrascherz bleibt. Nicht alleine die Zeitknappheit, sondern auch und darüber hinausgehend die emotionale Belastung führt zu den beschriebenen Einengungen von Visiten auf Arbeitsbesprechungen.

4. Verbesserungen des Arzt-Patient-Dialogs sind auch in der Visite möglich

Wer sich umhört, wie wenig aufgeklärt schwerkranke Patienten sind, wie alleingelassen sie mit den Belastungen von Krankheit und Therapie fertigwerden müssen, wer Transkripte von Visiten mit den Augen von Patienten liest und sich die Mechanismen der Ausschließung und der Zurückweisung vergegenwärtigt, der ist leicht geneigt, völlige Änderung der Verhältnisse zu fordern. Die Neuerungen verlangen dann jedoch oft ein utopisches Ausmaß an Klinikreform. Entscheidend ist eigentlich die viel näherliegende Frage: Läßt sich mit der herrschenden Arbeitsstruktur, dem gegebenen beruflichen Selbstverständnis des Arztes und dem durchschnittlichen Stellenkegel der Kontakt zwischen Arzt und Patient insgesamt so umorganisieren, daß er den Patientenbedürfnissen stärker gerecht werden kann?

- Die tägliche *Gesamtzeit für Visite* kann *vergrößert* werden. Wünschenswert wären natürlich personelle Ergänzungen auf den Krankenstationen, aber wo dies nicht so möglich ist wie bei einigen Modellprojekten, kann veränderte Prioritätensetzung weiterhelfen. Schon eine Ausweitung der Visitenzeit um eine halbe bis eine ganze Stunde könnte die Durchschnittsdauer pro Patient von 2 bis 3 Minuten auf 4 bis 5 Minuten steigern.

- Die Arbeitsstruktur von Visiten läßt sich differenzieren. Für viele Zwecke und in vielen Fällen reicht eine *Kurvenvisite mit kleiner Besetzung.* Sie kann sogar rationeller und rascher vonstatten gehen, weil das Gespräch nicht durch Redeversuche von Patienten und Zurückweisungen des Visitenteams verlängert wird. Möglich wird dies durch bessere Dokumentationssysteme, die einen vollständigeren und dennoch rascheren Informationsaustausch zwischen Arzt und Schwestern erlauben. Arbeitsbesprechung und -überwachung und Therapiekontrolle werden viel seltener am Patienten abgehandelt.

Die Patientenvisite dagegen wird weitgehend *reserviert für das Gespräch zwischen Arzt und Patient,* gleich wie groß die Korona anderer Stationsmitarbeiter dabei ist. Patienten werden über diese Regelung eingehend informiert und zugleich ermutigt, diese Patientenvisiten für ihre Bedürfnisse zu nutzen.

- *Die Verteilung der Visitenzeit auf Patienten kann differenziert werden.* Nicht jeden Tag muß jeder Patient die durchschnittlich ihm zustehende Zeit bekommen. An manchen Tagen liegt bei einzelnen Patienten nichts Wesentliches an. Hier lohnt es sich, die vier bis fünf Minuten einzusparen und einem anderen Patienten zusätzlich zu gewähren. Dadurch können schwerpunktmäßig längere Einzelvisiten entstehen, mit der Chance zu wirklicher Tiefe. Patienten müssen über diese Methode der *Rotation von Schwerpunktvisiten* eingehend informiert sein, damit sie ihrerseits mitspielen.

- Ergänzend können in begrenztem Umfang *Einzelbesuche* vom Arzt beim Patienten oder von Patienten im Arztzimmer eingeplant werden. Die Zeiten hierfür müssen außerhalb der Visitenzeit liegen, eher zum Nachmittag oder Abend hin.

- Da an den Arzt zusätzliche Anforderungen hinsichtlich seiner Gesprächsführung und zusätzliche Belastungen durch sie entstehen, werden hierin zusätzliche Unterstützungen nötig. Hilfreich kann es beispielsweise sein, wenn bei der Patientenvisite ein erfahrener *Kollege mitgeht*, ohne sich in die Gesprächsführung einzuschalten. Dadurch kann der gesprächsführende Arzt mehr Sicherheit und - gegebenenfalls - Hinweise und Korrekturen erhalten. Außerdem kann der Arzt ab und an zur eigenen Kontrolle seine Gespräche auf *Tonband* aufnehmen, schriftliches Einverständnis der Patienten natürlich vorausgesetzt. Schließlich kann er die Möglichkeiten der *Fortbildung und der Supervision* nutzen. Die Angebote gerade für den psychosozial aufgeschlossenen Arzt sind vielfältig und finden ihre Grenzen am ehesten wieder in der verfügbaren Zeit.

So kann durch eine Kombination von mehr Zeit, differenzierter Arbeitsorganisation, wechselnder Schwerpunktvisite, ergänzenden Einzelbesuchen und begleitender Fortbildung in Gesprächsführung eine ganze Menge dafür getan werden, daß irgendwann Visiten doch ihren Namen verdienen, daß sie Besuche bei Kranken werden, daß sie menschliche Begegnungen werden. Die in ihnen liegende Chance zum Dialog ist zu wertvoll, als daß sie der Arzt vertun oder an andere Berufszweige vergeben könnte.

Literatur

Bliesener, Thomas: Die Visite - ein verhinderter Dialog. Gunter Narr, Tübingen 1982.

Bliesener, Thomas/Köhle, Karl: Die ärztliche Visite - Chance zum Gespräch. Westdeutscher Verlag, Opladen 1986.

Fehlenberg, Dirk/Simons, Claudia/Köhle, Karl: Die Krankenvisite - Probleme der traditionellen Stationsvisite und Veränderungen im Rahmen eines psychosomatischen Behandlungskonzepts. In: *Th. von Uexküll* et al. (Hrsg.): Psychosomatische Medizin. Urban & Schwarzenberg, München, 3. Aufl. 1986, S. 244-267.

Siegrist, Johannes: Arbeit und Interaktion im Krankenhaus. Enke, Stuttgart 1978.

Ulrich Streeck

Supervision im psychiatrischen Krankenhaus

Für Supervision im psychiatrischen Versorgungsbereich gibt es vielerorts noch einen großen Nachholbedarf. Deshalb wird man nicht ohne Verwunderung feststellen, daß die Frage, ob und wie Supervision in der Psychiatrie sinnvoll und nutzbringend eingesetzt werden kann, keineswegs überall auf grundlegende Bejahung trifft, sondern mit ebenso affektiven wie kontroversen Argumenten beantwortet wird. Da wird Supervision einmal für uneingeschränkt nützlich und für absolut notwendig gehalten, auf der anderen Seite aber auch für überflüssig oder gar schädlich; da werden an Supervision gelegentlich weitreichende und unrealistische Hoffnungen geknüpft, oder aber Supervision wird für Luxus gehalten, der der Psychiatrie wesensfremd sei. Manchmal verbinden sich mit dem Gedanken an Supervision Erwartungen auf Besserung schwieriger Zustände, aber auch Vorstellungen von Kontrolle und Überwachung, wie sie in hierarchisch organisierten Institutionen naheliegen mögen, die sich oftmals im Spannungsfeld von Therapie und staatlicher Kontrolle bewegen müssen. Vereinzelt - wenn auch nur selten offen bekundet - heftet sich an Supervision schließlich die illusionäre Idee von befreiender Selbsterfahrung, aber auch die Befürchtung, es könne sich um ein potentiell subversives Element handeln, das gewohnte Sicherheiten und Routinen im institutionalisierten psychiatrischen Alltag gefährdet.

Immer ist dabei von Supervision wie von einem bestimmten, umschriebenen, relativ einheitlichen und wohldefinierten Verfahren die Rede. So wird häufig auch global nach Supervision schlechthin nachgefragt, oder es wird - ebenso unterschiedslos - Supervision schlechthin abgelehnt, so als sei es weder möglich noch nötig, im Hinblick auf Gegenstand und Methode von Supervision Unterscheidungen zu treffen. Auch manche, die sich auf dem Gebiet von Supervision betätigen, lassen solche Unterscheidungen bisweilen vermissen, weshalb dann im Einzelfall unklar bleibt, welchen Gegenstand und welches Ziel das konkrete Supervisionsangebot hat und welche Rahmenbedingungen die gewählte Methodik verlangt.

Im folgenden soll Supervision im psychiatrischen Krankenhaus nach verschiedenen Gegenstandsbereichen unterschieden und im Hinblick auf ihren potentiellen Nutzen in psychiatrischen Versorgungseinrichtungen diskutiert werden. Solche unterscheidenden Gesichtspunkte sollten es auch erlauben, daß nicht nur pauschal nach Supervision nachgefragt oder Supervision abgelehnt werden muß, sondern daß in rationaler Diskussion geklärt werden kann, für welchen Gegenstandsbereich und zu welchem Ziel welche Art von Supervision in der Psychiatrie benötigt wird und eingesetzt werden sollte. Das sollte nicht zuletzt auch etwaigen unrealistischen Erwartungen vorbeugen, die sich an Supervision heften könnten und die dann notwendigerweise enttäuscht werden müßten.

Im folgenden unterscheide ich Verfahren bzw. Methoden der Supervision, deren Gegenstand die Arbeitsbeziehungen von Angehörigen einer Institution untereinander sind oder die professionell bestimmten Beziehungen in einer Gruppe von Helfern, die in einer Institution gemeinsam arbeiten, von solchen Methoden, deren Gegenstand im Unterschied dazu das fachlich bestimmte Handeln von therapeutischem Personal dem Patienten gegenüber oder die Beziehungen zwischen therapeutischem Personal und psychiatrisch kranken Patienten ist.

Zu den erstgenannten Supervisionsmethoden sind Institutionsberatung und Team-Supervision zu rechnen, zu den zweiten fallzentrierte Supervision und die Balint-Arbeit.

Institutionsberatung

Institutionsberatung in psychiatrischen Versorgungseinrichtungen kann dann nützlich und hilfreich sein, wenn institutionelle Veränderungen geplant vorgenommen oder Kooperations- und Kommunikationsprobleme gezielt identifiziert und gelöst werden sollen, in die das gesamte soziale Netzwerk der betreffenden Institution - mehr oder weniger - einbezogen ist oder einbezogen werden muß. Dagegen kann Institutionsberatung nur wenig beitragen zur Lösung von primär technisch-instrumentellen oder der in psychiatrischen Krankenhäusern nicht seltenen administrativen Probleme.

Institutionsberatung in diesem Sinne ist angewandte Sozialwissenschaft (*Fürstenau*, 1970; *Heintel*, 1979). Institutionsberatung ist in der Bundesrepublik vergleichsweise wenig entwickelt und wird im Vergleich zu anderen Supervisions- und Beratungsmethoden seltener nachgefragt. Dagegen wird Institutionsberatung in den USA oder den skandinavischen Ländern zur Förderung und Planung von Prozessen institutionellen Wandels offenbar häufiger und selbstverständlicher herangezogen (*Fürstenau*, 1970). In der Bundesrepublik hat Institutionsberatung allem Anschein nach in erster Linie im wirtschaftlichen Bereich einen gewissen Platz gefunden, im Gesundheitswesen dagegen bisher so gut wie gar keinen.

Das ist insofern bemerkenswert, als es dort zahlreiche Anwendungsfelder gibt, für die dieses Beratungsverfahren sinnvoll herangezogen werden könnte. Das gilt insbesondere auch für das Krankenhaus, das als soziale Organisation, in der Angehörige verschiedener Berufsgruppen auf engem Raum und in wechselseitiger Abhängigkeit in einem äußerst komplexen sozialen und kommunikativen Netzwerk zusammenarbeiten müssen, hochgradig störanfällig ist, aber auch besonders träge und resistent gegenüber institutionellen Veränderungen.

Auch für den Bereich psychiatrischer Krankenhäuser könnte Institutionsberatung von Nutzen sein, etwa bei den nicht ganz seltenen und gelegentlich chronischen Kooperationsschwierigkeiten von therapeutischem und administrativ-bürokratischem Sektor, die eine effektive therapeutische Arbeit stören. Institutionsberatung könnte im psychiatrischen Krankenhaus weiter dort hilfreich sein, wo neue Therapiemethoden eingeführt werden sollen, die eine Neuverteilung von Zuständigkeiten, von Macht und von Entscheidungsbefugnissen der Angehörigen verschiedener Berufsgruppen verlangen - etwa die Einführung des Prinzips der therapeutischen Gemeinschaft (vgl. *Krüger*, 1975).

Daß Institutionsberatung von sozialen Dienstleistungsbetrieben, zu denen auch psychiatrische Krankenhäuser gehören, zur umschriebenen und begrenzten Planung und Förderung institutionellen und krankenhausorganisatorischen Wandels tatsächlich kaum in nennenswertem Umfang nachgefragt wird, führt *Fürstenau* (1979) darauf zurück, daß soziale Dienstleistungsbetriebe und ihre Bürokratien meist nach dem Schema klassischer Verwaltungsbürokratien organisiert sind und " ... teils als staatliche Behörden dem klassischen Verwaltungsstil besonders verhaftet, teils ... ohne nennenswerten Einfluß ihrer Klienten Art und Umfang ihrer Dienstleistung und die Organisation ihrer Arbeit selbstherrlich ..." bestimmen (S. 206). Notwendigerweise ist unter solchen Voraussetzungen die Motivation gering, an hergebrachten Strukturen und der Organisation der Arbeit etwas zu verändern.

Team-Supervision

Bei Mitarbeitern im therapeutischen Sektor psychiatrischer Einrichtungen ist die Motivation, etwas zu verändern, oft hoch. Beim therapeutischen Personal - insbesondere bei ärztlichen und psychologischen Mitarbeitern in der Psychiatrie - besteht entsprechend oft ein ausgeprägter Bedarf an Supervision. Nicht selten verbindet sich mit dieser Nachfrage nach Supervision eine ungenaue Vorstellung von Team-Supervision, an die die Hoffnung geknüpft wird, das Klima der

Zusammenarbeit zu verbessern. Bei genauerer Prüfung des anstehenden Problembereiches, für den Supervision nachgefragt wird, stellt sich allerdings oft heraus, daß Team-Supervision dafür nicht unbedingt angezeigt ist.

Gerade im Zusammenhang mit Team-Supervision kommt es gelegentlich zu verwirrenden Unklarheiten und manchmal auch zu im besten Fall wirkungslosen, im schlimmsten Fall schädlichen Aktivitäten.

Team-Supervision ist dem Gegenstand und der Methodik nach vergleichbar mit Institutionsberatung für einen umschriebenen Sektor innerhalb einer größeren Einrichtung bzw. für eine Gruppe von Personen, die arbeits- und funktionsteilig an einem gleichen Gegenstand auf ein gemeinsames Ziel hin tätig sind. Team-Supervision soll dazu beitragen - und kann es auch -, daß die in einem Team verabredeten Wege der Kooperation, die vereinbarten Zuständigkeiten und Verantwortlichkeiten, die abgesprochenen Wege und Befugnisse bei Entscheidungen, die festgestellten Kompetenzunterschiede und die zugestandenen Autoritätsbefugnisse im Sinne des gemeinsamen Zieles effektiv wahrgenommen und durchgeführt werden können. Team-Supervision ist dementsprechend dort angezeigt, wo es darum gehen soll, zu erkennen und zu verstehen, welche Hindernisse einer solchen effektiven Aufgabenerfüllung eines Teams im Wege stehen und welche Ursachen es für diese Hindernisse gibt. Ziel ist, daß die einschränkenden Bedingungen zugunsten größerer Effektivität beseitigt werden können, was allerdings voraussetzt, daß die Hindernisse auch im Bereich von Kooperation und Kommunikation im Team selbst liegen.

Damit das funktioniert, muß eine Voraussetzung gegeben sein, die tatsächlich oft nicht erfüllt ist, was dann wiederum zur Folge hat, daß Team-Supervision notwendigerweise ineffektiv bleibt: Es muß ein Team geben!

Diese Feststellung ist weniger trivial, als es auf den ersten Blick den Anschein hat. Denn tatsächlich wird nicht selten als "Team" bezeichnet, was lediglich eine Mehrzahl von Personen ist, die miteinander arbeiten und die, wenn sie von Team-Arbeit sprechen, bisweilen nur eine mehr oder weniger vage Vorstellung von gleichberechtigter Kooperation oder von der Art ihrer Kooperation haben. Der Tendenz nach handelt es sich dann gerade nicht um ein Team, sondern um eine in sich wenig strukturierte Gruppe, in der Unterschiede von Autorität, Kompetenz, Verantwortung oder Entscheidungsbefugnis verwischt und geleugnet werden und die gerade deshalb nicht effektiv kooperieren kann, weil sie in sich wenig differenziert und strukturiert ist. In einem Team im eigentlichen Sinne dagegen ist die Aufgabenerfüllung arbeitsteilig organisiert, sind Rollen und Funktionen so eindeutig wie möglich differenziert und vorhandene Qualifikations-, Erfahrungs- und Kompetenzunterschiede, Zuständigkeiten, Autorität, Macht, Verantwortung usw. klar unterschieden und festgelegt.

Im Hinblick auf Team-Supervision bedeutet das, daß klare und eindeutig identifizierbare Vorstellungen im Sinne einer Modellvorgabe für Teamarbeit vorauszusetzen sind. Es muß ein Modell entwickelt sein, wie die kooperativ zu bewältigende Arbeitsaufgabe erreicht und wie zu diesem Zweck verschiedene Aufgaben, Kompetenzen, Verantwortung usw. verteilt sein sollen, anders ausgedrückt: wer was wie mit wem im Hinblick auf welches Ziel zu tun hat.

Fehlt dagegen ein Modell für Teamarbeit - und das ist tatsächlich häufig der Fall - dann gibt es für Team-Supervision weder einen eindeutigen Gegenstand noch besteht die Möglichkeit, zu einer Strategie zu kommen, weil ein anzusteuernder Soll-Wert fehlt. Unter solchen Umständen besteht die Gefahr, daß Supervision zu einer Art diffuser Selbsterfahrungsveranstaltung wird, was sich dann wiederum eher destruktiv auf die schon entwickelte Kooperation innerhalb einer Mitarbeitergruppe auswirkt. Zweifellos sind auch Selbsterfahrungsbedürfnisse von Mitarbeitern in psychiatrischen Einrichtungen legitim und verlangen ernstgenommen zu werden. Sie können aber nicht und sollten auch nicht im Rahmen von Supervision behandelt werden. Ein Supervisor, der in einer psychiatrischen Institution Team-Supervision durchführt, sollte sich verpflichtet fühlen, dies unzweifelhaft klarzustellen und seine Methodik entsprechend auszuwählen.

Schließlich ist Team-Supervision auch nicht geeignet, Kooperations- und Kommunikationsprobleme in einem Team verstehen und lösen zu helfen, die ihren Ursprung nicht in der Gruppe der Team-Mitarbeiter selbst haben, sondern die auf die Rahmenbedingungen zurückzuführen sind, unter denen ein Team arbeitet.

Ebenso können Probleme, die sich aus der hierarchischen Verteilung von Macht und Entscheidungsbefugnissen innerhalb der Gesamteinrichtung herleiten, auch wenn die heimliche Erwartung manchmal dahin geht, im Rahmen von Team-Supervision genausowenig gelöst werden wie die Probleme, die eine Folge individueller Kompetenzmängel sind.

Sind die notwendigen Voraussetzungen allerdings erfüllt, gibt es insbesondere ein Modell für mögliche Team-Arbeit, dann kann Team-Supervision die im psychiatrisch-therapeutischen Bereich Tätigen dabei unterstützen, daß sie ihre Aufgaben, ihre Funktionen und ihre Verantwortung im Sinne der gemeinsamen Teamaufgabe eindeutig wahrnehmen und daß sie effektiver kooperieren können.

Natürlich kann ein Berater auch hinzugezogen werden, um eine Gruppe von Mitarbeitern in einer psychiatrischen Versorgungseinrichtung dabei zu unterstützen, ein effektiv kooperierendes Team aufzubauen. Das ist aber weder der eigentliche Gegenstand noch das

Ziel von Team-Supervision, sondern ein spezieller Auftrag an einen Berater oder Supervisor.

Fallzentrierte Supervision

Während sowohl bei Institutionsberatung wie auch bei Team-Supervision Gegenstand die auf eine gemeinsame Aufgabe und ein gemeinsames Ziel hin ausgerichtete Kooperation und Kommunikation von Mitarbeitern untereinander ist, steht bei der sogenannten fallzentrierten Supervision das fachlich bestimmte Handeln des professionellen Helfers einem Patienten gegenüber im Mittelpunkt. Fallzentrierte Supervision - soweit man hier überhaupt von Supervision und nicht von Unterrichtung oder Weitergabe von Kompetenz sprechen will - meint die Anleitung und Kontrolle, die ein relativ wenig erfahrener Arzt, Pfleger, Sozialarbeiter o.a. von einem relativ Erfahrenen bekommt, um notwendiges praktisches Fachkönnen zu erwerben. In diesem Sinne handelt es sich um fallzentrierte Supervision auch dort, wo etwa ein Oberarzt seine Weiterbildungsaufgaben im Sinne von Kompetenzvermittlung gegenüber ihm unterstellten Assistenten wahrnimmt. Der Supervidierte soll seinem schon vorhandenen Wissensvorrat fachliches praktisches Spezialwissen hinzufügen. Im Gegensatz zu anderen Supervisionsmethoden finden sich bei der fallzentrierten Supervision dementsprechend auch am ausgeprägtesten Elemente von Anleitung, Anweisung, Informationsübermittlung, Beratung und Kontrolle.

Der Bereich der von den Arbeitsaufgaben bestimmten kooperativen Beziehungen von Mitarbeitern untereinander ebenso wie die Beziehungen der professionellen Helfer zum psychiatrisch kranken Patienten bleiben bei der fallzentrierten Supervision notwendigerweise ausgespart. Das ist meist deshalb erforderlich, weil ein Mitarbeiter sich seinem Vorgesetzten gegenüber nicht freimütig über seine Gefühle oder Fantasien wird äußern können, die ihn in seiner therapeutischen Arbeit mit einem Patienten beschäftigen und ihn möglicherweise beunruhigen oder beschämen.

Auch für fallzentrierte Supervision im psychiatrischen Versorgungsbereich könnte man unter Umständen einen externen Berater hinzuziehen. Im allgemeinen sollte diese Aufgabe aber primär mit den fachlichen Ressourcen der Klinik selbst bewältigt werden können.

Balint-Methode

Für die Untersuchung der Beziehung von professionellen Helfern in der Psychiatrie zu ihren Patienten dürfte die Balint-Gruppenmethode das am besten geeignete Supervisionsverfahren sein.

Diese Methode wurde von dem Psychiater und Psychoanalytiker *Michael Balint* ursprünglich als ein "Diskussionsgruppenseminar über psychologische Probleme in der Allgemeinpraxis" entwickelt. Ziel dieser Seminare war die Erforschung der "Pharmakologie der Droge Arzt" (*Balint*, 1957, S. 16) und "die möglichst gründliche Untersuchung der ständig wechselnden Arzt-Patient-Beziehung" (S. 19).

Seit ihren Anfängen hat sich die Balint-Gruppenmethode zu einem bewährten Fortbildungsinstrument entwickelt nicht nur für niedergelassene Ärzte, für die sie ursprünglich gedacht war, für Klinikärzte (z.B. *Petri*, 1982; *Kreutz/Kraft*, 1084) oder für Studenten der Medizin (z.B. *Drees*, 1980; *Freyberger*, 1977; *Luban-Plozza*, 1979); Balint-Gruppen gibt es auch für Angehörige anderer Berufsgruppen wie Sozialarbeiter (z.B. *E. Balint*, 1959/60), Theologen (*Argelander*, 1973), Lehrer (z.B. *Hellwig*, 1979) u.a.

In einer Balint-Gruppe, die im Durchschnitt eine Größe von 8-10 Teilnehmern hat, berichtet ein Teilnehmer spontan über seine Erfahrungen und Erlebnisse, die er mit einem Patienten bzw. Klienten in seinem Tätigkeitsfeld gemacht und gehabt hat. Daraus entwickelt sich in der Gruppe eine Diskussion über die Beziehung des Teilnehmers, von dem der Bericht stammt, zu seinem Patienten bzw. Klienten.

Der Balint-Gruppenleiter hat u.a. die Aufgabe, mit Hilfe der Beobachtungen und Einfälle in der Gruppe und mit Unterstützung der anderen Gruppenteilnehmer die Verschränkung von Übertragungen und Gegenübertragungen und die dem Arzt, dem Pfleger, dem Sozialarbeiter nicht bewußten inneren Haltungen zu untersuchen und verstehbar zu machen, wie sie sich auf die jeweilige Beziehung zu dem Patienten bzw. Klienten auswirken. Ziel dieser Gruppenarbeit ist - in *Balint*s eigenen Worten : " ... den Ärzten zu helfen, sensibler zu werden für das, was bewußt oder unbewußt in der Psyche des Patienten vor sich geht, wenn Arzt und Patient zusammen sind" (1957, S. 403). Das gelingt Balint zufolge dann, wenn es zu einer "zwar begrenzten, jedoch wesentlichen Umstellung in der Persönlichkeit" (1968, S. 688) des jeweiligen professionellen Helfers kommt.

Die Balint-Methode ist ein Verfahren angewandter Psychoanalyse, mit dessen Hilfe unbewußte Anteile einer Beziehung untersucht und verstanden werden sollen, um sie ggf. verändern zu können.

Im Hinblick auf ihre Anwendung im Bereich klinischer Psychiatrie wird gelegentlich der Einwand laut, unbewußte Beziehungselemente vom professionellen Helfer zum psychiatrisch kranken Patienten zu verstehen sei für die Behandlung psychiatrischer Krankheiten unwichtig oder allenfalls von peripherer Bedeutung, da insbesondere psychoanalytisch zu erfassende Gesichtspunkte bei der Entstehung und Aufrechterhaltung psychiatrischer Erkrankungen nicht beteiligt seien, eine Haltung allerdings, die " ... meist die Rationalisierung einer gefühlshaften Entwertung der Patienten" ist (*Rosin/Baur-Morlock*, 1984, S. 130). Tatsächlich strebt die Balint-Gruppenarbeit nicht an, daß praktische Ärzte fachpsychotherapeutisch tätig werden oder daß Sozialarbeiter, Juristen oder Verwaltungsbeamte Elemente der psychoanalytischen Praxis in ihre Tätigkeit aufnehmen.

Es wird in der Balint-Gruppenarbeit vielmehr angestrebt, diejenigen Anteile in der Beziehung zu einem Patienten oder Klienten zu erkennen und zu verstehen, die den uneingeschränkten Einsatz und das Wirksamwerden der jeweiligen fachspezifischen und professionellen Kompetenz des Arztes, des Sozialarbeiters, des Juristen, des Verwaltungsbeamten usw. behindern (vgl. *Rosin*, 1981). Es soll nach Möglichkeit erreicht werden, daß der jeweilige Helfer nicht aus ihm selbst unbemerkt bleibenden Gründen handelt, die in seiner affektiven Beziehung zu dem Patienten oder Klienten liegen; er soll - so das von *Balint* formulierte Ziel - seine Gefühlsreaktionen bemerken können, auch wenn sie ihn beschämen, er sie für verwerflich hält und geneigt ist, sich dafür zu verurteilen, um diese Gefühlsreaktionen zur Krankheit des Patienten in Beziehung setzen zu können. Nur dann wird zu verhindern sein, daß er aus nicht wahrgenommenen Gefühlsreaktionen heraus handelt oder notwendige Aktivitäten und Handlungsweisen unterläßt.

Rahmenbedingungen für Supervision im psychiatrischen Krankenhaus

Wer Supervision oder Balint-Gruppenarbeit in psychiatrischen Versorgungseinrichtungen durchführt, sollte mit den objektiven Rahmenbedingungen der jeweiligen Institution einigermaßen vertraut sein.

Die personelle Ausstattung im ärztlichen und im Pflegepersonal-Bereich ist in weiten Teilen psychiatrischer Krankenhäuser nach wie vor unzureichend. Das hat zur Folge, daß Pflegepersonal und Ärzte oftmals nicht nur psychisch, sondern bereits rein zeitlich überfordert wären, wollten sie sich auf jeden ihrer Patienten in ihrem jeweiligen Zuständigkeitsbereich emotional wirklich einlassen. Auch die Personalfluktuation ist in psychiatrischen Kliniken - mitbedingt durch Teilzeitarbeit und häufige Schichtdienste - oftmals dermaßen hoch, daß es illusionär wäre, Beziehungen von professionellen Helfern und psychiatrisch kranken Patienten mit hoher Konstanz anzustreben. So ist es in vielen psychiatrischen Kliniken beispielsweise kaum möglich, einem einzelnen Patienten eine feste Bezugsschwester bzw. einen Bezugspfleger zuzuweisen, obwohl das therapeutisch sinnvoll und vielfach notwendig wäre. Auch die Verantwortung für einzelne Patienten ist oftmals aufgeteilt und aufgesplittert, besonders da, wo Mitarbeiter verschiedener Berufsgruppen gleichzeitig an der Behandlung des Patienten beteiligt sind. Und schließlich wird von administrativer Seite in psychiatrischen Krankenhäusern vielfach in den therapeutischen Sektor eingegriffen - etwa im Zusammenhang mit Fragen der Belegung, der Verweildauer oder der Personalplanung.

Verbesserte objektive Rahmenbedingungen verbessern nicht unbedingt die Kooperation und Kommunikation der professionellen Helfer untereinander und die therapeutischen Beziehungen zu den ihnen anvertrauten Patienten. Gelegentlich werden Schwierigkeiten in der Kooperation und Kommunikation auf schwierige objektive Rahmenbedingungen zurückgeführt, obwohl die Gründe für diese Schwierigkeiten nicht in den objektiven Bedingungen liegen; auch mit solchen, manchmal schwer als solche zu durchschauenden Rationalisierungen muß der Supervisor rechnen.

Auf der anderen Seite muß er wissen, daß sich die objektiven Bedingungen im psychiatrischen Krankenhaus notgedrungen und unter Umständen in massiver Weise auf die kooperativen Arbeitsbeziehungen und auf die Beziehungen zwischen therapeutischem Personal und Patienten auswirken. Intensivere, konstante, ausreichend haltende und ausreichend tragfähige emotionale Beziehungen brauchen auch bestimmte, in psychiatrischen Krankenhäusern nicht immer gegebene äußere Bedingungen, um so hergestellt werden und sich so entwickeln zu können, wie es therapeutisch notwendig und wünschenswert wäre. Begegnungen von professionellem Helfer und Patient bleiben - weil es manchmal anders nicht geht - flüchtig und oberflächlich; in anderen Fällen müssen auch hier die objektiven Bedingungen als Rationalisierungen herhalten, um kontaktvermeidende Angst vor intensiveren und dichteren Beziehungen zu psychiatrisch kranken Patienten auf seiten mancher professioneller Helfer zu begründen.

Unter schwierigen objektiven Rahmenbedingungen finden beide Seiten - professionelle Helfer wie psychiatrisch kranke Patienten - ihren notwendigen psychischen Schutz manchmal notgedrungen nur noch in wechselseitiger emotionaler Distanzierung. Solche emotionale Distanzierung findet ihre Ergänzung dann in der Tendenz, das psychiatrische Kranksein des Patienten alleine im Medium psychopathologischer Deskription und damit in einer - wie *Balint* es nennt - Ein-Personen-Psychologie zu begreifen, in der die *wechselseitige* Beziehung von professionellem Helfer und psychiatrisch Krankem - das wäre eine Zwei-Personen-Psychologie - keinen Platz hat.

Ist der Supervisor mit den objektiven Rahmenbedingungen der jeweiligen psychiatrischen Institution nicht einigermaßen vertraut, kann er Gefahr laufen, den Einfluß der äußeren, institutionellen Realität auf die affektiven Beziehungen im psychiatrischen Krankenhaus zu unterschätzen, manchmal aber auch zu überschätzen, und er kann Gefahr laufen, die Gründe für etwaige Störungen und Beeinträchtigungen in den Beziehungen von professionellen Helfern zu dem psychiatrisch kranken Patienten nicht richtig zu beurteilen.

Die professionellen Helfer in der klinischen Psychiatrie stehen unentwegt vor schwerwiegenden emotionalen Belastungen. Der tägliche Umgang mit psychiatrisch Kranken weckt oft heftige Affekte, Konflikte und Fantasien. Davor schützen sie sich nicht nur mit Hilfe intrapsychischer Abwehr- und Anpassungsmechanismen; auch die vielfältigen sozialen Subinstitutionen im psychiatrischen Krankenhaus sowie die eingespielten, habituellen und professionell bestimmten Rollen und die Art und Weise, wie die verschiedenen kooperativen und therapeutischen Beziehungen gestaltet werden, können psychosoziale Schutz- und Abwehrfunktionen haben. Hier kann und sollte Supervision hilfreich und unterstützend zur Seite stehen mit dem Ziel, daß die professionellen Helfer in der Psychiatrie ihr Handeln und ihre Beziehungen nicht von solchen unbemerkten Anteilen einengen müssen, sondern ihre vorhandene professionelle Kompetenz uneingeschränkt zum Wohl des psychiatrisch kranken Menschen einsetzen können.

Literatur

Argelander, H.: Balintgruppen-Arbeit mit Seelsorgern, in: Psyche 27 (1973) 129-150.

Balint, E.: Gruppenmethoden bei der Fortbildung von Sozialfürsorgern, in: Psyche 13 (1959/60) 230-239.

Balint, M.: Der Arzt, sein Patient und die Krankheit. Klett, Stuttgart, 3. Aufl. 1965.

Balint, M.: Erfahrungen mit Ausbildungs- und Forschungsseminaren, in: Psyche 22 (1968) 679-688.

Drees, A.: Balint-Gruppen mit Medizinstudenten, in: Materialien zur Psychoanalyse und analytisch orientierten Psychotherapie 3 (1980) 217-241.

Drees, A.: Balintgruppen in Institutionen, in: Gruppenpsychother. Gruppendyn. 20 (1984) 76-86.

Freyberger, H.: Balint-Gruppenarbeit mit Studenten im Rahmen klinisch-psychosomatischer Krankenversorgung, in: Therapiewoche 40 (1977) 7076-7091.

Fürstenau, P.: Institutionsberatung. Ein neuer Zweig angewandter Sozialwissenschaft, in: *ders.*, Zur Theorie psychoanalytischer Praxis. Psychoanlytisch-sozialwissenschaftliche Studien. Klett-Cotta, Stuttgart 1979, S. 201-216.

Heintel, P.: Institutions- und Organisationsberatung, in: *A. Heigl-Evers/U. Streeck* (Hrsg.): Die Psychologie des 20. Jahrhunderts, Bd. VIII: Lewin und die Folgen. . Kindler, Zürich 1979, S. 956-965.

Hellwig, A.: Balint-Gruppenarbeit mit Lehrern, in: Gruppenpsychother. Gruppendyn. 14 (1979) 257-265.

Kreutz, v. P./Kraft, H.: Klinikinterne Balint-Seminare mit Assistenzärzten in nervenärztlicher Weiterbildung. Ein Werkstattbericht, in: Psychiatr. Praxis 11 (1984) 92-97.

Krüger, H.: Therapeutische Gemeinschaft, in: *Kisker/Meyer* u.a. (Hrsg.): Psychiatrie der Gegenwart. Forschung und Praxis III: Soziale und angewandte Psychiatrie.Springer, Berlin/Heidelberg/New York 1975.

Luban-Plozza, B.: Zehn Jahre Balint-Gruppen mit Studenten, in: Deutsches Ärzteblatt 9 (1979) 585-590.

Petri, K.: Balint-Gruppen mit Klinikärzten, in: Psyche 36 (1982) 830-847.

Rosin, U.: Lernbarrieren und Widerstände in der Balint-Gruppenarbeit mit Psychiatern, in: Gruppenpsychother. Gruppendyn. 16 (1981) 360-382.

Rosin, U./Baur-Morlok, J.: Zur Sozialisation von Psychiatern in Balint-Gruppen, die von einem Psychoanalytiker geleitet werden, in: Gruppenpsychother. Gruppendyn. 20 (1984) 126-140.

Klaus Dörner

Psychiatrische Erstbegegnung - in Würde

Meinen Ausführungen lege ich fünf psychiatrische Konzepte zugrunde, die inzwischen einigermaßen bekannt geworden sind, weshalb ich sie voraussetze:

a) Der Begriff der "besonderen Entwicklung" im Unterschied zum Krankheitskonzept, wie vor allem von *Manfred Bleuler* beschrieben (z.B. in *Dörner* 1987).

b) Das Konzept der "besonderen Verletzbarkeit" psychiatrischer Patienten, vor allem in den Schriften von *L. Ciompi* nachzulesen.

c) Die Vorstellung, daß psychiatrische Symptome ihren Sinn hauptsächlich darin haben, daß jemand sich durch solche Symptome in einer unerträglichen Situation schützt - ein altes psychoanalytisches Konzept.

d) Das Konzept von der gleichrangigen Bedeutung der Angehörigen eines psychisch Kranken, also die Vorstellung, daß jede psychiatrische Situation zumindest aus drei unterschiedlichen Menschen besteht: dem psychisch Kranken, dem Angehörigen und dem psychiatrisch Tätigen.

e) Und schließlich das Konzept von der "tätigen Gemeinschaft", womit noch einmal *Manfred Bleuler* die Frage, was wohl ein schizophrener Mensch braucht, mit einem Wort beantwortet.

Da eine psychiatrische Erstbegegnung in aller Regel gegen den Willen des einen Beteiligten stattfindet - gleichgültig, ob es sich auf dem Papier, also juristisch, um eine freiwillige oder unfreiwillige Begegnung handelt -, ist die Berücksichtigung der Würde dieser Begegnung stets besonders schwierig, bedarf also insbesondere des Nachdenkens über die eigene Haltung einer solchen Begegnung gegenüber. Soll "Würde" nicht nur ein frommer Sonntagsspruch bleiben, ist zu fragen, unter welchen Bedingungen ich als psychiatrisch Tätiger arbeite. Wenn ich mich auf Herrn *Scharfetter* (in diesem Band) beziehe, stelle ich mir vor, daß ich einem so hohen Anspruch nur dann gerecht werden kann, wenn die Relation zwischen Arzt und Patient oder zwischen Therapeut und Patient nicht höher ist als 1 : 5. Bei uns in der Westfälischen Klinik Gütersloh ist die Relation zwischen Arzt und Patient aber nicht einmal 1 : 22, in den hessischen Landeskrankenhäusern 1: 19. Unter diesen Bedingungen ist Würde nicht zu haben. Ich unterstelle für die Forderungen, die in meinen

Ausführungen enthalten sind, eine Relation zwischen Arzt und Patient von 1 : 10. Dies dürfte das Minimum sein, das die Verwirklichung von Würde in der psychiatrischen Erstbegegnung zumindest möglich macht.

Die folgenden Gedanken, die ich in 12 Punkte gliedere, werden am besten als eine Art von Handwerksregeln aufgefaßt, also praxisnäher gedacht als ein theoretisches Konzept und dennoch vom Anspruch einer gewissen allgemeinen Anwendbarkeit getragen:

1. Ich muß die Begegnung wollen. Das ist keine Selbstverständlichkeit. Die Intensität des Wollens hängt u.a. auch von meinen Arbeitsbedingungen ab, jedoch auch und vor allem von meiner inneren Bereitwilligkeit. Hierzu ein Beispiel: Nachdem ich 20 Jahre lang über die psychiatrische NS-Verfolgung geschrieben hatte, fragte mich anläßlich einer Pressekonferenz zu unserer Gütersloher Fortbildungswoche über NS-Psychiatrie ein Journalist, ob ich denn auch mit den noch lebenden Opfern der psychiatrischen NS-Verfolgung gesprochen hätte. Selten hat mich eine Frage so bis ins Mark getroffen; denn ich war bis dahin nicht einmal auf den doch sehr naheliegenden Gedanken gekommen, mit den noch lebenden Zwangssterilisierten oder Euthanasiegeschädigten das Gespräch von mir aus zu suchen. Ich hatte es nicht wollen können. Mit Hilfe dieses und anderer Journalisten habe ich es seit 1984 nachgeholt, woraus die Bewegung zur Entschädigung der bisher ausgeschlossenen Verfolgten entstand. Seither kann ich nicht begreifen, warum ich diesen Schritt nicht schon 20 Jahre früher getan habe. So schwer kann es sein, eine Begegnung wirklich zu wollen.

2. Zum wirklichen Wollen einer psychiatrischen Erstbegegnung gehört es, daß ich geradezu fanatisch neugierig auf die Einzigartigkeit und Unterschiedlichkeit jedes mir bisher fremden Menschen bin. Noch vor der fachlichen Wahrnehmung, die mich dazu verführt, das Gleichartige bei verschiedenen Menschen zu sehen, muß meine Haltung geprägt sein von einem Menschenbild, das mir das Einmalige jedes Menschen zum Kostbarsten macht.

3. Damit ist klar, daß ich mich genügend um die Klärung meines Menschenbildes und um die Entwicklung eines philosophischen, "weichen" Rahmens für meine psychiatrische Erstbegegnung zu kümmern habe; tue ich das nicht, ergibt sich statt der Begegnung lediglich die an harten Fakten orientierte Verobjektivierung, Verwissenschaftlichung oder Versachlichung eines Menschen. Von Würde kann dann keine Rede mehr sein. Bei der Entwicklung meines Menschenbildes, das eine würdige Erstbegegnung ermöglicht, habe ich von dem allerelendsten, verzweifeltsten, kränksten, behindertsten oder bösesten Abweichler unter den Menschen auszugehen. Tue ich das nicht, sondern konstruiere ich mein Menschenbild von einem idealisierten oder

auch nur durchschnittlichen Menschen aus, dann habe ich alle Abweichler (und damit die Einmaligkeit jedes Menschen schlechthin)
bereits aus meinem Menschenbild ausgeklammert, d.h. zur Sache erklärt, versachlicht. *Jean Paul Sartre* hat dies wohl am prägnantesten
ausgedrückt - und zwar am Beispiel des besonders vollständigen Ab-
weichlers *Jean Genet*: "Denn man muß schon wählen: wenn jeder
Mensch der ganze Mensch ist, muß dieser Abweichler entweder nur
ein Kieselstein oder *ich* sein." (*Sartre*, 1982, S. 910).

4. In einem solchen philosophischen Rahmen habe ich den ewigen,
schwebenden Balance-Akt zwischen Möglichkeit und Wirklichkeit,
auch ohne Worte, auszudrücken, wenn man mich als offen erfahren
soll. Das hat sich für mich etwa folgendermaßen bewährt: "Wer du
bist und was du sagst, kann so sein, kann aber auch anders sein. Von
allem, was du sagst, denke ich mir vorsichtshalber auch das Gegenteil
dazu. Ich kann das von dir Gesagte zunächst mal nicht besser respektieren, als daß ich es für möglich halte. Erst durch unseren weiteren
Austausch entscheiden wir darüber, was wir aus dem unendlichen
Kreis des Möglichen auswählen, um daraus unsere Wirklichkeit herzustellen." Beispiele: Jedes eventuelle Stimmenhören, jede eventuelle
Wahn-Erzählung, aber auch jeder Bericht über eine Vergewaltigung
in der Kindheit. So entsteht in einer psychiatrischen Erstbegegnung
Wahrheit, von der die Richtigkeit nur ein Teil ist.

5. George Devereux hat in all seinen Schriften immer wieder einen
Gedanken zum Ausdruck gebracht: Wenn ich von einem Menschen
etwas Wahres wissen will, brauche ich mindestens zwei unterschiedliche Wahrnehmungen, Ideen, Denkmodelle. Gerade aus dem Unterschied zwischen mehreren Wahrnehmungen entwickelt sich das
Wahre. Beispiel: Es darf kein psychiatrisches Gutachten geben, in
dem nicht die Berichte mehrerer Menschen berücksichtigt sind.

6. Tritt mir in der psychiatrischen Erstbegegnung ein Individuum
gegenüber, so muß ich mir immer klarmachen: Es gibt gar kein Individuum, sondern was mir gegenüber tritt, ist ein Teil einer Familie,
einer Nachbarschaft, eines Arbeitskollektivs. Indem ich in eine solche
Begegnung eintrete, übernehme ich auch die Zuständigkeit für alle
Mitglieder der Familie, der Nachbarschaft, des Arbeitskollektivs, die
alle unter der Situation prinzipiell gleich viel leiden und die alle wieder zu sich selbst finden wollen. Zu jeder psychiatrischen Begegnungs-
situation gehören also mindestens drei unterschiedliche Menschen-
Sorten: ein psychisch Kranker, ein Angehöriger und ein psychiatrisch
Tätiger. Dadurch ist die psychiatrische Begegnung von vornherein nie
nur eine lineare Beziehung zwischen zwei Menschen, sondern immer
ein trianguläres, ein zirkuläres Gebilde, ein Feld unterschiedlicher
Wechselbeziehungen und ihrer jeweiligen materiellen Bedingungen,
also nur mit ökologischen Begriffen zu beschreiben. Ich tue also gut

daran, mir in jedem Einzelfall so etwas wie einen Haushalt im weitesten Sinne des Wortes vorzustellen.

7. Außer einer solchen räumlichen Vorstellung muß ich mir auch eine zeitliche Vorstellung meiner psychiatrischen Erstbegegnung machen. Ich darf nie denken, daß ich der zeitliche Nullpunkt einer Leidensgeschichte sei. Vielmehr muß ich mir stets vorstellen, daß in den Wochen, Monaten oder Jahren vor mir der betroffene Mensch und seine Angehörigen und andere Zugehörige miteinander umgegangen sind, daß zu einem bestimmten Zeitpunkt in dem vorliegenden Konflikt zwischen Menschen eine dritte Person, die normalerweise mit sympathischer Distanz einen Konflikt klärt (z.B. Freund, Freundin, Onkel, Nachbar), ausgereizt war oder eben gefehlt hat. Ich als psychiatrisch Tätiger trete also lediglich ein in die Rolle dieses Dritten mit sympathischer Distanz, weil der natürliche Kontext einen solchen Dritten nicht hergibt: Ich bin also immer nur Ersatzspieler und dies nur so lange, bis in dem natürlichen Kontext ein solcher Dritter sich wieder findet oder nicht mehr nötig ist.

8. Daher gilt für mich nach meiner Erfahrung das folgende Bild als besonders heilsame Leitvorstellung: In der Be-Gegnung be-gegnen sich Gegner. Was hat es mit einem solchen Sprachbild, das sich zumindest in sämtlichen mitteleuropäischen Sprachen findet, auf sich? Es drückt in der psychiatrischen Erstbegegnung die Anerkennung der grundsätzlichen Fremdheit des anderen aus - sowohl seine Würde als auch seine immer auch mögliche Bedrohlichkeit, die auszublenden einer der schlimmsten Fehler sein dürfte. Es drückt zugleich damit den Respekt vor der Andersartigkeit und Einzigartigkeit des anderen aus. Noch wichtiger: Ich drücke mit diesem Sprachbild aus, daß ich unterstelle, voraussetze und akzeptiere, daß der Andere etwas anderes will als ich. Das muß zunächst mal so sein, schon weil der Andere ein anderer ist. Umso mehr muß es in der psychiatrischen Erstbegegnung so sein, da sie fast immer auch eine unfreiwillige, eine Zwangs-Begegnung ist, die ich auf diese Weise nicht verleugne, was ein weiterer häufiger und schlimmer Fehler sein würde; denn der Zwangscharakter der Begegnung besteht auch dann, wenn ich beteuere, daß ich helfen möchte, und der andere beteuert, daß er Hilfe haben möchte. Weiter hat dieses Sprachbild den Vorteil, daß ich nicht der Faszination der Symptome erliege, was wieder ein schlimmer Fehler wäre. Denn ich muß mir klar machen, daß der psychisch Kranke mir gegenüber mit Hilfe seiner psychiatrischen Symptome die Aufmerksamkeit seiner Angehörigen eben auf diese faszinierenden Symptome und damit von sich selbst als auswegloser Person abgelenkt hat, um sich so zu schützen. Lasse ich mich ebenso durch die Symptome faszinieren, bin ich für den psychisch Kranken genauso unbrauchbar wie seine Angehörigen es auch schon geworden sind. Ich habe also zu signalisieren:

"Deine psychiatrischen Symptome gehören zu deiner grundsätzlichen Andersartigkeit gegenüber mir, werden insofern von mir respektiert, sind für mich aber nichts Aufregendes. Da ich die Begegnung mit dir wirklich will, interessiert mich an dir alles andere mehr als deine psychiatrische Symptomatik, die ich freilich als Ausdruck der Gegnerschaftlichkeit zwischen uns akzeptiere." Mit dem Sprachbild der Gegnerschaftlichkeit habe ich weiterhin die Chance, dem anderen folgendes zu sagen: "Wir beide wissen zunächst einmal nichts voneinander, also schicken wir Sonden in den Weltraum des anderen, testen ihn, tauschen Noten aus, kämpfen einen Kampf, spielen ein Spiel (Schach, Tennis, Skat, Fußball usw.), wobei es uns weniger auf Sieg oder Niederlage ankommt, wenn es jedem von uns auch erlaubt ist, den anderen aufs Kreuz zu legen; mehr kommt es uns darauf an - und darin besteht mein Angebot -, daß wir uns *durch das Spielen des Spiels,* in dem wir auch gemeinsame Regeln erfinden und akzeptieren, besser kennenlernen. Wir können unsere Begegnung auch mit dem Bild desjenigen Spiels vergleichen, das wir beide gern mögen." Und damit habe ich zumindest die Chance, meinen schlimmsten Fehler, nämlich das Helfer-Syndrom, zu vermeiden. Beispiel: Jeder kennt von sich Beziehungen, gerade bei Suchtkranken besonders deutlich, in denen wir den Eindruck haben, daß wir und der Andere sich von Anfang an wunderbar verstehen, wobei wir gar nicht wahrnehmen, daß dies nur um den Preis geschah, daß wesentliche Aspekte der Gesamtsituation ausgeblendet worden sind. Ich denke als psychiatrisch Tätiger, daß ich wunderbar therapeutisch wirksam bin. Und der andere erklärt mir: "So gut wie Sie hat mich noch niemand verstanden". Nur daß wir nach einer gewissen Zeit merken, daß das gar nicht stimmt, daß die Beziehung die eingangs beteuerte Freundschaftlichkeit und Nähe gar nicht trägt, daß eine Enttäuschung die andere jagt und daß der scheinbare Freund mich zunehmend ärgert und aggressiv macht, zu meinem Feind wird, den ich mir nur noch aus meinen Augen wünsche, ihn als unmotiviert entlassen oder in eine andere Einrichtung verlegen will. Die anfängliche Unterstellung einer Gegnerschaftlichkeit zwischen uns, die sich im Verlauf der Begegnung auch ändern kann, schützt mich davor, daß aus einem zu früh als Freund erklärten Menschen ein Feind wird. Anders ausgedrückt: Aus einer Distanz, die die Würde des anderen respektiert, kann Nähe werden; aber aus zu viel Nähe kann nie mehr eine konstruktive Distanz werden.

9. Deshalb ist auch die Äußerung "Ich verstehe dich" verboten. Sie ist nicht nur erkenntnistheoretisch unmöglich, sondern verfehlt auch den Auftrag unserer Begegnung. Etymologisch, also sprachgeschichtlich, kommt "verstehen" aus der Handwerkersprache: "Ich verstehe *mich* auf etwas, auf jemanden". Es gilt also: "In der Begegnung mit dir versuche ich, *mich* besser zu verstehen, um damit als Vorleistung oder

als Modell dir die Chance hinüberzuspielen, daß auch du dich besser verstehst." Denn der Auftrag des psychiatrisch Tätigen besteht nicht darin, daß der psychisch Kranke mich besser versteht - eines unserer häufigsten Mißverständnisse -, sondern daß er sich wieder besser versteht, daß er wieder mehr zu sich selbst kommt und sich und seine Situation wieder besser in die Hand nehmen kann.

10. Dasselbe gilt auf der Handlungsebene: "Ich kann und will dich nicht ändern, aber in unserer Handlungsbeziehung kann ich mich ändern und dir dadurch die Chance geben, daß auch du dich änderst." Nur auf diese Weise entsteht eine Subjekt-Objekt-Begegnung, damit Vertrauen und damit ein philosophisch schützender Rahmen davor, daß die oft auch notwendige Subjekt-Objekt-Behandlungsebene nicht zur wissenschaftlich-gewalttätigen Verobjektivierung eines Menschen führt, sondern im Rahmen der Subjekt-Subjekt-Begegnung sowohl ethisch als auch faktisch (compliance) getragen wird. Beispiel: medikamentöse Behandlung.

11. Die Gesprächsgegenstände der psychiatrischen Erstbegegnung müssen so sein, daß der andere sich primär nicht als psychisch Kranker, als Symptomträger, sondern als Person gemeint fühlen kann. Hierzu einige Beispiele aus meiner Erfahrung. Hilfreich ist mir zunächst immer der Begriff der "korrektiven Erfahrung" von meinem Lehrer *Jan Gross* gewesen: Da ich zu Anfang von dem anderen kaum etwas wissen kann, ist es gut, das Gespräch mit etwas wahrscheinlich Falschem zu beginnen, wenn ich dabei durch meine Haltung ausdrücke, daß ich jederzeit bereit bin, mich zu korrigieren. Das gibt dem anderen die Chance, meinen Irrtum auszuräumen, nein zu sagen; er erlebt mich als jemanden, der leicht etwas zurücknehmen kann, wodurch ich mich zugleich für ihn zum Modell dafür mache, es bei passender Gelegenheit auch zu versuchen, ohne glauben zu müssen, sich damit etwas zu vergeben - eine Erfahrung, die der andere möglicherweise schon seit Monaten nicht mehr gemacht hat. Fast immer gut ist es, ein Gespräch mit einer Frage nach der Heimat des anderen zu beginnen. Zunächst habe ich eine solche Information nachvollziehbar stets aus den Personalien des anderen. Sodann habe ich mit diesem Thema immer etwas, das einen hohen gefühlsmäßigen Wert für den anderen hat, ohne daß ich damit zugleich das Zentrum seiner Verletzbarkeit und seiner Schmerzhaftigkeit berührt habe. Voraussetzung: Ich muß stets neugierig sein können auf das Leben in einer Stadt oder einer Region, die mir bisher fremd waren. Ähnliches gilt für den Gesprächsbeginn mit einer Frage nach den Besonderheiten des Berufs oder der Arbeitssituation des anderen: Auch hier kann ich immer etwas lernen, kann mit meinem Interesse, mit meiner Neugier Glaubwürdigkeit und respektvolles Vertrauen gewinnen. Der andere fühlt sich nicht mitschiffs in seiner Unerträglichkeit des Lebens getroffen und bloßgestellt, wohl aber als Person mit ihrem biographischen Schicksal ernstgenommen.

12. Und schließlich noch zur Leitidee der "tätigen Gemeinschaft" von *Manfred Bleuler.* Alle Menschen können leichter sprechen, wenn sie währenddessen gemeinsam etwas tun; dann ist das Sprechen nicht so nackt. Dies gilt am meisten für die besonders verletzbaren psychisch Kranken, die auch darin besonders menschlich sind. Vielleicht ist daran die Bewegung der "therapeutischen Gemeinschaft" gescheitert, daß sie die Einbettung des gemeinsamen Sprechens in ein gemeinsames Handeln zu wenig beachtet hat, weshalb sie oft als Psychoterror empfunden und abgelehnt wurde - weniger von den mehr Gesunden, mehr von den mehr Kranken. Auch hierzu einige Beispiele: In einer Aufnahmestation pflegen die beiden Ärztinnen, wenn irgend möglich, das erste Gespräch mit einem neuen Patienten im Rahmen eines gemeinsamen Spaziergangs durch den Park zu führen: Man sitzt sich nicht gegenüber und muß sich in die Augen sehen, sondern man redet, indem man nebeneinander ein Stück des (Lebens-)Weges geht. In der Eppendorfer Tagesklinik haben wir Einzelgespräche, wenn irgend möglich, nur während der gemeinsamen Mahlzeiten geführt: das ist natürlicher, schonender, vertrauensstiftender und daher fruchtbarer. Habe ich es mit Langzeitpatienten zu tun, dann mache ich die Erfahrung, daß ich die Patienten während des gemeinsamen Jahresurlaubs besser kennenlernen kann als sonstwie; während des gemeinsamen Verrichtens der zahllosen Alltagshandlungen bekommen Gespräche die Qualität einer psychiatrischen Erstbegegnung in Würde, auch wenn ein Patient schon 40 Jahre im Krankenhaus oder im Heim ist. Die höchste Qualität haben Gespräche beim gemeinsamen Arbeiten. Wie es anthropologisch für alle Menschen gilt, so trifft es auch für psychisch Kranke und psychiatrisch Tätige zu, daß der Mensch sich am intensivsten durch Arbeiten verwirklicht. Und Arbeiten ist das Bearbeiten von Material, Natur, Sachen, während das "Arbeiten mit Menschen" immer nur beiläufig passieren darf, wenn die Würde gewahrt bleiben soll. Dies gemeinsame Arbeiten kann als Betreiben des Haushalts einer Station, als Krankenhaus-Arbeitstherapie, in einer Werkstatt für Behinderte, in einer Selbsthilfefirma oder einer Zuverdienstfirma erfolgen.

Wer das nicht glaubt, sollte es unbedingt testen und ausprobieren.

Literatur

Dörner, K.: Neue Praxis braucht neue Theorie. Verlag Jakob van Hoddis, Gütersloh 1987.

Sartre, J.P.: Saint Genet. Rowohlt, Reinbek 1982.

III

Die Erschöpfung utopischer Energien

Hans Heinze

Die Aufgaben eines psychiatrischen Landeskrankenhauses

Zum Tag der Psychiatrie

Das mir als den Psychiatriereferenten des gastgebenden Landes Niedersachsen gestellte Rahmenthema, die Aufgaben eines psychiatrischen Krankenhauses darzustellen und im übrigen auch eine Wechselbeziehung zum Anliegen des heutigen "Tages der Psychiatrie" herzustellen, ist ein Auftrag, der mit Sicherheit den mir zur Verfügung stehenden Rahmen sprengt. Lassen Sie mich aber betonen, daß ich einen wesentlichen Sinn dieses Symposions darin sehe, daß hier nicht nur Defizite im Hinblick auf die Umsetzung des Begriffes von der Menschenwürde im psychiatrischen Alltag aufgezeigt werden. Es erscheint mir ganz wesentlich - auch insofern schließt sich der Kreis der Themenstellungen -, aus den Ergebnissen dieser Tagung unser eigenes Tun und noch mehr unser eigenes Unterlassen kritisch zu hinterfragen.

Lassen Sie mich aufzeigen, daß wir in Niedersachsen im Haushalt 1988 bei den Ärzten und Diplompsychologen ein Verhältnis von 1 : 18,8 und im Pflegedienst ein solches von 1 : 2,5 erreicht haben. Wenn man die Gesamtzahl aller therapeutischen Mitarbeiter (insgesamt 2.777) in Beziehung zu der Gesamtzahl der Betten der psychiatrischen Landeskrankenhäuser mit jetzt 5.364 setzt, dann ergibt das einen Schlüssel von 1 : 1,9. Solche Feststellungen könnten mit den desolaten Zahlen vor 10 oder 12 Jahren verglichen und es könnte darauf hingewiesen werden, daß das Land Niedersachsen in dieser Zeit für Neubauten und Sanierungsmaßnahmen der Landeskrankenhäuser rund eine halbe Milliarde D-Mark aufgewendet hat.

Die Presseerklärung des Arbeitskreises der Leiter der psychiatrischen Krankenhäuser zum heutigen "Tag der Psychiatrie" unterrichtet die Öffentlichkeit über die noch vorhandenen Defizite in der Personalausstattung der Krankenhäuser. Lassen Sie mich dazu bemerken, daß niemand von uns diese Defizite bestreitet, lassen Sie mich aber auch darauf hinweisen, daß erst die Psychiatrieenquête 1975 zu einem Bewußtseinswandel der Verantwortlichen geführt hat. Ich glaube, daß die politischen Parteien und auch die maßgeblichen Kosten- und damit auch Verantwortungsträger in den Jahren des sogenannten Wirtschaftswunders unsere psychisch Kranken schlichtweg vergessen haben. Ich stelle mir aber auch die Frage nach dem Zusammenhang zwischen der Einstellung der kustodialen Psychiatrie und der Realisierung der Menschenwürde. Ich will in diesem Zusammenhang daran erinnern, daß in diesem Land die Würde und darüber hinaus die Existenz des psychisch kranken Menschen rassistischen Wertvorstellungen geopfert wurden.

Die heutige Situation trifft die Psychiatrie in einer nicht abgeschlossenen Phase ihres Umbruchs, insbesondere bei der Realisierung des unverzichtbaren Grundsatzes der Gemeindenähe der Versorgung und der Gleichstellung psychisch und körperlich Kranker. Es ist nicht zu bestreiten, daß im Entwurf des Gesundheits-Reformgesetzes psychiatrische Belange keine ausreichende Berücksichtigung gefunden haben, und zwar mit der Begründung, daß angeblich noch unzureichende Auswertungen von Modellen und Modellprogrammen die Festlegung exakter Formulierungen verhindert haben.

Die Bundesarbeitsgemeinschaft der Träger psychiatrischer Krankenhäuser, die Bundesdirektorenkonferenz und auch der von mir z.Z. geleitete Ausschuß der Psychiatrie-Referenten der Länder haben sich mit Nachdruck für eine Verbesserung der psychiatrischen Anteile in diesem Gesetz eingesetzt. Der Erfolg wird vom Ergebnis der weiteren Beratungen abhängen, darüber hinaus auch von einer breiten politischen Unterstützung, zu der - wie ich hoffe - auch diese Veranstaltung ihren Beitrag leistet.

Es gibt Wechselbeziehungen zwischen der Würde des psychisch Kranken, der Personalausstattung der Krankenhäuser und der Würde ihrer Mitarbeiter. Professor *Schreiber* (in diesem Band) hat den Erhalt der Würde des Menschen auch als Aufgabe der staatlichen Gewalt interpretiert. Er hat sich zwar gescheut, eine unmittelbare Verbindung zwischen dem Begriff "Menschenwürde" und seiner Übertragung auf konkrete Einzelfaktoren herzustellen. Ich glaube dennoch, daß die Verbesserung der Struktur unserer ambulanten und stationären psychiatrischen Versorgung einen unmittelbaren Bezug dazu hat.

Die Personalausstattung der psychiatrischen Krankenhäuser hat aber nicht nur einen quantitativen Aspekt. Die Qualifikation unserer Mitarbeiter bezieht sich vor allem auch auf die Form, wie sie ihren Umgang mit der ihnen zur Verfügung stehenden Macht am Begriff der Menschenwürde orientieren. Dieses Problem muß ein unverzichtbarer Anteil in allen Weiterbildungs- und Fortbildungsveranstaltungen sein. Die Würde der Mitarbeiter hängt aber auch zusammen mit der dringend notwendigen weiteren Aufwertung des Stellenwertes unseres pflegerischen Dienstes; ich kann insofern an Herrn *Veltin* (in diesem Band) anknüpfen.

Die Würde des psychisch Kranken als unverzichtbare Voraussetzung unserer täglichen Arbeit zu akzeptieren, bedeutet, auch die

Würde seiner Angehörigen zu respektieren, ihnen viel mehr als bisher Kompetenz in allen Phasen des therapeutischen Prozesses einzuräumen und in ihnen nicht nur Lieferanten für eine möglichst umfassende Vorgeschichte zu sehen.

Besonders kritisch dürfte es noch um die Akzeptanz der Würde unserer psychisch Alterskranken bestellt sein. Die hoffentlich bald in Kraft tretende Novellierung des Vormundschafts- und Pflegeschaftsrechts muß der Ausgangspunkt für wichtige Verbesserungen sein. Ich denke in diesem Zusammenhang an die Problematik abgeschlossener Pflegebereiche und an die noch immer unzulängliche Abgrenzung der Begriffe "therapeutische Freiheitsbeschränkung" gegenüber dem "Freiheitsentzug".

Die Grundsatzprobleme im Zusammenhang mit dem für die Aufgaben psychiatrischer Krankenhäuser wichtigen Anteil der Versorgung psychisch kranker Straftäter sind bekannt. Hier gibt es noch eine Fülle von Defiziten im Hinblick auf die Menschenwürde. Ich erinnere nur an die Entscheidung des Bundesverfassungsgerichts zum Grundsatz der Verhältnismäßigkeit der Unterbringung oder an die Untersuchungen über die Verweildauer im Maßregelvollzug vor allem auch bei sogenannten Bagatelldelikten.

Die Lage der stationär untergebrachten geistig Behinderten und die gesamte Situation im komplementären Heimbereich wäre ebenfalls unter dem Aspekt der Umsetzung des Begriffs Menschenwürde einer eingehenden Analyse zu unterziehen.

Ich hielt mich für verpflichtet, einige der politisch und administrativ wesentlichen Aufgaben aufzuzeigen, die sich aus den Ergebnissen dieses Symposions ableiten lassen. Sie wären noch durch die Feststellungen zu ergänzen, inwieweit unsere Unterbringungsgesetze und ihre Handhabung der Würde des einzelnen Betroffenen Rechnung tragen, und inwieweit auch hier dem Verhältnismäßigkeitsgrundsatz verstärkt zu entsprechen wäre.

Dies alles sind unverzichtbare Voraussetzungen, um die Aufgaben eines psychiatrischen Krankenhauses unserer gewandelten und sich weiter wandelnden Erkenntnis anzupassen. Denn nicht zuletzt hängt es doch wohl auch mit der Menschenwürde zusammen, ob man sich mit der Einrichtung personalverdünnter Pflegebereiche zur alten Heil- und Pflegeanstalt zurückbegeben will.

Der von uns in Niedersachsen eingeschlagene Weg einer mit einer Bettenreduzierung verbundenen Reklinifizierung ist nur dann erfolgreich, wenn den wesentlichen Gesichtspunkten der Gemeindenähe Rechnung getragen werden kann und die Krankenkassen unseren personellen Nachholbedarf anerkennen. Diese Reklinifizierung ist ein entscheidender Ausgangspunkt auch bei der Übertragung des Begriffes der Menschenwürde auf unsere Langzeit- und Alterskranken.

Der Streit um die Rolle der niedergelassenen Ärzte und Nervenärzte im Vergleich zu klinischen Institutionen hilft den psychisch Kranken und ihren Angehörigen nicht. Solche Feststellungen sollen die
Bedeutung von Institutsambulanzen oder Tageskliniken keinesfalls in
Frage stellen.

Der psychisch Kranke, der seelisch oder geistig Behinderte bedarf
des Schutzes, des Haltes und der Hilfen in seinem originären Lebens-
bereich. Darunter ist seine Familie zu verstehen, sofern diese noch
existiert oder leidlich funktionsfähig ist. Somit ist der Begriff von der
"Gemeindenähe der Versorgung" kein Selbstzweck und kein Schlagwort zur Entlastung der bisher weitgehend zuständigen Länder von
ihrer übergreifenden gesundheitspolitischen Verantwortung. Er ist
vielmehr eine nicht nur empirisch, sondern auch wissenschaftlich be-
gründete therapeutische Forderung.

Das psychiatrische Krankenhaus oder die psychiatrische Fachab-
teilung sind keine Dauerbleibe für den unserer Fürsorge anvertrauten
Personenkreis. Die psychiatrischen Krankenhäuser und Fachabteilun-
gen haben sich unter dem Grundsatz des "Nur-soviel-stationär-wie-
unbedingt-Nötig" auf primäre klinische Behandlungsaufgaben zu beschränken. Das bedeutet auch, daß Nachsorge nicht nur bei der Versorgung von Suchtkranken, sondern bei allen psychischen Erkrankungen eigentlich schon am Tage der Aufnahme beginnt und zwingend
die Einbeziehung aller vorhandenen oder zukünftigen Bezugspersonen erfordert. Dies gilt für die Familienangehörigen ebenso wie für
die Bezugspersonen im sonstigen sozialen und beruflichen Umfeld.

Tageskliniken, Institutsambulanzen und ähnliche Einrichtungen bilden ein wichtiges Glied einer Behandlungskette. Sozialpsychiatrische
Dienste, Selbsthilfe- und Angehörigengruppen sind für den Einzelfall
unverzichtbare Teilhaber therapeutischer und rehabilitativer Prozesse. Es erscheint mir dringend notwendig, die weitgehend eingeschlif-
fenen Auffassungen zu beseitigen, die von einem mehr oder weniger
unabhängigen Nebeneinander des stationären Behandlungsauftrages
von dem der niedergelassenen Ärzte bzw. Nervenärzte ausgehen. Ein
solches Nebeneinander ist weder volkswirtschaftlich noch gesund-
heitspolitisch vertretbar. Im Gegenteil ist endlich eine sinnvolle Zusammenarbeit auf allen Gebieten anzustreben. Es ist in diesem Zusammenhang zu fordern, die im Bereich der Sozialarbeit vorhandenen
Möglichkeiten, z.B. bei den Sozialpsychiatrischen Diensten, den Ge-
sundheits-, Sozial- oder Jugendämtern, auch den niedergelassenen
Ärzten und Nervenärzten zugänglich zu machen. Eine solche Forderung verkennt selbstverständlich nicht, daß es eine bestimmte, zahlenmäßig z.Z. dank beiderseitiger Verhärtungen nur ungenau zu quanti-
fizierende Gruppe sozial schwergestörter, erheblich verhaltensauffäl-
liger psychisch Kranker oder Abhängiger gibt, die zumindest die ge-

genwärtige Struktur der ärztlichen und nervenärztlichen Praxis überfordert und die nur von Institutsambulanzen oder sozialpsychiatrischen Diensten ambulant erfolgreich betreut werden kann.

Was die Fragen der Zusammenarbeit angeht, so muß sich die Erkenntnis verbreiten, daß es nicht dem Rotstift der Finanzminister, der Kämmerer oder demnächst vielleicht den Medizinischen Diensten überlassen werden kann, ob das Neben- und Gegeneinander verschiedener Versorgungsträger endlich, und zwar auf der Ebene der Kommunen, einer fachlich begründeten Aufgabenteilung und einer intensiven Zusammenarbeit weicht.

Das psychiatrische Krankenhaus ist a priori keine "Heimat" für Kranke oder Behinderte. Die Behauptung, durch die Reduzierung der Funktionen der psychiatrischen Landeskrankenhäuser auf Behandlungsaufgaben werde das viel beschworene "Heimatrecht" in Frage gestellt, und es würden damit inhumane Praktiken gefördert, ist oftmals nur eine Schutzbehauptung, wenn man der Notwendigkeit einer intensiven Befassung mit den Erfordernissen des Einzelfalls nicht gerecht wird, und die manchmal auch nur Inaktivität vertuscht. Der Konzentrationsprozeß auf die klinischen Aufgaben der Landeskrankenhäuser darf nicht auf dem Rücken der Betroffenen im Sinne einer reinen Fiskalpolitik ausgetragen werden. Er kann nur gelingen, wenn eine ausreichend qualifizierte und differenzierte Nachsorge sichergestellt ist. Diese besteht, das möchte ich betonen, keineswegs ausschließlich in der Notwendigkeit einer Entlassung in eine komplementäre Einrichtung, sei es in ein Wohn- oder Pflegeheim. Es ist vielmehr zum frühestmöglichen Zeitpunkt zu prüfen, welche anderen Möglichkeiten einschließlich der häuslichen Betreuung durch Mitarbeiter von Sozialstationen zur Unterstützung von Angehörigen etwa bei unseren psychisch Alterskranken bestehen. Oder es ist auch zu klären, ob Wohngemeinschaften in Anspruch genommen werden können, wenn die entsprechenden Voraussetzungen sichergestellt sind.

Alle damit verbundenen umfangreichen Aufgaben setzen zweierlei voraus: Einmal die Bereitschaft der Mitarbeiter der Landeskrankenhäuser, ihre aus einer jahrzehntelangen frustrierenden Entwicklung erwachsene, d.h. dadurch verständliche "Nabelschau" zu beenden, bei der das psychiatrische Krankenhaus der Mittel- und Ausgangspunkt aller therapeutischen und rehabilitativen Erwägungen bleibt. Trotz aller Schwierigkeiten muß Verständnis dafür geweckt werden, daß es keine neue oder keine zweite kustodiale Phase der Psychiatriegeschichte in unserem Lande geben darf. Auch dies hängt mit dem Begriff "Würde des Menschen im psychiatrischen Alltag" eng zusammen: Es gibt eine Gratwanderung zwischen der "totalen Fürsorge in der totalen Institution" und einem Bekenntnis zu dem von größeren Einflüssen nur begrenzt abhängigen, zumeist vorgegebenen persönlichen

Schicksal eines Menschen. Der Versorgungs- oder Behandlungsauf-
trag der Psychiatrie kann nur in Einzelfällen das ganze Leben eines
Menschen umfassen. Ich denke auch hierbei daran, ob wir nicht häufiger, als wir uns eingestehen, durch unsere Behandlung zu einer Verhinderung der doch wohl sehr hohen Spontanremissionsquote beitragen. Und leben manche Menschen, insbesondere auch chronisch Al-
koholkranke oder ein Teil unserer Schizophrenen, nicht manchmal
freier und ursprünglicher und sogar in einer gewissen Symbiose mit
sich selbst ohne Internierung als ein entmündigter oder in der Pfleg-
schaft stehender chronisch depravierter Alkoholkranker in einem ab-
gesonderten Spezialheim, nur weil wir davon ausgehen, daß ihm dort
Quellen zur Beschaffung alkoholischer Getränke nicht zur Verfügung
stehen? Auch hier sollte doch wohl der Mensch in seiner Würde das
Maß aller Dinge bleiben. Vielleicht haben die Juristen auch gar nicht
so unrecht, die uns Psychiater gelegentlich an das "Recht zur falsch
angelegten Lebensführung" erinnert haben. Denn was alles sonst trägt
eine Gesellschaft, wenn sie es nur tragen will?

Selbstverständlich ist eine weitere Voraussetzung für einen solchen
fortgesetzten, im übrigen schon seit Jahren in Gang gekommenen
Umstrukturierungsprozeß unserer psychiatrischen Krankenhäuser die
Frage nach der Akzeptanz des Begriffes "gemeindenahe Versorgung"
bei denjenigen, die politisch oder administrativ in den Kommunen
Verantwortung tragen. Ich bin dabei noch nicht generell optimistisch,
und ich hoffe vor allem, daß die anstehende Neuregelung der Verteilung der Sozialhilfelasten einen solchen Prozeß im positiven Sinne be-
schleunigen kann. Auch dies ist nur ein Teilaspekt bei dem Bemühen
um grundsätzliches Umdenken, wonach die Verantwortung nicht nur
für den somatisch kranken, sondern vor allem auch für den psychisch
kranken Mitbürger eine primäre Aufgabe seiner Gemeinde ist.

Meine Ausführungen mußten sich naturgemäß auf einige kritische
Aspekte beschränken. Dieses Symposion kann uns allen zu einer neu-
en Sicht unserer täglichen Arbeit verhelfen. Diese Sicht sollte auch
dazu beitragen, Mißtrauen zwischen denen, die die praktische Arbeit
im Alltag der Psychiatrie leisten, und denen abzubauen, die sich bemühen, die Voraussetzungen für das "Umwechseln der großen und
der kleinen Scheine" in eine der Menschenwürde verpflichtete Psychiatrie zu unterstützen. Nicht die Institution, sondern nur der kranke
und hilfsbedürftige Mensch ist Ausgangs- und Zielpunkt unserer Arbeit. Ich denke, daß dies nicht im Sinne des Leitthemas zu einer Erschöpfung utopischer Energien führt.

Wolf Rainer Wendt

Der Würde Raum

Ökologische und ethische Reflexionen

Der Titel meines Beitrags mag beim ersten Lesen etwas verwundern, weitet er doch das Augenmerk auf Würde zu einer Betrachtung eines situativen Horizonts aus, während es sich gewöhnlich eindimensional auf Personen richtet - auf die einen, denen Würde scheinbar umstandslos eignet, und auf die anderen, die sie ebenso umstandslos achten oder doch achten sollen. Aber das gewählte Thema bezeichnet präzise die Bindung *ethischer* Überlegungen an den *ökologischen* Ansatz, mit dem ich die Frage nach der Würde im psychiatrischen Alltag zu behandeln vorhabe. Ich hoffe auch, zeigen zu können, daß die *Utopie* von Menschenwürde, nirgendwo einen bestimmten Ort zu haben, dann eine Korrektur erfährt, wenn man sich um die Würde in konkreten Verhaltensräumen bemüht. So läßt sie sich nämlich als eine erzeugte Eigenschaft auffassen, mithin als ein fragiler Tatbestand, den Insider sich wechselseitig gönnen und dessen sie als einem Erzeugnis ihrer menschlichen tätigen Gemeinschaft teilhaftig werden. Derart hergestellt und unterhalten, erschöpft sich Menschenwürde und das Streben nach ihrer Wahrung und Pflege nicht in einer *Utopie*: Es gibt - und damit ist mehr gemeint als eine Metapher - zum Topos, wie man so von Würde spricht, den Biotop der Würde.

Aber sondieren wir zunächst einmal die Begriffe. Würde benennt die Ausprägung einer Geltung im sozialen Umgang. Mindestens zwei Menschen gehören dazu - und der Kontext ihrer Begegnung. Wir können zum Hervortreten von Würde beitragen, indem wir ihr Entfaltungsmöglichkeiten bieten und diese nicht etwa mindern. Der Würde mittelbar abträglich ist auch alles, was sonst ihrem Rahmen schadet. Die Eigenart individueller Menschen, auch die von Gruppen Gleichgesinnter, braucht Gelegenheit, sich in selbstbestimmter Weise tätig darzustellen und in dieser Darstellung anerkannt zu werden. Die Anerkennung realisiert die Würde. Das Wort verweist in seinem hergebrachten Gebrauch auf den Wert eines Menschen, wie jener in seinem *Ansehen* behauptet wird, und zwar sowohl vom Subjekt der Würde, der handelnden Person, wie von den anderen Menschen, die diesen Anspruch akzeptieren und gelten lassen. In *Grimms* Deutschem Wörterbuch lesen wir (Bd.30, Sp. 2079): "würde als eigenschaft und innerer besitz ist zugleich verbindliche norm des handelns, und in dieser eigenschaft voraussetzung der persönlichen selbstachtung, des selbstgefühls, der persönlichkeit überhaupt." Die Sprache hebt heute vorzüglich auf die ethische Natur von Würde ab - und verdeckt ihre ursprünglich *soziale* Natur als eine Auszeichnung, welche immer in einer Weise zwischen den Menschen differenzierte, die wir nachgerade in unserem humanistischen und sozialen Verständnis vom Menschenrecht auf eine Würde, die unantastbar ist, nicht mehr akzeptieren wollen.

Vor der in der Aufklärungszeit erfolgten Verallgemeinerung der Menschenwürde, wie sie nun in unserem Grundgesetz in Art. 1, Abs. 1 festgeschrieben ist, gab es den antiken Begriff der *dignitas*, mit dem die gebührende Achtung und politische Stellung bezeichnet wurde, die sich der römische Bürger durch verdienstvolles, der res publica gewidmetes Tun erwerben konnte. *Dignitas* bestand nicht in einer fixen Größe, sondern im höheren oder geringeren Maß der erreichten Anerkennung durch die Mitbürger (vgl. *Düring*, 1955, Sp. 1027). Im späteren christlichen Verständnis eignet Würde der Person als Geschöpf Gottes; insoweit können Menschen sie ihr nicht verleihen und sie ihr nicht nehmen. Aber die Person hat sich in ihrer Würde ihrerseits gegen sündhafte Anfechtungen zu bewähren. Sie erweist sich darin als sittliche, zurechnungsfähige Person. Die moderne Philosophie, vornehmlich *Kant*, hat daraus Würde als den inneren Wert destilliert, den der mündige, autonom handelnde Mensch bezeugt. Er verdient in seiner Menschlichkeit jederzeit und unter allen Umständen Achtung (vgl. *Giese*, 1975,S. 33 ff.).

Soweit der selbständige handlungsfähige Staatsbürger gemeint ist, kann man sich juristisch auf den *Unterlassungsanspruch* beschränken: Die Menschenwürde darf nicht angetastet werden. Praktisch ist aber schon unter normalen Umständen ein solcher Anspruch wenig wert, wenn die konkreten Lebensverhältnisse den Vollzug der Menschenwürde nicht oder nur unzulänglich gestatten. Soll das Würde-Postulat mehr sein als eine Aussage über die Unverfügbarkeit der sittlichen Person, dann spricht es notwendig auch ein *positives* Tun an, das erst den rechten Platz und die Gelegenheit für Menschenwürde schafft. Ihr Schutz impliziert also einen *Handlungsanspruch* (vgl. *Maihofer*, 1967, S. 36 ff.). Dem wird insonderheit dann nachzukommen sein, wenn wir nicht Bürger vor uns haben, die selbstaktiv und relativ unabhängig über ihr Leben bestimmen können, sondern im Gegenteil abhängige, stationär untergebrachte und in ihrer Zurechnungsfähigkeit oft eingeschränkte Menschen. Ihrer Würde kommt weniger Unterlassung als vielmehr bewahrendes und rehabilitatives Handeln zugute. Selbstverständlich soll es seinerseits nicht noch vorhandene Autonomie beeinträchtigen und nicht die persönliche Würde der Insassen verletzen. Aus diesem Grunde und aus dem vorgenannten der Förderung günstiger Verhältnisse und Gelegenheiten wird das gemeinte Tun vornehmlich ein Agieren in der Sphäre des Zusammenlebens, der Gemeinsamkeit, der Alltagsbesorgungen sein müssen. Ein solches Handeln, das dem Komplex der jeweiligen Lebenserfordernisse, seinem Raum gerecht wird, nenne ich ein *ökologisches*. Es vermag den ethischen Tatbestand der Würde in einem Sozialraum auszubilden, auch wenn einzelne Menschen darin wenig zu ihm beitragen und wenn ihrer Würde abträglichem Verhalten entgegengewirkt werden muß.

Aber wie? Die dahin zielenden Betrachtungen rechne ich in der Geschichte von Würde einer dritten Etappe zu. (1) Ursprünglich und für lange Zeit war Würde eine soziale Auszeichnung, erstrebenswert, aber nicht erreichbar für viele Menschen. (2) In der Moderne steht jedem bürgerlichen Subjekt nebst Freiheit und Gleichheit vor dem Gesetz die Menschenwürde zu, wiewohl sich danach zeigt, daß sie sich auf dem geraden Wege der individualistischen Autonomie und Mündigkeit nicht wirklich erreichen, jedenfalls im Zusammenleben nicht wahren läßt. (3) Auch in der Frage der Würde kommen wir nur weiter, wenn wir von aufklärerischen Illusionen Abschied nehmen, unsere Verstrickungen zugeben und in ihnen eine ziemlich unbeständige, immer nur behelfsmäßige Einrichtung dessen zu erhalten suchen, was wir eher *Würdigung* zu nennen Anlaß haben: eine Bewerkstelligung von Würde, die keiner einfach besitzt, die wir aber der Menschlichkeit und dem gemeinsamen Leben in einer fortwährenden Anstrengung gönnen.

Ein Handlungsrahmen für Würdigung

Der ökologische Zugang sei vorweg mit ein paar allgemeinen Hinweisen erläutert. Dem auf menschliche Verhältnisse gerichteten ökologischen Denken ist eigentümlich, daß es den *Lebenszusammenhang* - den persönlichen wie den gesellschaftlichen, in seiner zugleich physischen, sozialen und geistigen Ausdehnung - als räumlich und zeitlich gestaltete Verwicklung von wirksamen Beziehungen betrachtet. Die biologische Konzeption von Ökosystemen, Biotopen, Nischen usw. darf uns dabei durchaus leiten; in erster Linie kommt es aber auf das Verständnis von Ökologie als einer Lehre vom *Haushalt* der Natur an - für die Praxis: vom *Haushalten* jeweils hier und jetzt im Zuständigkeitsbereich unseres Handelns.

Die raumgreifenden Lebenstätigkeiten der menschlichen Gesellschaft - ihre Bewirtschaftung von Grund und Boden, menschliches Wohnen, die Errichtung öffentlicher Bauwerke und Anlagen, die Benutzung von Verkehrswegen, industrielle Tätigkeit und alle anderen gestaltenden Vorgänge in Ökonomie, Politik, Kultur und sozialem Geschehen - haben vielfältige Zusammenhänge und Abhängigkeiten geschaffen, die im ganzen und an jeder Stelle eine ökologische Betrachtung fordern. Diese Auffassung menschlicher Verhältnisse schließt, auch weil sie ohne Berücksichtigung natürlicher Lebenszusammenhänge ihren Zweck nicht erfüllen kann, an das bioökologische Verständnis an. Ich spreche jedoch von einem *ökosozialen* Ansatz, da sich im Falle der menschlichen Gesellschaft und ihrer Subsysteme das ökologische Denken auf sozial definierte, konstruierte und sich sozial auswirkende Prozesse bezieht (vgl. *Wendt*, 1982; *Wendt*, 1986).

Heißt ein Biotop eine Lebensstätte, eine örtlich abgegrenzte Lebensgemeinschaft, bestehend aus Individuen verschiedener Art, Tieren und Pflanzen auf einer organischen und anorganischen Grundlage, so können wir von einem *Soziotop* sprechen, wenn auf einer analogen Grundlage Menschen bzw. Gruppen von Menschen verschiedener Berufe und in sonstiger Funktion örtlich in einer charakteristischen Weise zusammenleben. Lokalitäten bzw. Milieus, in denen Menschen wohnen, arbeiten, ihre Freizeit verbringen, ständig miteinander auskommen müssen, weisen eine entsprechende Typik auf. Ein psychiatrisches Krankenhaus ist zweifellos ein derartig ausgezeichneter Handlungsraum. Ärzte, Schwestern, Pfleger und Patienten stehen in wechselseitig definierter und wirksamer Beziehung zueinander, wobei die ganze Einrichtung ihre Tätigkeit, deren Definition und Wirkung beeinflußt. Der institutionelle Innenraum aus miteinander umgehenden Leuten gehört weiteren Bezugsräumen an; der medizinische und sonstige dienstliche Betrieb spielt sich in einem gesellschaftlichen Umfeld ab, dem Behandler und Behandelte durch ihr Herkommen und andere Bindungen und Abhängigkeiten ständig ausgesetzt bleiben, selbst in den geschlossenen Abteilungen und in den Refugien der Therapie. Der Versuch, in diesem Beziehungsfeld die Würde und ihren Raum zu bedenken, bereitet darum einige Mühe - wie anders, wenn bei vorauszusetzendem guten Willen des Personals tatsächlich die Würde so oft verletzt und untergraben wird.

Daß und wie sie einzuräumen ist, lehrt in einem ersten Schritt das Studium der *Gelegenheiten*, die Würde gestatten. Dabei hat die Beobachtung ganz gewöhnlicher Verhältnisse heuristischen Wert. Jeder weiß, daß zu einem würdevollen Auftritt Platz gebraucht wird und auch Zeit - sowohl seitens des Menschen, dem an seiner Würde liegt, als auch seitens anderer Leute, die sie wahrnehmen. Ohne die Anwesenheit und Aufmerksamkeit der anderen tritt die gemeinte Eigenschaft ohnedies nicht in Erscheinung. Würde muß sich entfalten können. Es ist trivial, daß von Würde nicht die Rede sein kann im Gedränge des Feierabendverkehrs oder eines Sommerschlußverkaufs.

Ziemlich würdelos geht es zu in beengten Verhältnissen, in Warteräumen oder bei der Parkplatzsuche. Niemand wird auch in einem Popkonzert, im Freibad oder in einer Sportveranstaltung den geeigneten Ort dafür sehen, Würde zu zeigen bzw. andere Menschen richtig "zu würdigen". Wir bemerken weiter, daß es zumindest für diejenigen, die solche Orte gerne aufsuchen und Freude an dem Geschehen haben, dort nicht "unwürdig" zugeht. Manche Leute indes mögen es für "unter ihrer Würde" halten, sich an dem einen oder anderen Platz aufzuhalten. Täten sie es doch, ihr unangemessenes Verhalten ließe sie deplaciert erscheinen. Seine Persönlichkeit herauszukehren und zu erwarten, daß sie in ihrem Wesen wahrgenommen und geschätzt wird, ist nicht überall und immer situationsadäquat. Zeigt Würde sich in einem Achtung gebietenden Verhalten, müssen außer der Fähigkeit und Bereitschaft dazu gewisse Bedingungen für dessen Inszenierung vorhanden sein.

Sie verdienen selber, wenn sie angebracht sind, *würdig* genannt zu werden. Ich befinde mich hier in einer Versammlung und in einem Raum, dessen Gestaltung samt unserem gemeinsamen Verhalten einen "würdigen" Bezugsrahmen ergibt. Jeder mag für sich und wir könnten zusammen in einem Diskurs herausfinden, welche Aspekte und Nuancen dazu beitragen. Das Symposium, sein Gegenstand, wir Anwesenden sind dem Veranstalter und uns einige Würdigung wert. Ich denke, es ist nicht leichtfertig, diese Erfahrung zu übertragen: Halten wir eine psychische Erkrankung für einen *existentiell* bedeutsamen, die individuelle Person und ihre soziale Umgebung nachhaltig in Mitleidenschaft ziehenden Zustand, dann wird diese menschliche Situation ebenso in dem ganzen Handlungsraum, in der solchen Zuständen gewidmeten psychiatrischen Veranstaltung, angemessen anzuerkennen und zu achten sein. Am Maß der Inszenierung von Würde sind alle Mitwirkenden beteiligt: Ärzte in der Wahrnehmung der existentiellen Dimension der Krankheit, Pfleger in der Rücksicht auf die verletzlichen Eigenheiten der Patienten, diese in ihrem Unbeherrschtsein wie in den Zwängen, die sie sich antun, bestimmend für die Szenerie aber die Regisseure und Bühnenbildner der Psychiatrie.

Denen nun einzelne Ratschläge für die würdige Gestaltung der Verhältnisse in psychiatrischen Einrichtungen zu geben, fällt gewiß nicht schwer. In Anbetracht des engen Handlungsspielraums der Veranstalter empfiehlt sich jedoch ein Rekurs auf die ökologischen Bedingungen der Möglichkeit würdiger Verhältnisse. Der psychiatrische Raum wird von der Gesellschaft eingerichtet, den Fachleuten zur Verfügung gestellt. In seinem Haushalt setzen sich die gesellschaftlichen Verfügungen fort. Sie binden zunächst die Intendanz der Häuser. Die Regie mag allerdings mit einer überzeugenden Inszenierung auch neue, bessere Verfügungen erreichen, die wiederum würdigere

Verhältnisse gestatten. Ihre wesentlichen Züge hat zuvor die Theorie auszumachen.

Die Regulative Öffentlichkeit und Intimität

Die moderne Lebenskultur bringt in der Differenz von *Öffentlichkeit* und *Intimität* die Absonderung von Räumen mit sich und damit im Zusammenhang (Öffentlichkeit ist mit Indiskretion verbunden, Intimität verlangt Diskretion) eine Scheidung im Auftreten von Würde. Sie stellt sich in jeder Sphäre und an ihren Schnittstellen anders dar. Denken wir vergleichsweise an das ungeschieden würdevolle Benehmen bei den Angehörigen eines Naturvolkes: Ohne ihre Verhältnisse zu sehr zu idealisieren, können wir sagen, daß ein traditionsgeleitetes und ritualisiertes Zusammenleben in der Gruppe keine eigenen, gesonderten Räume oder auch Zeiten für so etwas wie Würde kennt. Nachgerade im negativen Fall der Ausstoßung eines Gruppenmitgliedes erweist sich die einheitliche Fassung von Verhalten und Platz: der Geächtete muß in verlassen. In der Fremde ist er würdelos; Befremden entzieht Würde, weil es den Menschen aus seinem sozialkulturellen Zusammenhang reißt. Wir bemerken diese Verbindung noch in der Praktik von Eltern, ein ungezogenes Kind "in die Ecke" zu stellen, und vertraut ist uns allen das Gefühl, bei plötzlicher tiefer Scham am liebsten "im Boden versinken" zu wollen. Verbergen bzw. Verschwinden des Unwürdigen soll die Würde bewahren; ihr Raum bleibt dabei ein ungeschieden einheitliches Milieu der Zugehörigkeit.

Er befriedigt zugleich das vitale Bedürfnis nach territorialer Abgrenzung. Wie andere Lebewesen brauchen auch Menschen einen gewissen Abstand voneinander, um sich nicht körperlich bedroht und in ihrer Handlungs- resp. Ellenbogenfreiheit beeinträchtigt zu fühlen. Ihr "persönliches Hoheitsgebiet" kennt unterschiedliche soziale und intime Distanzen, die je nach Situation eingehalten werden müssen. Sie erlauben die Auslegung (das Wort in beiderlei Bedeutung) der zwischenmenschlichen Beziehungen im Raum, die Dialektik von Fremde und Nähe, und sie sind auch eine Bedingung dafür, in Distanz zu sich selber die Gewalt über sich und seine Leidenschaften nicht zu verlieren. Im kollektiven Raum geregelten Umgangs sind jene Distanzen vorgeschrieben und selbstverständliche Gewohnheit; ihre Beachtung trägt dazu bei, daß alle Leute frei und unbeobachtet ihrer Wege gehen können.

Im Zuge moderner Individualisierungsprozesse hat sich die einfache Dichotomie eines Innenraums von Zugehörigkeit und Anstand einerseits und eines barbarischen Außenraums - auch des Souterrains, in dem man verschwinden kann - andererseits differenziert in mehr oder minder öffentliche und private bzw. intime Räume. Die Ausbildung von Würde heutzutage ist davon entscheidend mitbetroffen. Zwar hat auch der "wilde" und vormoderne Mensch eine Intimsphäre (wie *Hans-Peter Dürr* in "Nacktheit und Scham" eindrucksvoll belegt), aber es handelt sich doch um eine kollektive Verfügung von Anstand und nicht um die kollektive Unverfügbarkeit *individueller Räume*. Wir dagegen leiten aus der Menschenwürde die Unverletzlichkeit der Wohnung her, und innerhalb der Wohnung zeichnet die gute Sitte Zonen größerer Privatheit und Intimität aus. Komplementär dazu ist im öffentlichen Raum der Schutz vor Zudringlichkeit weitgehend verlorengegangen.

Man weiß sich darin beobachtet und zur Schau gestellt, dem allgemeinen Getriebe ausgesetzt und festgelegt auf gerade passable Rollen. Von Würde muß nicht die Rede sein. Solange der persönliche Auftritt in der Öffentlichkeit aber Geltung bringt und Ansehen, es jedenfalls nicht beschädigt, wird die andauernde Sichtbarkeit nicht als Nachteil empfunden. Der narzißtische Charakter weiß sich zu produzieren. Wir halten gewöhnlich die außerordentliche Diskrepanz zwischen Öffentlichkeit und Intimraum aus und die Spannung des doppelten Selbstverständnisses - im Denken und Fühlen bis zur Bewußtlosigkeit außengeleitet und andererseits im Denken esoterisch und im Fühlen entrückt nach innen gewendet. Kommt die Unterscheidung abhanden oder zerbricht sie, dann nennen wir den Menschen, dem das passiert, "schizophren", obwohl er doch gerade nicht mehr auseinanderhält, was im modernen Leben auseinanderzuhalten ist.

Der, wie man sagt, psychisch "gesunde" Mensch lebt in einer Mehrzahl von Aktions-, Lebens- und Erfahrungsräumen, die er ineinander unterbringen, bei Bedarf einblenden, überblenden oder ausblenden kann. *Welt* konstituiert sich im Horizont subjektiver Wahrnehmung ständig in einer Verschachtelung von Räumen. Jeder "Gesunde" kennt auch emotionale Zustände, in denen er den Weitblick oder den Überblick verliert, sich in die Enge getrieben wähnt, gar den Boden unter den Füßen verliert. *Christian Scharfetter* zitiert (in diesem Band) schizophrene Menschen, die nirgends "wohnen", ihren Ort nicht kennen, bei denen Ichverlust dem Weltverlust gleichkommt. Andere sind auf Inseln verschlagen, in die der Kontinent ihres Lebens zerfallen ist. Beim psychisch "gesunden" Menschen gibt es die Verinselung von Erfahrungsräumen, etwa von erinnerter Heimat oder von Kindheitsträumen ebenfalls. Aber er leistet sich eine *Dialektik* der *innen* vorgestellten Räume, in denen seine Phantasie wohnt, und des *äußeren Raumes*, in dem er sich auskennt und sich realistisch verhält. Dem psychisch kranken Menschen hingegen muß gestattet, Gelegenheit gegeben werden, seine Erfahrungen *zurechtzurücken*, und man hilft ihm dabei, wenn man ihm Anknüpfungspunkte bietet und Ankerplätze draußen.

Es wäre nun konsequent, möchte man meinen, den Menschen, die mit dem Reglement des Denkens und Fühlens nicht zurechtkommen, der Orientierung halber einen *eindeutigen* Aufenthaltsraum anzubieten. Entweder einen gänzlich intimen oder gänzlich öffentlichen. Ersteres wird bekanntlich in der Gestaltung eines *therapeutischen Milieus* und in der Behandlung von Autisten (mit der Festhaltetherapie) versucht. Wenn wir etwa lesen, wie in *Bettelheims* "Orthogenic School" ein junges Mädchen mit schwerem Waschzwang Badezimmer und Wohnräume mit ihren Zudeck- und Reinigungsprozeduren überziehen kann und darin nicht behindert, vielmehr noch unterstützt wird (*Bettelheim*, 1975, S. 175 ff.), sind wir beeindruckt von der extremen Anerkennung resp. Würdigung einer Person in der von ihr und ihren Helfern im Schutzraum der Einrichtung zu leistenden "Schmutzarbeit". Vollständig anerkannt und vollständig offengelegt, verschwindet die Neurose.

Virtuell stellt der Raum der Psychoanalyse einen ebenso abgeschotteten Bereich dar, in dem vom Patienten alles wenigstens *gesagt* werden darf, gleich woher es kommt und wohin es gehört. Der Raum des Erlaubten ist aber nur ein intelligibler, beschränkt auf die dialogische Beziehung von Analysand und Analytiker. Es hat andererseits Gesellschaftsentwürfe gegeben, auch mit antipsychiatrischem Tenor, in denen man sich die generelle Behebung innerer Nöte und Leiden durch deren gänzliche "Veröffentlichung" vorstellte: Wird jedes Verhalten sozial zugelassen, kann und muß mit ihm gelebt werden. Das therapeutische Milieu finden wir hier so grenzenlos erweitert, daß es ineins als das prophylaktische Milieu erscheint. Würde kommt in einem solchen Szenario deshalb nicht vor, weil achtunggebietende Haltung immer auch Zurückhaltung einschließt. Beides ist hier fehl am Platze.

Die generelle Öffentlichkeitspflicht entwürdigt durch Abhängigkeit. Der Rückzug umgekehrt in den intimen Raum nimmt der Würde die Gelegenheit zu ihrer Behauptung und sozialen Geltung. Erst wenn der intime Raum der Selbstverständigung und des Selbstseins in einem sozialen Raum enthalten ist - und sei es durch Einstülpung des einen in den anderen -, kommt es an den Grenzflächen der Durchdringung beider zum Ausdruck der Würde: Die Haltung, welche die Person einnimmt, trifft auf Achtung seitens der anderen. Aufeinander verwiesen, bleiben die Haltung und die Achtung in einem beweglichen Zustand der Schwebe. Sie müssen immer wieder geleistet und aktiv aufrechterhalten werden. Dem Postulat der unantastbaren Menschenwürde werden wir in dieser Situation gerecht, wenn wir für die Leistung der persönlichen Würde allen Beteiligten *Raum lassen*: den intimen Raum für die Zurückhaltung und den öffentlichen Raum für den Auftritt und das Ansehen.

Die Psychiatrie leistet als Institution ihren Beitrag dazu seit Jahren, *indem sie sich öffnet.* Diese Öffnung ist nicht nur faktisch, sondern auch im Begriff eine mehrfach zu bedenkende: In die Gemeinde hinein öffnet sich die Psychiatrie mit der Bekundung, daß psychische Erkrankungen inmitten des Zusammenlebens vorkommen und dort auch behandelt werden müssen. Die Anstalt öffnet sich - und begegnet damit entwürdigenden Ausgrenzungsmechanismen. Die soziale Psychiatrie legt in Kontext und Praxis Wert auf Offenheit, weil sie einen Diskursraum notwendig braucht, in dem alle möglichen Einstellungen zu psychisch Kranken, Diagnosen und Therapien, auch die Organisationsformen, frei erörtert werden können. Psychiatrie öffnet sich in ihren Binnenverhältnissen der Singularität und Subjektivität individuellen Krankseins. Zur Offenheit gehören ein beträchtliches Maß an Toleranz, Sympathie und Akzeptanz - sowohl gegenüber den Patienten wie unter den Behandlern, die in menschlich singulärer und subjektiver Weise auf pathologische Zustände reagieren; die prinzipielle Offenheit macht insofern keinen Unterschied.

Nicht als ein einheitlicher, sondern als ein differenzierter Raum des Umgangs hat die Psychiatrie die Dichotomie von öffentlichen und intimen Sphären in sich auszuhalten. Der Behandlungsraum würdigt seine Insassen durch eine ihren Bedürfnissen entsprechende Vielfalt von ineinander verschachtelten Arealen. Der Patient findet, wann immer sein Zustand es erlaubt, Platz für privates Tun, ungestörte Selbstbesorgung, persönliche Begegnungen, Rückzug, Fürsichsein. Andererseits wird ihm der therapeutische Raum durchsichtig gemacht, in dem seine Krankheit offenbar ist. Dieser (mehrfach unterteilte, jedoch in sich geschlossene) Raum bleibt von Würde und Verlust an Würde unter der Bedingung frei, daß sich andere Stellen und Gelegenheiten anschließen, wo die Person des Kranken gewürdigt, sein Geheimnis gewahrt und sein Eigensinn zugelassen wird. So wäre es im Idealfall; leider sieht die Praxis anders aus.

Die Auslegung von Würde im klinischen Raum

Die stationäre Behandlung von Irren ist historisch für freie, wenngleich in Verhaltensstörungen verfallene Bürger ausgebildet worden. Die Heil- und Pflegeanstalten der ersten Hälfte des 19. Jahrhunderts ließen durchaus Würde zu, denn sowohl die als ländliche Refugien angelegten Bauten als auch das *moral treatment* in ihnen berücksichtigten sie. Anders das naturwissenschaftliche Modell der Entstehung und Behandlung von Geisteskrankheiten später: Die pathologisch veränderte Persönlichkeit fällt als Subjekt der Würde aus; zu beachten ist die Pathologie des Krankenguts, das Typische der Veränderung und Störung, nicht die Individualität. Bei dem fortan herrschenden Paradigma muß man schon, wie es die Anthroposophen tun, die unbeschadete Anwesenheit der Seele hinter den sie behindernden Krankheitserscheinungen bemerken, um sich Achtung vor der Person des Behinderten zu bewahren.

Wir wollen aber nicht übersehen, daß die Klinik insofern einen Fortschritt in Anbetracht der Würde brachte, als sie einen nur zeitweiligen Aufenthalt des Kranken und prinzipiell seine Heilung, damit auch die Restitution seines Ansehens vorsah. Jedoch war die Situation des psychisch Kranken immer von der Situation des aus anderen körperlichen Gründen Bettlägerigen zu unterscheiden. Die stationäre Behandlung schränkt ja die Würde des letzteren kaum ein. Er bleibt seiner Lage mächtig, selbständig in seinen Entscheidungen, Partner in allen Fragen der Behandlung; jeder Eingriff bedarf seiner Einwilligung. Dem psychisch Kranken dagegen mangelt es oft an Einsicht und an Fähigkeit zur Kooperation. Er gefährdet, scheint es, sich und andere. So wird eben über ihn verfügt. Sein Gebaren, seine Haltung erheischt, weil befremdlich und behandlungsbedürftig, kaum Achtung. Dazu kommt die äußere Struktur des klinischen Betriebs. Wir mögen uns individuell zu einem achtungsvollen Verhalten entschließen; institutionell wird es uns nicht nahegelegt. Im Gegenteil: dem Personal, Ärzten wie Pflegern, zwingen die Funktionsabläufe immer wieder Verhaltensmuster auf, die der Würde des einzelnen Patienten abträglich sind.

Mit diesen Fragen befassen sich auch andere Beiträge dieses Bandes. Ich beschränke mich auf raumbezogene Aspekte des Problems. Sie lassen sich in mancher Hinsicht an dem Unterschied von körperlich und psychisch Kranken festmachen. Der Körperkranke vermag zumeist einzusehen und sich damit abzufinden, daß die Behandlung ihn weitgehend zum Objekt der medizinischen und paramedizinischen Prozeduren macht. Die ganze Einrichtung des Krankenhauses ist darauf abgestellt, am eklatantesten die Intensivstation. Aus der Sicht des psychisch Kranken ist der klinische Betrieb und sein Instrumentarium durchaus nicht angebracht. Dem Weltbezug eines Wahnzustandes oder einer Depression korrespondiert idealerweise ein häuslicher Lebensraum mit einem auf die Erkrankung bezogenen Regiment. Der Klinikbetrieb als solcher nimmt auf die Persönlichkeitsveränderung einen negativen Einfluß. Das abweisende Weiß der Wände, die langen Korridore und die blinden Gläser befremden und verwirren zusätzlich und schlagen auf das Gemüt.

Die Tatsache, daß sich vieles in der psychiatrischen Versorgung nicht oder nicht in absehbarer Zeit ändern läßt, hindert uns nicht an der Feststellung des Erforderlichen. Es ist im Detail oft nicht abhängig vom Wandel der ganzen Struktur, kann aber zu diesem Wandel beitragen. So gibt selbstverständlich eine wohnliche Ausstattung und Atmosphäre Gelegenheit zu einem Leben in Würde, weil das Setting eine entsprechende Haltung nahelegt, und zwar sowohl bei den Patienten wie beim Personal. In wechselseitiger Wahrnehmung wird diese Haltung bekräftigt. Gewiß ist die gemeinte Atmosphäre und Kultur des Anstalts- oder Heimlebens nicht durch bauliche Maßnahmen und eine passende Innenraumgestaltung allein zu haben. *Bruno Bettelheim* (1975) hat in "A Home for the Heart" im einzelnen beschrieben, wie im Stil des Hauses *das Ambiente* und die *Handlungsweise* der Mitarbeiter *übereinstimmen* müssen, sollen sinnenfällige Diskrepanzen die Patienten nicht zusätzlich verstören. Eine freundliche Umgebung braucht zur Bestätigung freundlichen Umgang. Das ambitionierte Interieur setzt sich fort in den Ambitionen des Personals und, sofern ihnen teilzunehmen nicht verwehrt ist, im Anspruch an das Verhalten der Patienten. Die Versuche mit therapeutischer Gemeinschaft haben uns die Möglichkeiten und Grenzen solcher Inanspruchnahme erfahren lassen.

Vom Aufwand für eine wirtliche Umgebung und für ein wohnliches Arrangement ist per se kein Beitrag zur Heilung etwa einer Paranoia zu erwarten. Die Gestaltung des Zusammenlebens nimmt nicht die Funktion einer gezielten Therapie wahr. In gewissem Sinne bildet die Normalität von Wohnen und Umgang sogar ein *Gegengewicht* zur speziellen Behandlung. Denn jedes therapeutische Verfahren *ignoriert* Würde, weil es die Person durch seine Mühle dreht, sprich: die Person pharmakologischen, psychoanalytischen, verhaltensmodifizierenden, psychodramatischen u.a. Prozeduren unterwirft. Der normale Umgang, die Häuslichkeit und Wohnlichkeit, die freundlich-familiäre Anmutung des Raumes, in dem behandelt wird, beherbergt die psychisch Kranken als Menschen. Die Umgebung unterstreicht die Annahme und legt sie sinnlich erfahrbar aus, daß eine gewöhnliche und humane Lebensweise durch einen psychotischen Zustand zwar subjektiv (im persönlichen Verhalten) verändert sein mag, aber objektiv (und normal) fortdauert und ihre Geltung weder für den Psychiater noch für den Patienten verliert. Die therapeutischen Prozeduren, die Würde ausklammern, bleiben sichtlich eingeklammert von einer die Würde bewahrenden Wirklichkeit. Tatsächlich spricht sie den Depressiven, den Wahnkranken und den Süchtigen weiter an. Sie widmet sich der Person diesseits und jenseits ihrer Verstörung. Angehörige und Freunde, die einen Kranken auf der Station besuchen, können sich, wie wir wissen, häufig oder bezogen auf eine Reihe von Themen völlig normal mit ihm unterhalten. (Der umgekehrte Fall, daß es die Familie nicht vermag, wohl aber der Therapeut, beweist das Gleiche).

Gravierend allerdings ist in Blick auf eine wohnliche und häusliche Einrichtung der Einwand des *Personalmangels*. Die gute Ausstattung bzw. ihre Anmutung werden bald lädiert sein, wenn sie ihren Zweck nicht im Umgang von Mensch zu Mensch erfüllen können. Der Erregte braucht die individuelle Zuwendung, ebenso der Suizidgefährdete. Nicht das "Fixieren" eines Patienten an sich ist ein unwürdiger Vorgang, sondern daß in dieser Situation keiner bei dem Kranken ist - oder daß er deshalb fixiert bleibt, weil keiner bei ihm sein kann. Nach dem oben Ausgeführten wäre vor allem zu versuchen, mehr *Laienhelfer*, junge Leute sowohl als auch nicht mehr berufstätige Ältere heranzuziehen. Ihre Gegenwart, die durchaus *nicht* zur spezifischen Behandlung beiträgt, darum auch nicht ko-therapeutisch funktionalisiert werden sollte, bevorratet das Milieu der Psychiatrie mit der gewöhnlichen Menschlichkeit, deren Raum im verteiltes Vorkommen die ebenso schlichte wie unerläßliche Voraussetzung für die Wahrung von Würde sein dürfte.

Herstellung von Würde im sozialen Raum

Die Frage, wie der psychisch Kranke im Alltag des psychiatrischen Betriebes *gewürdigt* werden kann, spitzt sich auf ein "Produktionsproblem" zu. Der Patient selber trägt in seinem Zustand wenig zur Wahrung der eigenen Würde bei. Den Behandlungsverfahren bleibt sie (bestenfalls) äußerlich. Der psychiatrisch Tätige dürfte für sich allein unter den gegebenen Umständen Mühe genug mit der Wahrung *seiner* Würde haben. Der Handlungsanspruch kann sich darum nur auf einen ökologischen Zusammenhang, auf etwas richten, was nicht einseitig dem Verhalten der einen oder anderen Person überlassen bleibt, wohl aber das Dazutun vieler Beteiligter braucht und zirkulär als Würdigung auf sie zurückwirkt.

Generell gilt: Da die Würde eines Menschen nicht überall und immer in Erscheinung tritt und im konkreten Fall sowohl von der Haltung der Person als auch von der sozialen Situation bestimmt wird, handelt es sich bei der Würde um ein soziales *Erzeugnis* im Raum der Begegnung und des Miteinander-lebens. "Menschenwürde kann ... als eine spezifische Form zwischenmenschlicher Beziehungen und gesellschaftlicher Gestaltung aufgefaßt werden, die nur durch ständige Leistungen aller Beteiligten geschaffen und erhalten werden kann." (Behrendt, 1967, S. 14) Postuliert wird zunächst das virtuelle Vorhandensein der Eigenschaft: Menschen sind der Würde fähig, und im ethischen Anspruch des Menschseins ist Würde immer schon vorhanden. Das Postulat erfordert Anstrengungen, damit es im Raum des Zusammenlebens an der Würde des einzelnen Menschen nicht mangelt, sondern daß sie gewahrt bleibt und hervortritt. Die Aufgabe wird zu einer *institutionellen* bei mangelnder Selbstwürdigung, gar bei Selbstentwürdigung von Insassen wie in der Psychiatrie. Bleibt es im Alltagsleben den Bürgern überlassen, ob und wie sie für ihr würdiges Leben sorgen, hat man in den institutionellen Räumen der Behandlung, Betreuung und Pflege von in ihrer selbständigen Lebensführung behinderten Bürgern die Würde extra und eigens zu bedenken und zu besorgen. Und zwar nicht erst von Fall zu Fall, sondern weil es der institutionelle Raum erfordert. Des postulierten Charakters der Menschenwürde wegen hält uns auch "unwürdiges" resp. entwürdigendes, dem Zusammenleben abträgliches Verhalten einzelner Kranker von der Aufgabe, der Würde ihren Ort und ihr Raum zu geben, nicht ab.

Ihr Hervortreten gründet auf einer existentiellen Entbergung dessen, was zum Menschsein gehört. Im psychiatrischen Raum liegt die Topographie des Menschlichen in seinen Verwerfungen offen. Es wird gewürdigt in seinen Höhen, seinen Tiefen, seinen Abgründen. Im Alltagsbetrieb der sogenannten Gesunden verborgen, erscheinen sie im menschlichen Desaster, im Irresein, in der Depression, in der Sucht. Menschen taugen offenbar dazu, und Menschen haben sie existentiell auszuhalten. Im konkreten Raum dieses Aushaltens, im sozialen Haushalt der Verwirrung, hat Würde ihren Platz. Ihre Herstellung beruht darauf, "daß die Psychiatrie ein Ort ist, wo der Mensch besonders menschlich ist, d.h. wo die Widersprüchlichkeit des Menschen oft nicht auflösbar, die Spannung auszuleben ist: so das Unmenschliche und Übermenschliche, das Banale und Einmalige, Oberflächliche und Abgrund, das Kranke und Böse, Weinen und Lachen, Leben und Tod, Schmerz und Glück, das Sich-Verstellen und Sich-Wahrmachen, das Sich-Verirren und Sich-Finden." (*Dörner/Plog*, 1986, S. 9) Der Raum der Psychiatrie ist ein Ort intensiver Auseinandersetzung. Sie wird institutionell auf eine konstruktive Weise durchgeführt. Dafür, daß das Attribut "konstruktiv" in beiderlei Bedeutung angebracht ist, stehen die psychiatrisch Tätigen ein.

Diese müssen alltäglich mit den Verwüstungen des Geistes, des Gemüts und der ganzen Lebensführung von Menschen fertig werden, ihnen widerstehen und dafür sorgen, daß sie im gemeinsamen Raum der Institution nicht um sich greifen. Die Mitarbeiter errichten, stützen und sichern eine Ordnung des internen Alltags, die standhält - den akuten Verwirrungen und Zusammenbrüchen, dem Verfall, der eigenen Hilflosigkeit der Helfer. Sie riskieren dabei *sich*, setzen ihre Mentalität und ihre Gemütsverfassung aufs Spiel, um der psychischen Erkrankung als Behandler und Pfleger eben nicht gleichgültig und uninteressiert, sondern betroffen zu begegnen. Sie lassen sich in differenzierter, menschlicher Weise auf die Eigentümlichkeiten und den Eigensinn der Patienten ein. Diese Konstruktivität ist zu *würdigen* (und

sie sollte nicht verwechselt werden mit der fachlich-dienstlichen Aufgabenerfüllung als solcher). Sie fundiert den psychiatrischen Alltag in
dem Sinne, *daß er überhaupt gelingt*.

Daran schließt Konstruktivität als eine fördernd-aufbauende Leistung, als eine Qualifizierung des menschlichen Beistandes an. Ich
halte hier für beispielhaft *Klaus Dörner*s Weise der Betrachtung und
Beschreibung von "Landschaften" des Psychisch-Krankseins. Im Le-
bens- und Erfahrungsraum einzelner Menschen eingetretene Verwerfungen und Erosionen werden bei Aufnahme in eine psychiatrische
Einrichtung übertragen in deren Raum und hier ausgelebt. Sie als
"Landschaften" zu würdigen, heißt sie zugleich als weitläufige und
vielfältige Topoi des Menschenschicksals und als unverwechselbar individuell gezeichnete Ausprägungen dieses Schicksals wahrzunehmen.
Sie haben *Charakter* und werden in der Auseinandersetzung mit ihm,
dieser Gestalt der Subjekthaftigkeit des Patienten, gewürdigt. Das
kann immer nur in einem begrenzten Umfang gelingen. "Be-gegnung"
setzt Face-to-face-Situationen voraus und Zeit und Raum für sie.
Überschaubare, d.h. nicht zu große Einheiten des Zusammenlebens
(ich denke an Gruppen von 6 bis 15 Patienten) ermöglichen einigermaßen den konstruktiven Umgang mit Charakter, daß sich nämlich
eine durch ihn, seine Mehrfältigkeit unter einem Dutzend oder mehr
Menschen, bestimmte *Charakteristik des Zusammenlebens* ausbilden
kann - eine spezifische überindividuelle, auf die Individuen zurück-
wirkende Atmosphäre und Kultur. Welche, das läßt sich nicht vorher-
sagen oder vorweg festlegen: die Bedingungen sind von Haus zu
Haus, von Station zu Station, in jeder Wohngruppe unterschiedlich,
vor allem aber die persönlichen Beiträge im Patchwork der Schicksale
und des Betroffenseins. Ich hatte eingangs von einem *Biotop der
Würde* gesprochen. Es wären nun in einer Mikrologie anstaltsinterner
Spielräume die Details subjektbezogen würdiger "Landschaftsgestal-
tung" zu überlegen und was man zur Schaffung und Erhaltung solcher
Biotope administrativ, organisatorisch beitragen kann. Im Rahmen
meines Beitrages will ich darauf nicht näher eingehen.

Indessen sind wir hier am Kern des ökosozialen Verständnisses von
Würde angekommen. Wie sich nämlich ein *Ethos* herstellen und aufrechterhalten läßt im organisierten Aushalten gestörten Verhaltens,
verwirrten Geistes, chronifizierten Leidens. Ein Ethos, an dem alle im
jeweiligen psychiatrischen Raum auf ihre Weise teilhaben. Ist eine *Nische* ökosozial ein aktiv hergestellter und unterhaltener Beziehungs-
raum, in dem sich ein spezifisches Leben führen läßt, dann geht es in
der stationären Psychiatrie um einen aus Arbeitsbeziehungen, Wohn-
beziehungen, Gesprächsbeziehungen, Gefühlsbeziehungen und anderen szenischen Erfahrungen gewobenen Raum der *Erträglichkeit*, welche Eigenschaft sich in dem vielseitigen Umgang schwebend und ge-

bunden ans vertraute Ambiente ergibt. Der Verhaltensraum *taugt* somit kraft seines Ethos für ein (einigermaßen) würdiges Leben seiner Insassen. - Es gibt dieses Ethos im übrigen nur in der Fassung des internen Zusammenseins. Seine Charakteristik eignet nicht den einzelnen Mitarbeitern; es ist nicht ihre persönliche Tugend gemeint. Geht der Mitarbeiter nach seinem Dienst nach Hause, nimmt er das Ethos so wenig mit wie die Landschaft, in der es seinen Platz hat. In der Familie des Arztes oder Pflegers wäre es auch wirklich nicht angebracht. Zwar verkürzt *Schiller* das Ethos auf nur ein Merkmal, wenn er in "Über Anmut und Würde" idealisierend schreibt: "Ruhe im Leiden, als worin Würde eigentlich besteht", aber, nennen wir weitere, auch diesen Eindruck abwandelnde Merkmale, sie besitzen doch ihre gestaltende Kraft allein innerhalb der psychiatrischen Veranstaltung.

Blicke ich nun auf meine Ausführungen zurück, sind mir einige Einwände wohl bewußt. Es mangelt meinem Beitrag an konkreten Klagen über Würdeverletzungen, und ich habe auch den Anklagen nicht ausdrücklich beigestimmt, deren Berechtigung nicht bezweifelt werden kann. Der ökosoziale Ansatz nimmt die komplexen Zusammenhänge, wie sie sind - zumal die wünschenswerten Veränderungen, wenn sie eintreten, die Problemlagen auch nicht eben vereinfachen und die Belastungen nicht mindern. Würde und die Bewahrung von Würde sollte m.E. gerade im Tätigkeitsfeld von Psychiatrie *nicht Personen*, auch nicht einer geringeren oder größeren Zahl an Personal, angelastet oder überantwortet werden, sondern der *Gestaltung der Verhältnisse*, allerdings so, daß Würde zugleich als eine personale und soziale Eigenschaft gewahrt bleibt.

Literatur

Benda, Ernst: Gefährdungen der Menschenwürde (Rheinisch-Westfälische Akademie der Wissenschaften, Vorträge). Westdeutscher Verlag, Opladen 1975.

Behrendt, Richard F.: Menschenwürde als Problem der sozialen Wirklichkeit (Schriftenreihe der Niedersächsischen Landeszentrale für Politische Bildung: Die Würde des Menschen II). Niedersächsische Landeszentrale für Politische Bildung, Hannover 1967.

Bettelheim, Bruno: Der Weg aus dem Labyrinth. Deutsche Verlags-Anstalt, Stuttgart 1975.

Dörner, Klaus/Plog, Ursula: Irren ist menschlich. Lehrbuch der Psychiatrie/Psychotherapie. Psychiatrie Verlag, Bonn, 3. Aufl. 1986.

Dürig, Walter: Dignitas. In: Reallexikon für Antike und Christentum, Band 3. Anton Hiersemann, Stuttgart 1955, Sp. 1024-1035.

Giese, Bernhard: Das Würde-Konzept. Eine normfunktionale Explikation des Begriffs Würde in Art. 1 Abs. 1 GG. Duncker & Humblot, Berlin 1975.

Maihofer, Werner: Menschenwürde im Rechtsstaat (Schriftenreihe der Niedersächsischen Landeszentrale für Politische Bildung: Die Würde des Menschen I). Niedersächsische Landeszentrale für Politische Bildung, Hannover 1967.

Wendt, Wolf Rainer: Ökologie und soziale Arbeit. Enke, Stuttgart 1982.

Wendt, Wolf Rainer: Die ökosoziale Aufgabe: Haushalten im Lebenszusammenhang, in: Umwelt - Lebenswelt, von *Albert Mühlum* u.a. Diesterweg, Frankfurt 1986, S. 7-84.

Wolfgang Böker

Schizophrene Patienten als aktive Partner des Arztes - Wege aus entwürdigender Passivität

Die traditionelle Rolle des Schizophrenen in unserer Gesellschaft ist diejenige des unzurechnungsfähigen Wahnsinnigen, der ein geheimnisvoll abwegiges, gewiß bedauernswertes, weil andauernd hilfsbedürftiges und deshalb im wesentlichen fremdbestimmtes Leben zu führen genötigt scheint.

Die Erkenntnis, daß viele Schizophrene ihre krankhaften Erlebnisse wenigstens zeitweise korrigieren können und in symptomfreien Zwischenphasen durchaus zu besonnenem Urteil fähig sind, ist in der Bevölkerung noch wenig verbreitet. Die Tatsache, daß nicht wenige Kranke mit einzelnen Symptomen und psychischen Behinderungen erfolgreich umzugehen lernen und in glücklichen Fällen sogar zu kompetenten Mitarbeitern des behandelnden Arztes werden können, ist auch vielen Experten fremd.

Jahrzehntelang herrschte die Lehrmeinung, Schizophrene litten an einer prozeßhaft fortschreitenden, gelegentlich stagnierenden, in der Mehrzahl der Fälle jedoch unaufhaltsamen, zu tiefergreifender Persönlichkeitswandlung führenden Erkrankung, deren - heute noch nicht völlig aufgeklärte - Genese man in einem rätselhaften und letztlich unheilbaren Hirnleiden vermutete. Lange Zeit ausbleibende Erfolge der Ursachenforschung festigten die Auffassung, der Schizophrene sei das ohnmächtige Opfer eines ihn überwältigenden Morbus, welcher über kurz oder lang die Eigenaktivität des Kranken zum Schwinden bringen, ihn seines energetischen Potentials berauben und sein Gefühlsleben abstumpfen würde. Allerdings war dieses Meinungsstereotyp im begrenzten Erfahrungsfeld der psychiatrischen Kliniken an oft jahrzehntelang hospitalisierten Anstaltsinsassen entwickelt worden, bei denen sich, wie wir heute klarer erkennen, Krankheitssymptome mit den schädigenden Auswirkungen langer sozialer Unterstimulation ("Hospitalismussyndrom") vermischten.

Inzwischen haben durchgreifende sozialpsychiatrische Reformen und die breite Anwendung der Neuroleptika seit den 60er Jahren die psychiatrischen Spitäler geöffnet und verkleinert. Teilstationäre und ambulante Behandlungsformen verändern die Existenz schizophrenen Lebens in früher kaum vorstellbarem Maße: Eine wachsende Anzahl Schizophrener lebt heute außerhalb der Spitäler in ihren Familien, in

Wohngemeinschaften, ja sogar in produktiver Selbständigkeit. Jahrzehnte überblickende Katamnesestudien beweisen zudem, daß der Verlauf der Schizophrenie keineswegs einer Einbahnstraße in chronisches Elend folgt. Ausgänge in milde soziale Behinderungen, ja sogar Heilungen sind viel häufiger, als früher angenommen wurde. Die Zukunft eines psychotisch Ersterkrankten erscheint uns nicht mehr als gesetzmäßig ablaufendes düsteres Schicksal; eine bunte Vielfalt von Verlaufsformen spricht dafür, daß wir es vielmehr mit einem offenen Lebensprozeß zu tun haben, auf den prämorbide Persönlichkeitsfaktoren, medikamentöse und psychosoziale Maßnahmen, aber auch autoprotektive Stabilisierungsversuche des Betroffenen und die Hilfe der Angehörigen einzuwirken vermögen.

So scheint der Schizophrene allmählich das Ghetto passivierender Entfremdung zu verlassen, in das ihn nicht nur die Psychose, sondern auch das alte Lehrgebäude der Psychiatrie und die Barrieren einer verständnislosen Umwelt einzuschließen drohten. Deutlicher als früher erkennen wir heute das gesunde Bewältigungspotential des Kranken, seine schöpferischen Möglichkeiten zur Selbsthilfe, seine so lange unterschätzten Fähigkeiten, sich an den therapeutischen Anstrengungen des Arztes und der Angehörigen mit eigenen Kräften zu beteiligen.

Welche Möglichkeiten aktiver Selbstgestaltung können wir heute erkennen?

Der englische Psychiater *J. Wing* (1986) hat folgende Bereiche genannt, in denen Schizophrene willentlich auf ihr Schicksal Einfluß nehmen können:

- Ob und wie Medikamente eingenommen werden
- Erkennen und Vermeiden auslösender Situationen
- Spezifischer und beschränkter sozialer Rückzug
- Methoden des Umgangs mit Frühsymptomen
- Einsatz aller Begabungen
- Finden einer Arbeit, die kompetent ausgeführt werden kann
- Aktiv bleiben
- Finden von vertrauenswürdigen und nicht aufdringlichen Freunden
- Anderen helfen, den Zustand zu verstehen.

Die Aufstellung läßt erkennen, daß es grundsätzlich um zwei wesentliche Modalitäten geht: Ein gezielt eingesetzter Rückzug von schwierigen Situationen und Aufgaben einerseits und ein aktives Problemlösungsverhalten unter Anwendung aller Ressourcen andererseits. *Wing* zufolge besteht für den Therapeuten, aber auch für den Patienten selbst, die Rehabilitation in einer behutsamen Gratwanderung zwischen Überstimulation (zu intensive Kontakte) und Unterstimulation (Abkapselung), die er mit einem "Seiltanz" vergleicht. Der Kranke und sein Arzt werden diesen schmalen Weg leichter beschreiten, wenn der Patient seine eigenen Möglichkeiten, die Balance zu halten, mitzuteilen vermag und der Arzt diese Mithilfe aufzugreifen und zu akzeptieren willens ist.

Zusammen mit *Brenner* haben wir an der Berner Klinik in den letzten Jahren die verstreute Literatur über Selbstheilungsversuche Schizophrener zu sammeln gesucht und mehr als 60 Patienten auf autoprotektive Anstrengungen hin untersucht.

Die bisher beobachteten Selbstschutz- und Selbststabilisierungsversuche dieser Patientengruppe lassen sich nach unterschiedlichen Gesichtspunkten gliedern und zum Beispiel verschiedenen Krankheitsstadien zuordnen.

1. Innerhalb der produktiven psychotischen Episoden versuchen zahlreiche Patienten, einzelne besonders störende Symptome zu beeinflussen. Diese erstrecken sich über eine breite Palette charakteristischer psychotischer Störungen. Halluzinationen aller Art, Wahnwahrnehmungen, Ich-Störungen, Beeinträchtigungen des Denkens, etc. können zum Ziel von *Kontroll- und Abwehranstrengungen* gemacht werden. Die verwendeten Copingformen reichen von einer Beeinflussung des Arousalniveaus (z.B. Musik hören, Jogging, Entspannungsübungen) über kognitive Umstrukturierungsversuche bis zur Selbstbehandlung mit Neuroleptika und Anwendung von Alkohol oder Drogen.

2. Vor allem in den Residualzuständen, aber auch unmittelbar nach Krankenhausentlassung (das sog. "postremissive Erschöpfungssyndrom" nach *K. Heinrich*, 1967, scheint in bezug auf Belastungserlebnisse besonders empfindlich zu sein) sind *Rückzugs- und Vermeidungsstrategien* beschrieben worden: Eine Neigung zu pedantischer reizvermeidender Lebensführung, wohl aus der Einsicht, komplexen anspruchsvollen Anforderungen nicht gewachsen zu sein.

3. Ein in bezug auf Selbsthilfemaßnahmen besonders wesentlicher Verlaufsabschnitt ist die Prodromalphase, in der der Patient im Laufe seiner Krankengeschichte lernt, Frühsymptome eines drohenden Rückfalls zu erkennen und darauf mit verschiedenartigen Copingmethoden zu reagieren. Gezielte Versuche, aufbrechende *präpsychotische Störungen rechtzeitig* zu *erkennen* und zu *kompensieren*, sind namentlich für den Arzt von hohem Interesse, da er sie medikamentös oder durch Ratschläge zur geeigneten Lebensführung verstärken helfen kann. Ein genaue Aufklärung über die Wirkungsweise der verordneten Neuroleptika und ihre Nebenerscheinungen verbessert die Compliance; kann der Patient unter Verwertung eigener Erfahrung auf die Dosierung und die Wahl der geeigneten Medikamente vermehrt Einfluß nehmen, dann verstärkt sich seine Bereitwilligkeit,

auch störende Begleiteffekte in Kauf zu nehmen. Hier stoßen wir auf
fruchtbare Ansätze einer in der Zukunft noch weiter zu entfaltenden
"Behandlungsgemeinschaft" von Arzt und Patient, auf die unten näher
eingegangen werden soll.

4. Schließlich gelingt es einigen Patienten, die psychotischen Episoden und Behinderungen im längeren Krankheitsverlauf in ihre Biographie zu integrieren, das Beste aus ihrem Schicksal machen zu lernen und gelegentlich sogar Teile einer wahnhaft verzerrt erlebten
Realität in eine neue funktionale Lebenswirklichkeit einzubauen (*J.
Wyrsch*, 1949). Die Auseinandersetzung mit der Krankheit läßt sie
"*globale Strategien*" (*Lang*, 1981) finden, mit deren Hilfe die Wider-
sprüche und Belastungen chronischer psychotischer Existenz erträglich gemacht werden: Zuflucht zu philosophisch-religiösen Systemen,
Erarbeitung von Lebensregeln, Etablierung einer streßarmen "Nische"
in der Gesellschaft u.a.m.

Umschriebene Selbstheilungsversuche lassen sich am leichtesten
dort untersuchen, wo der Kranke über relativ abgrenzbare Einzelstörungen berichtet, die er willentlich zu beeinflussen gesucht hat. Bei
der wissenschaftlichen Erforschung solcher Verhaltensweisen erhebt
sich deshalb als erstes die Frage, gegen welche Erlebnisabwandlungen
und Defizienzen sich allfällige Selbsthilfeversuche des Patienten
überhaupt richten.

Bei unserer Berner Studie benutzten wir ein Störungsmodell, das
mit erfragbaren, psychopathologisch definierten Einzelstörungen zu
arbeiten gestattet und enge Beziehungen zum schizophrenen Erleben
aufweist: das Konzept der *uncharakteristischen Basisstörungen* von
Süllwold (1977). Es handelt sich um diskrete fluktuierende Störungen
der Aufmerksamkeit, der Wahrnehmung, der Informationsverarbeitung, des Gedächtnisses und automatisierter motorischer Abläufe, die
als psychologische Äquivalente instabiler Hirnfunktionenund als Äus-
serungen einer zentralnervösen Disposition zu psychotischen Dekom-
pensationen aufgefaßt werden. Da sie auch vor und nach psychotischen Episoden nachweisbar sind und Basiselemente produktiver
Symptome zu sein scheinen, hat man sie "Basisstörungen" genannt. Sie
finden sich, wenngleich viel seltener, auch bei Neurotikern und Hirn-
geschädigten und in schwacher Ausprägung sogar bei gesunden Kon-
trollpersonen, weshalb *Süllwold* und *Huber* von "uncharakteristischen"
Störungen sprechen. Unter Bedingungen streßhafter Überforderung
können sie in pathogenetisch noch unaufgeklärter Weise in schizo-
phreniecharakteristische Symptome übergehen.

McGhie, *Chapman* (1961) und *Süllwold* zufolge werden derartige
Basisstörungen oder "Basissymptome" von den Betroffenen subjektiv
wahrgenommen und, eigenen Untersuchungen zufolge, als Indikato-
ren einer drohenden psychischen Krise bewertet. Damit besteht die

Wahrscheinlichkeit, daß einige Betroffene im Laufe der Zeit diese Störungen als Gefahrensignale einer psychotischen Episode erkennen lernen und Bewältigungsmaßnahmen einzusetzen suchen.

Somit stehen die auf eine gezielte Bewältigung einzelner Erlebnisabwandlungen gerichteten Selbsthilfeanstrengungen nicht von Anfang an zur Verfügung; sie werden gewöhnlich erst im Laufe mehrerer psychotischer Episoden gefunden und eingeübt. Dem bewußt eingesetzten Copingverhalten geht die bewußte Wahrnehmung einer Störung voraus; zwischen Störungserlebnis und Selbsthilfeversuch muß eine handlungsvorbereitende Reflektionsphase eingeschaltet werden:

1. Erste psychotische Episode - Überwältigung
2. Erlebnis phasenhafter Rückfälle - Erfahrung mit Prodromen
3. Bewußte Wahrnehmung einer neuen "Störung"
4. Distanzierung und Reflexion
5. Bewertung der Störung als "Rückfallsignal"
6. Selbsthilfeversuch

Bei unserer Untersuchung erfragten wir diese Basisstörungen mit dem Frankfurter Beschwerdefragebogen (FBF) nach *Süllwold* (1. Fassung, 103 wörtlich mitgeteilte subjektive Beschwerden), die Bewältigungsversuche mittels eines halbstandardisierten Interviews.

Bemerkenswerterweise berichteten alle von uns untersuchten schizophrenen Patienten über bewußte Kompensationsversuche gegenüber Basisstörungen: Gegenüber mehr als zwei Drittel aller mitgeteilten Störungen wurden auch Bewältigungsversuche erwähnt. Entgegen unserer ursprünglichen Erwartung wurden erheblich mehr problemlösungsorientierte, d.h. gezielt auf die Kompensation der wahrgenommenen Beeinträchtigung gerichtete Versuche als Rückzugs- oder Vermeidungsreaktionen angegeben. Die problemlösungsorientierten Versuche haben wir mit Begriffen wie "Uminterpretation und Umstrukturierung", "kognitive Ausbalancierung", "Realitätstestungen", "Handlungsverlagerung" oder "Suche nach Handlungsschablonen" zu beschreiben versucht. Nachfolgend sei das Gemeinte mit einigen Beispielen veranschaulicht:

Uminterpretation beim Erlebnis, durch Reize überflutet zu werden: Ein Patient ist im Theater nicht in der Lage, dem aufgeführten Bühnenstück als Ganzes zu folgen. Insbesondere die Dialoge empfindet er als "chaotisch und unverständlich". Er versucht lediglich auf das motorische Verhalten der Schauspieler zu achten: Dies gelingt ihm einigermaßen. Die Beunruhigung schwindet aber erst, nachdem er die ihm in dieser Weise ungewohnte Wahrnehmung des Körperausdrucks der Schauspieler kompensatorisch als besonders interessant und sogar als eine besondere Gabe "uminterpretiert".

Umstrukturierung einer beängstigenden Situation: Ein anderer Patient empfindet in Situationen, die er als "aufgezwungen" erlebt (z.B. Diskussionen im Familienkreis) oft starke Ablenkbarkeit. Dadurch wird die Situation für ihn "unkontrollierbar" und "undurchschaubar". Während er früher meist verwirrt und verängstigt den Raum verließ, hilft es ihm jetzt, wenn er sich vorstellt, "daß das Ganze eine Art Rollenspiel ist, und ich übernehme die Rolle und spiele sie so richtig". Die Kompensation besteht hier in einer Umstrukturierung dieser Situation.

Kognitive Ausbalancierung: Der Patient erinnert sich an ähnliche Erlebnisse in der Vergangenheit, z.B. eine wahnhafte Beziehungsidee, die er im Rückblick als harmlos bewerten konnte, weil sich später eine gewisse Einsicht in die Krankhaftigkeit der damaligen Befürchtungen eingestellt hatte. Das gegenwärtig Beunruhigende kann durch diese Erinnerung ausbalanciert werden.

Realitätstestung meint den Versuch, das Erlebnis z.B. einer verzerrten Wahrnehmung durch bewußte Überprüfung der Umwelt und der eigenen Tätigkeit zu korrigieren. Die bei vielen Schizophrenen beobachteten Verhaltenszwänge haben ihren Ursprung vermutlich in diesem Kontrollmechanismus.

Mit *Handlungsverlagerung* wird häufig der Störung automatisierter Abläufe begegnet, indem vorübergehend eine andere Tätigkeit aufgenommen wird, um eine kurze Erholungspause einzuschalten. Hier sind Übergänge zu Vermeidungsreaktionen allerdings fließend.

Eine Suche nach *Handlungsschablonen* dient ebenfalls der Bewältigung von Vollzugsstörungen. Gelegentlich wird eine Handlungssequenz (z.B. Rühren in einem Kochtopf) automatenhaft fortgesetzt, so lange, bis sich wieder ein Gefühl von Sinnhaftigkeit einstellt.

In welchem Ausmaß solche fluktuierend auftretenden Basisstörungen durch derartige Kompensationsversuche zum Verschwinden gebracht werden können, haben wir bisher nicht systematisch geprüft. Wie wir aus eigenen kasuistischen Beobachtungen schließen können, gelingt es dem einen oder anderen Patienten sehr wohl, einzelne präpsychotische Abweichungen von der Mittellage und sogar beginnende psychotische Einbrüche ("Mikropsychosen") auszusteuern und dadurch eine fortschreitende Desorganisation des affektiv-kognitiven Funktionsgefüges zu verhindern.

Wir Ärzte fragen viel zu wenig nach individuell unterschiedlichen, bewußt oder halbbewußt ablaufenden Restabilisierungsanstrengungen und könnten doch von den erprobten Praktiken "erfahrener" Patienten einiges für eine supportive Psychotherapie der Schizophrenie lernen.

Einen guten Einstieg in die Welt subjektiven Erlebens und autoprotektiven Handelns bietet der erwähnte Frankfurter Beschwerdefragebogen, bei dessen Anwendung sich viele Schizophrene auf eine neue Art wahrgenommen und besser verstanden fühlen (*Süllwold*). Spürt der Kranke, daß der Arzt nicht nur Standardfragen wie "Hören Sie Stimmen?" oder "Haben Sie Denkstörungen?" stellt, sondern sich nach Frühformen verzerrter Wahrnehmungen oder beeinträchtigter Denkabläufe erkundigt und Selbsthilfeversuchen großes Gewicht beimißt, dann fühlt er sich zur Mitarbeit aufgefordert und damit als Person aufgewertet.

Gerade in den frühen Anfängen eines psychotischen Rezidivs besteht noch eine gewisse Distanz zu den aufbrechenden präpsychotischen und psychotischen Erscheinungen. Diese Distanz ermöglicht die Abgrenzung beginnender krankhafter von gesunden Erlebnissen im vertrauensvollen Gespräch zwischen Arzt und Patient. Durch solche Klärungen gewinnt der Kranke wieder festeren Boden in einer unsicher gewordenen gemeinsamen Realität.

Die therapeutische Bedeutung einer derartigen Kooperation ist in bezug auf eine wirksame *Krisenprophylaxe* kaum zu überschätzen. Repräsentative Verlaufsstudien an großen Fallzahlen schizophren Erkrankter haben erwiesen, daß der größte Teil der Patienten an mehrfach auftretenden psychotischen Episoden leidet, die in mehr oder weniger uncharakteristischen Residualzuständen ohne produktive Symptomatik eingebettet sind. Nur ein kleiner Anteil der katamnestisch überprüften Schizophrenen zeigt einen schleichend chronifizierenden Fortgang der Krankheit. Diese Episodenhaftigkeit schizophrener Verläufe steht offensichtlich mit intrinsischen oder extrinsischen Stressoren in Zusammenhang, die möglicherweise auf individuell spezifische Art das Coping-Repertoire des Betroffenen überfordern und sein seelisches Gleichgewicht zur Dekompensation bringen. Die gegenwärtig von den meisten namhaften Schizophrenieforschern akzeptierte *Vulnerabilitäts-Streß-Theorie* (*Zubin* und *Spring*, 1977) vertritt die Auffassung, daß später psychotisch Erkrankende schon in ihrer Primärpersönlichkeit, d.h. im prämorbiden Lebensabschnitt, aber auch zwischen den manifesten Krankheitsphasen und vermutlich lebenslang Züge einer "schizotropen Vulnerabilität" aufweisen.

Diese Verletzlichkeit, inzwischen in vielen Details experimentalpsychologisch, neurophysiologisch und phänomenologisch beschrieben, hat ihre Wurzeln offensichtlich in genetisch präformierten (und weitergegebenen) neurobiologischen Defizienzen und Instabilitäten kognitiv-emotionaler Hirnfunktionen, die mit den oben genannten, subjektiv erlebten, "uncharakteristischen Basisstörungen" in enger Verbindung zu stehen scheinen. Ihr besonderes Kennzeichen ist die unzureichend entwickelte Fähigkeit des zentralnervösen Systems, komplexe Sinnesreize sowie die dadurch ausgelösten Emotionen funktionsstabil zu verarbeiten (Informations-Verarbeitungstheorie).

Unter Streßeinfluß steigt das Erregungsniveau an, wodurch sich bei
vulnerablen Individuen die Informationsverarbeitungsfähigkeit nicht
verbessert - wie bis zu einem gewissen Grad bei Gesunden -, sondern
verschlechtert. Dadurch kommt es zum Beispiel zum Zusammenbruch
gewohnter Denkschemata und einer gestörten Leitbarkeit der Denk-
vorgänge, zu Konfusionen und weiterer Erregungssteigerung im Sinne
eines sich in positiven Feedbackzirkeln selbstdestabilisierenden Prozesses.

Unter protektiven Lebensbedingungen kann die Vulnerabilität
kompensiert bleiben. Derartige Menschen wirken allenfalls etwas ei-
genbrödlerisch, affektiv ungelenk, "dünnhäutig" oder besonders leicht
ablenkbar. Andererseits sind künstlerische Sensibilität und schöpferi-
sche Begabungen gerade bei ihnen nicht selten. Unter Blutsverwand-
ten Schizophrener sind nicht psychotisch erkrankte vulnerable Personen häufiger als in der Durchschnittsbevölkerung.

Der Exkurs in die Vulnerabilitäts-Streß-Theorie will zeigen, daß
Patient und Arzt gemeinsam nicht nur auf frühe Vorboten eines psychotischen Rückfalls achten lernen sollten, sondern daß beide sensibler dafür werden müssen, welche Formen und Quantitäten von
Streßbelastungen für den einzelnen Kranken gefährlich werden können. Gibt es spezifische Verletzlichkeiten des Patienten und liegen sie
beispielsweise eher im zwischenmenschlichen, emotionalen Bereich
(Familie, Beruf) oder in einer erhöhten Irritabilität z.B. durch opti-
sche oder akustische Sinneseindrücke? Über welche Ressourcen verfügt der Betroffene, welche Copingversuche und Rehabilitationsan-
sätze haben sich bisher bei ihm bewährt?

In dem Maße, in dem der Kranke, unterstützt und begleitet durch
den Arzt, an der Frühwahrnehmung psychotischer Rezidive, der Nut-
zung von Selbstheilungsversuchen, dem Seiltanz zwischen Über- und
Unterstimulation, dem Monitoring von Medikamentennebenwirkun-
gen, der Erkundung neuer, erträglicherer Lebensmöglichkeiten, aktiv
mitzuwirken beginnt, festigt sich seine fragile Persönlichkeit und er
gewinnt Mut zu neuen autonomen Schritten. Die entwürdigende Passivität, ein traditionelles Schicksal allzu vieler schwerkranker Schizophrener, mag dann allmählich einer vorsichtig erprobten neuen Akti-
vität weichen.

Literatur

Böker, W. / H.D. Brenner: Selbstheilungsversuche Schizophrener: psychopathologische
   Befunde und Folgerungen für Forschung und Therapie, in: Nervenarzt 54 (1983)
   578-589.

Böker, W.: Vulnerabilitätsverbundene Defizienzen, Psychopathologie und Bewältigungsverhalten bei Schizophrenen und deren Angehörigen. Huber, Bern/ Stuttgart/Toronto 1988.

Brenner, H.D./W. Böker/J. Müller/L. Spichtig/S. Würgler: On autoprotetive efforts of schizophrenics, neurotics and controls, in: Acta psychiatr. scand. 75 (1987) 405-414.

Heinrich, K.: Zur Bedeutung des postremissiven Erschöpfungsyndroms für die Rehabilitation Schizophrener, in: Nervenarzt 38 (1967) 487-491.

Lange, H.U.: Anpassungsstrategien, Bewältigungsreaktionen und Selbstsheilungsversuche bei Schizophrenen, in: Fortschr. Neurol. Psychiat. 49 (1981) 275-285.

McGhie, A./J. Chapman: Disorders of attention and perception in early schizophrenia, in: Brit.J. Med. Psychol. 34 (1961) 103-116.

Süllwold, L.: Symptome schizophrener Erkrankungen - uncharakteristische Basisstörungen (Monographien aus dem Gesamtgebiet der Psychiatrie, Bd. 13). Springer, Berlin/Heidelberg/New York 1977.

Süllwold, L.: Schizophrenie. Kohlhammer, Stuttgart/Berlin/Köln/Mainz 1983.

Wing, J.K.: Der Einfluß psychosozialer Faktoren auf den Langzeitverlauf der Schizophrenie, in: Bewältigung der Schizophrenie, hrsg. v. *W. Böker* u. *H.D. Brenner.* Huber, Bern/Stuttgart/Toronto 1986, S. 11.

Wyrsch, J.: Die Person des Schizophrenen. Paul Haupt, Bern 1949.

Zubin, J./B. Spring: Vulnerability - a new view of schizophrenia, in: J. abnorm. Psychol. 86 (1977) 103-126.

IV

Ausblick

Elmar Spancken

Warum ist 13 Jahre nach der Psychiatrie-Enquête für viele psychisch Kranke der Anspruch auf eine menschenwürdige Behandlung und auf ein menschenwürdiges Leben noch nicht erfüllt? Worin liegt die besondere Problematik der Psychiatrie, daß die Einsicht in Unzulänglichkeiten bzw. das Wissen um fortschrittliche Behandlungs- und Betreuungsmethoden nicht genauso folgerichtig zur Bereitstellung finanzieller Ressourcen führen, wie es in anderen medizinischen Disziplinen der Fall ist? Oder warum verfehlen wir die Bedürfnisse psychisch Kranker nicht selten auch dann noch, wenn quantitative Ansprüche erfüllt sind?

Auf den ersten Blick könnte die Schuldzuweisung lauten: Bis zum Ende der sechziger Jahre war die Psychiatrie selbst, ihr schlafendes Problembewußtsein, verantwortlich zu machen für die Mißstände; seit 1975, seit der Formulierung der notwendigen Reformen in der Enquête, sind es die politisch Verantwortlichen.

Die Zusammenhänge sind aber wohl komplizierter. So hat *Finzen* kürzlich in einem zornigen Artikel ("Von der Psychiatrie-Enquête zur postmodernen Psychiatrie") darauf hingewiesen, daß die Psychiatrie Gefahr läuft, sich in einer Weise darzustellen, die geeignet ist, sich in ihren Argumenten selbst zu widerlegen; daß sie sich in einer "postmodernen" Beliebigkeit der Maßnahmen, Methoden und Erklärungsmodelle präsentiert und damit einen Vorwand für die Verweigerung von Ressourcen liefert.

Und in der Tat: Hat nicht die psychiatrische Praxis und Argumentation der Nach-Enquête-Zeit unter uns und damit auch für andere Verwirrung gestiftet? Ich nenne nur einige Beispiele:
- Sind wir vor wenigen Jahren nach Bonn gezogen mit dem Ruf nach Auflösung der Landeskrankenhäuser, so fordern wir heute ihre personelle Verstärkung.
- Haben wir noch vor kurzem den Angehörigen Schuld zugewiesen für die Entstehung psychischer Erkrankung und auf eine Trennung der Betroffenen von ihren Familien hingewirkt, so unterstützen wir die Angehörigen heute in ihrer schweren Aufgabe und weisen ihnen einen wichtigen Platz in der Betreuung zu.
- Wollten wir vor einiger Zeit noch unsere Patienten vom "krankmachenden Übel" der Arbeit befreien, so fordern wir heute entschieden Arbeitstherapie und Werkstätten.
- Sahen wir damals, als wir selbst so leben wollten, in Wohngemeinschaften die ideale Alternative zur Klinik, so wissen wir heute - wir

leben selbst auch nicht mehr in einer "WG" - um die Überforderung mancher psychotisch Kranker in dieser komplizierten Sozial-
gemeinschaft.

Werden wir dadurch nicht auf das Problem verwiesen, daß es der
Psychiatrie an einer Konzeption mangelt, aus der sich "richtiges Handeln" herleiten läßt? Bzw. sind wir nicht aufgefordert, uns eine Konzeption anzueignen, die der unerhörten Komplexität des Problems gerecht wird; die nicht zu einem Auseinanderfallen und zu einer Verab-
solutierung der vielfältigen Aspekte führt, sondern zu einer "Theorie
des Komplexen"?

Die Schwierigkeit zeigt sich auch darin, daß wir gerade auf den
Feldern unseres Handelns, wo sich Menschenwürde manifestiert, also
in den Grundsituationen des Lebens wie Familie, Wohnen, Arbeit am
unsichersten sind. Dort wird unser Handeln spekulativ. In den allgemeinen und grundsätzlichen Forderungen werden wir uns schnell ei-
nig: größtmögliche Autonomie, Recht auf Arbeit, auf eine Familie,
auf würdiges Wohnen. Im Alltag aber, für einen bestimmten Patienten, der gerade in den genannten Bezügen immer wieder scheitert,
erörtern wir die unterschiedlichsten Perspektiven. Wie, wo und mit
wem lebt jemand würdig unter den Bedingungen seiner Krankheit?

Wir müssen uns also klar darüber sein, daß wir Psychiater, ob wir
es wollen oder nicht, stets über Lebenssituationen mitentscheiden und
in Lebenswege eingreifen, wobei sich die Kompetenz für dieses Handeln nicht zwangsläufig aus unserem Fachwissen herleitet. Über Lebenswege treffen wir Vorentscheidungen sowohl dann, wenn wir uns
aus einem enger gefaßten "medizinischen" Verständnis heraus auf die
Behandlung der Krankheit beschränken, aber auch dann, wenn wir im
Rahmen einer eher antimedizinisch akzentuierten Sozialpsychiatrie
uns bewußt und in erster Linie um das Soziale kümmern. Hier wie da:
Gefährdung entsteht und Verantwortung leitet sich her aus der Un-
vermeidlichkeit, daß wir an einem Scheidepunkt seines Lebens -und
psychische Erkrankung markiert oft einen solchen Punkt - für den Betroffenen Weichen stellen in eine Richtung, die zunächst mal die
mehr oder weniger von uns gewählte ist.

Also müssen wir uns möglichst nahe an den Bedürfnissen des Patienten orientieren. Aber wie erkennen wir die? Offenkundig verfehlen
wir sie oft bzw. streiten darüber lange. Kann es daran liegen, daß sie
uns durch die uns Anvertrauten oft so widersprüchlich vermittelt werden? Haben wir einem scheinbar zufriedenen Langzeitpatienten nun
"objektiv" Rehabilitationsmaßnahmen vorenthalten oder haben wir
sein Recht respektiert, eine Nische zum Leben zu finden, in der er vor
Behandlung geschützt ist? Haben wir dem gegen seine Zwangsbe-
handlung protestierenden Akutkranken seinen Anspruch auf Freiheit
genommen oder ihn "objektiv" menschlich und verantwortungsvoll be-

handelt im Sinne des Paradoxons: "Manchmal hat ein psychisch Kranker einen Anspruch darauf, gegen seinen Willen behandelt zu werden". Kann es an dieser Verunsicherung, dieser Schwer-Erkennbarkeit der Bedürfnisse liegen, daß unsere unvermeidlichen Erörterungen über das "Richtige" Gefahr laufen, in Diskussionen einzumünden, die vom Patienten abheben, sich verselbständigen und mehr und mehr zur Widerspiegelung einer Kontroverse unserer eigenen Lebensauffassungen und Ideologien werden? Es gibt offenbar viele Wege, uns von unseren Patienten, für die wir ja alles tun wollen, auch wieder zu entfernen. Die Orientierung an den Bedürfnissen ist also nicht so einfach, wie es zunächst scheint. Auch unser Patient ist ja auf der Suche. Lautet daher die Frage nicht richtiger: Welche Entwicklungspotentiale sind ihm noch gegeben? Und ist unsere Aufgabe damit nicht vor allem, die Rahmenbedingungen so zu schaffen, daß noch alle Entwicklungswege offenbleiben?

Wenn sich ein "Roter Faden" ausmachen läßt auf dieser Tagung, ist er für mich gekennzeichnet durch Begriffe wie Entwicklung, Lebensweg, Zeit. Sie schaffen auch Verbindungen zu neuen Krankheitskonzepten wie dem der Vulnerabilität und liefern auch Begründungen für zeitgemäße Versorgungsformen im Sinne der gemeindenahen Psychiatrie.

Auch die ganz unterschiedlichen Auffassungen über das Wesen psychischer Erkrankungen wirken verunsichernd für unsere Handlungsorientierung. In der Psychiatrie-Diskussion ist noch immer ein unfruchtbarer Dualismus nicht überwunden, der das Biologische dem Sozial-Lebensgeschichtlichen gegenüberstellt. In der Auseinandersetzung mit der zentralen Frage nach der Art der Beziehungen zwischen diesen zwei Determinanten entscheidet sich nach wie vor, ob die Psychiatrie ihrer ungewöhnlich komplexen Aufgabe theoretisch und praktisch gerecht wird. Durch Verbleib im antagonistischen Denken droht entweder Einseitigkeit und Simplifizierung oder die "postmoderne" Beliebigkeit. Auf allgemeinerer Ebene entspricht dieser Dualismus der antagonistischen Gegenüberstellung von Naturwissenschaft und Geisteswissenschaft. Die erstere wird dabei eher negativ assoziiert mit medizinisch, Krankheit, Ausklammern des menschlich Komplexen; die zweite dagegen in Anspruch genommen als Hort des eigentlich Menschlichen.

Dabei sind die Voraussetzungen schon da, um sowohl für die Psychiatrie als auch im Wissenschaftsverständnis generell unfruchtbar dualistisches Denken zu überwinden. Hier wie dort findet ja zur Zeit ein tiefergreifender Vorstellungswandel statt. In der Psychiatrie können wir die vereinfachten Denkmuster zugunsten komplexerer Krankheitsmodelle aufgeben. So stellt z.B. das Vulnerabilitätskonzept der Schizophrenie eine neue Qualität im konzeptionellen Denken dar und hat zugleich große Relevanz für den psychiatrischen Alltag. Das Bild vom "verletzlichen Menschen" zur Erklärung der Schizophrenie vermittelt uns eine Vorstellung von der komplizierten Wechselwirkung der biologischen, biografischen und sozialen Konstellationen, die im Leben eines Menschen eine Rolle spielen. Es läßt uns ahnen, daß es in diesem dynamischen Bedingungsgefüge Nuancen, minimale Veränderungen auf einer dieser Ebenen sein können, die über Gesundheit oder Krankheit entscheiden oder, besser ausgedrückt, über Stabilität oder Destabilität. Zeit, Vielfältigkeit und Entwicklung spielen dabei eine große Rolle. So verstandenes "wissenschaftliches" Nachdenken über psychisches Erkranken rechtfertigt in gleichem Maße so subtile neurophysiologische und psychologische Untersuchungen, wie wir sie u.a. von *Brenner* kennen, wie auch unser Interesse an der Biografie und den Lebensbedingungen.

Daß eine neue Qualität der Diskussionen möglich ist, hat schon die Schizophrenie-Tagung in Bern im letzten Jahr gezeigt, als Naturwissenschaft und Sozial- bzw. Geisteswissenschaft im Dialog waren. Dieser gleiche Tatbestand hat auch unsere Tagung geprägt und so erkenntnisreich gemacht. Sie findet in einer Zeit statt, in der die Naturwissenschaft einen tiefgreifenden Wandel in der Weise durchmacht, daß sie sich der Frage nach den Entwicklungsgesetzen hoch komplexer Systeme stellt und dem Problem des Werdens und der Herausbildung qualitativ neuer Strukturen auf die Spur kommt. Somit erleben wir auf dieser übergreifenden Ebene einen Paradigma-Wechsel, der die Scheingegensätze überwindet von Natur und Geist, Naturwissenschaft und Geisteswissenschaft sowie auf der Ebene Psychiatrie von organisch-biologisch und psychisch-sozial. Bei einem Naturwissenschaftler fand ich kürzlich eine Beschreibung der Bedingungen, die gegeben sein müssen, damit Entwicklungen einen "richtigen" Weg nehmen können: es müsse eine Vielfalt und die Gemächlichkeit gegeben sein. Entwicklung brauche die Möglichkeit des Wählens aus der Vielfalt, das Prinzip Wahl und Irrtum in einer gebührend langen Zeit. Für unsere Grundhaltung zum psychisch Kranken sind diese Sätze nicht ohne Bedeutung.

Wir lernen aus den neuen Krankheitsmodellen: Komplex ist sowohl die Entwicklung der Krankheit unter den Bedingungen des individuellen Lebens wie auch die weitere Entwicklung des Lebens unter den Bedingungen der Krankheit. Wir Psychiater spielen eine verantwortungsvolle Rolle an jenem wichtigen Scheidepunkt des Lebensweges, der mit Krankheit einhergeht. In der akuten Krise haben wir für unser Handeln noch ein relativ solides Fundament und können vieles tun, was gut und notwendig ist. Zu diesem Zeitpunkt ist es z.B. wichtig, eine Zyklothymie zu erkennen, weil wir sie dann u.a. segensreich mit Lithium behandeln können. Es ist wichtig, eine akut psychotisch erkrankte Patientin zu beruhigen und zu stabilisieren, einen Suchtkranken den speziellen Behandlungsmethoden zuzuführen oder eine Angstneurose entsprechend psychotherapeutisch zu behandeln. In dieser Phase ist qualitativ gute, menschenwürdige Psychiatrie identisch mit der Fachkompetenz und der Ausstattung eines psychiatrischen Krankenhauses. Nach dieser Akutbehandlung kommt dann allmählich aber die Zeit, von der ich anfangs sprach, wo der Boden unsicherer wird, weil Weichenstellungen für's Leben stattfinden und die Gefahr sowohl der Unterlassung wie der falschen Eingriffe besteht. Daß wir hier den Bereich der Kompetenz verlassen und den der Omnipotenz betreten, spüre ich immer dann, wenn wir uns im Team die "Perspektiven" für unsere Patienten ausdenken. Patient X soll in eine Wohngemeinschaft, Patient Y soll aus der Familie in ein Heim, Patient Z soll ein eigenes Zimmer haben und dann in die Werkstatt gehen. Aber dann kommt es, zum Glück, doch anders: Herr X wohnt schlecht und recht mit einer Partnerin in einer kleinen Wohnung, Frau Y ist zur Familie zurückgekehrt und Herr Z fühlt sich doch im Heim am wohlsten. Darüber können wir deshalb froh sein, weil sich erweist, daß sich unser Patient aus der Rolle des Objektes unserer Bemühungen lösen und sich wieder zum Subjekt machen kann.

Es hat etwas mit Menschenwürde zu tun, zu verstehen, daß wir in die Biografien der uns zeitweise Anvertrauten nicht auf diese Weise planend eingreifen können: daß auch der Lebensweg dauerhaft seelisch Behinderter an zahlreiche Zweigstellen geraten kann, an denen es so oder so oder auch anders weitergehen kann und daß der "richtige" Weg nur der ist, den er aus einer Vielzahl sich bietender als den für ihn begehbaren gewählt hat.

Es gehört zum Wesen sehr komplexer lebendiger Strukturen, daß wesentliche Aussagen über die zukünftigen Entwicklungen unscharf bleiben müssen. Wenn sich Entwicklung generell bei uns allen nach den Prinzipien von Wahl und Irrtum im zeitlichen Verlauf vollzieht, so gilt auch für die psychisch Kranken, daß Entscheidungen über den nächsten Schritt umso "richtiger" sind, je mehr sie im "Experimentierfeld des Lebens" getroffen werden,

Wenn wir uns dieser Nicht-Planbarkeit bewußt werden, heißt dies nun aber nicht, daß wir uns um diese Fragen nicht zu kümmern haben. Sondern es folgt daraus, daß wir die Rahmenbedingungen für die Behandlung und Betreuung psychisch Kranker so wählen müssen, daß Entwicklung möglich bleibt, Entwicklung auch unter den besonderen Bedingungen psychischer Krankheit. Planen müssen wir institutionellen Rahmenbedingungen, nicht die Lebenswege.

Aus diesem Verständnis von Krankheit und Entwicklung leitet sich ganz unmittelbar die konkrete Forderung nach dem Aufbau gemeindepsychiatrischer Versorgungssysteme ab, wie die Enquête gefordert hat. Denn nur die Organisation und Ausdifferenzierung von Hilfen in seinem unmittelbaren Lebensraum schaffen die Voraussetzungen dafür, daß dem psychisch Kranken das Experimentierfeld des Lebens erhalten bleibt, er aber im Scheitern jederzeit aufgefangen werden kann. Die Zukunft bleibt länger offen, und wir Psychiater werden davor geschützt, mit vorschnellen Weichenstellungen auch große Fehler zu machen. Wenn wir noch Zeit und Geduld mitbringen, können wir Entwicklungen aus einer aufmerksamen Distanz zulassen.

Günstige Bedingungen für Rehabilitation schaffen heißt damit nicht so sehr, unseren Patienten auf eine Schiene zu setzen, die starr in eine Richtung führt, sondern: Wir suchen mit ihm gemeinsam nach einem verborgenen Weg, der in diese oder jene Richtung gehen kann.

Die helfenden Instanzen in einer Stadt oder in einem Landkreis, also die Klinik, der Sozialpsychiatrische Dienst, die niedergelassenen Ärzte, die Wohngemeinschaften, das Heim und die Werkstätten sind dann weniger Stationen in einem Rehabilitationsplan. Eher sind sie Herbergen an Scheidewegen vergleichbar. Man kann darin verweilen, wenn man nicht weiß, wie es weitergeht, man kann auch zurückkehren, wenn es der falsche Weg war. Man kann auch länger bleiben, wenn der Weitermarsch zu schwer scheint. Wenn im einen oder anderen Fall die Klinik oder das Landeskrankenhaus zur bleibenden Herberge wird, ist es auch recht so, denn es ging nicht anders. Aber viele haben auch, und das hat die Erfahrung gezeigt, Wege gefunden, auf denen sie sich für uns in der Ferne verloren.

Wir Professionellen sind auf diesen Wegen zeitweilige oder dauerhafte Begleiter, mal enger, mal distanzierter. Wir entwickeln dabei ein besseres Verständnis für die Möglichkeiten und die Schwierigkeiten im Leben psychisch Kranker, aber auch ihrer Angehöriger, und alle Beteiligten können besser einschätzen, was letztlich leistbar und erträglich ist.

Heute fordern wir, daß die materiellen und institutionellen Voraussetzungen getroffen werden für die Entwicklung gemeindepsychiatrischer Versorgungssysteme. Wir selbst müssen sie dann ausfüllen im Sinne unserer neuen Vorstellungen von Krankheit und Entwicklung.

Sachverzeichnis

Abhängigkeitsbeziehung 114, 116
Abwehr 80
-mechanismen 146, 181
Achtsamkeit 79
Achtung 22, 31, 60, 79, 86, 164, 170
Achtungsanspruch 19
Agieren 117
Aktivierungsprozeß 65
Angemessenheit 72
Angstabwehr 62
Ansehen 163
Arbeitsbeziehung 176
Arbeitsmarkt 74
Armutsgewöhnung 72
Asymmetrie 116, 119
Auflösung 82
Autonomie 16, 19, 23, 90, 96, 164 f.
Autorität 55, 141

"Ballastexistenzen" 86
Barmherzigkeit 109
Basisstörungen 182
Bedarfsanalyse 71
Bedarfsplanung 72
Bedürfnisse 86, 123 f., 135, 192 f.
Begegnung 123, 135
Begriff, nicht interpretierbar 7, 15
Behandlungsgemeinschaft 182
Behandlungsprozeß 52, 53, 100
Behinderte, Geistig 24, 41, 160
Behinderung 179
Bewältigung 182
Bewußtsein 82
Bildsamkeit 26
Bildung 55
Biotop 163, 165, 176

Charakter 176
Chronifizierung 36, 67
Compliance 181
Conditio humana 49
Coping 182
-versuche 185 f.

Defizite 37 f., 63, 157
deontologisch 94 f.
Dezentralisierung 33, 44 ff.
Diagnosen 27, 35, 50
Distanz 151 f., 168

Ehrenschutz 21
Ehrfurcht 58
Eigenverantwortlichkeit 40
Einsamkeit 73, 114
Einwilligung 96
Elend 71
Engelhaftigkeit 29 f.
Endlösung 27 f.
entartet 85
Entfaltung, individuelle 22
Enthospitalisierung 41
Entschädigung 149
Entscheidungsfähigkeit 64, 90
Entwertung 85
Entwürdigung 26 f.
erbbiologisch 34
Erfahrungsdefizit 52
Erfahrungsraum 169
Ermordung 27
Erschöpfung utopischer Energien 154, 162
Erträglichkeit 176
Erwerbsunfähigkeitsrente 69
Ethik 25 f., 29 f., 51, 88 ff., 98
Euthanasie 26 f., 33
Existenz 24
Experimente 26, 118

Fallbesprechungen 44
Fixieren 174
Folter 21
Fragwürdigkeit 31
Freiheit 18, 114, 165
Freiheitsentzug 159
Freiwilligkeit 90
Fremdheit 151
Fürsorge 33, 160, 162
Funktionsbereiche 35 f.

Gegenübertragung 111, 143
Geisteskranke 18
Gemeindenähe 160, 162
Gemeinschaft, tätige 148, 154
Gemeinschaftlichkeit 28, 30
Gemeinschaftsfremde 27
gemeinschaftsunfähig 28, 30
Gentechnologie 15, 21
Gerontopsychiatrie 36
Gewalt 30, 158
Gewissen 30
Gleichberechtigung 20
Gleichstellung 68 ff., 158
Glück 28
Gnade 33
Gott 16, 164
Grundgesetz 15, 18 f.
Grundnorm 24
Güte

Handlungsanspruch 164, 174
Handlungsbeziehung 153
Handlungsfähigkeit 31
Handlungsschablonen 184
Heimat 161
Heil 28
Helfer-Syndrom 152
Hilflosigkeit der Helfer 175
Hoffnung 74, 115 f.
Hoffnungslosigkeit 134
Humanisierung 33, 86

Ich 25, 80 f., 85
  -desintegration 85
  -verlust 81, 169
Identität 18, 83, 95, 108
Identitätsbildung 18
Individualisierung 60 f., 168
Indoktrination 54
inflationär 21
Informationsverarbeitung 182
Innensteuerung 44
Insemination 22
Institutsambulanz 36, 160 f.
Intelligenzquotient 21
Interaktionsstil 51
Interaktionsprozeß 124
Intimsphäre 169, 171

Juden 27
Jugendpsychiatrie 48

Kommunikation 133
Kommunikationsprozesse 44
Kompetenz 49, 116, 140, 144, 146, 192, 195
Kompetenzmängel 141
Konzentrationslager 27
korrektive Erfahrung 6, 153
Krisenprophylaxe 185

Landschaften 176
Langzeitpatienten 41 f., 67 f., 159
Lebensbewältigung 85
Lebensfeld 56, 101
lebensunwertes Leben 26
lebenszeitliche Aspekte 67
Lebenszusammenhang 165
Leiden 84
Leidensrest 71
Leihmutterschaft 22
Lernen 55

Macht 25, 28, 30, 106, 141
Massenvernichtung 86
Menschenbild 86, 149
Menschenhüllen 86
Menschenrecht 164
-Deklaration des 17
Menschenwürdegebot 16
Menschenwürde als Leistung 17
Milieu 45, 166, 170, 174
Milieuartefakt 53
Minussymptomatik 93
Missetat 29
Mitleid 86
Mitverantwortlichkeit 45
Moral 30, 113
Münze, kleine 19 f., 100

Nationalsozialismus 26, 88
NS-Verfolgung 149
Natur 21
Naturrecht 17
Netzwerk 138 f.
Neutralität 118
Nische 176, 192
Normen 58 f.
Nutzen 89, 92, 94, 96, 137, 139

ökosozialer Ansatz 166
Operationalisierung 66

Pädagogik 54, 56, 100, 104
Paßfähigkeit 70 f.
Personalausstattung 37, 157 f.
Pflegeanstalt 34
Pflegesatz 38
Persönlichkeit 18, 143
Personale Würde 112
Postsmodern 191 ff.
Problemfälle 36
Projektionen 61
Prozesse, intermediäre 5
Psychiatrieenquête 6, 157, 191
psychosoziales Management 7

Rahmenbedingungen 45, 93, 117, 145 f.
Ration, eiserne 20
Realitätsangemessenheit 65
Realitätsvermeidung 64
regulatives Prinzip 20
Rehabilitation 69, 100, 103, 108, 195
Rehabilitationshilfen 69 f., 191
Rehabilitationsziele 70 f.
Reklinifizierung 159
Reproduktionsmedizin 15, 21
Retortenproduktion 21
Rettungsphantasien 118
Rolle 18, 124, 140
Rollendiffusion 98

Schicksalsunterwerfung 72
Sektorisierung, innere 36 f.
Selbstbestimmung 16, 26
Selbstbild 121
Selbstentwertung 84
Selbsterfahrung 137
Selbsterkenntnis 113
Selbstheilungskräfte 86
Selbstheilungsversuche 181
Selbsthilfemaßnahmen 181
Selbstrepräsentation 96
Selbsttötung 26
Selbststeuerung 83
Seuche 34
Solidarpflicht 28
Sonderbehandlung 27 f.
Sozialhilfe 74

Sozialhilfeträger 35
Sozialpädagogik 48, 53
Sozialstaat 6
Sozialtherapie 41
Soziotop 166
Spontanremissionsquote 162
Staatliche Gewalt 17
Sterben, menschenwürdiges 15
Sterbehilfe 15, 29
Sterberaten 34
Sterilisierung 27 f.
Stigmatheorie 49
Straftäter 18
Struktur 50 ff., 194
Subjektivität des Patienten 6, 171
Subjektivität der Erfahrung 7, 75
Sucht 36, 160
Suizidalität 119 f., 174
Suizidprophylaxe 120
Supervision 44, 135, 137 ff.
Symptom 151, 179, 181 f.

Tagesklinik 36, 154, 160
Tagwerk, verläßliches 5, 87
Takt 31, 55
Team 139 ff.
Therapieindikation 115
Therapieziele 39 f., 114
Tigerkäfig-Effekt 36
Tod 120
Tötung 20

Überforderung 62, 64
Überformung 50
Überstimulation 180
Übertragung 111, 143
Umwelt 82
Ungeborgenheit 84
Unterlassungsanspruch 164
Unterstimulation 181
Unübersichtlichkeit, neue 5
unwürdig 19
Utopie 5, 7, 28, 30, 54, 134, 162 f.

Verachtung 85
Verantwortung 28, 31, 46, 49, 140 f.
Verantwortungsfähigkeit 30
Verarmung 74
Verfassung 15

Verhalten, unwürdiges 18
Verhaltensnorm 106
Verläßlichkeit 56
Verletzbarkeit 79, 85, 148
Verletzlichkeit 24, 185, 187, 193
Verletzung 21
Vermeidungsstrategien 181
Vernachlässigung 38
Vernichtung 20, 34, 86
Vernunft 17
Verrückung 26
Versorgungsverpflichtung 37
Verstehen 67 f.
Vertraulichkeit 97
Verwaltung 46
Verweildauer 38, 40
verwirrt 58
Vormund 71
Vormundschaftsrecht 159
Vulnerabilitäts-Streß-Modell 6, 185, 192

Wahrheit 150
Welt 169
  -bewältigung 80
  -verlust 81
Wert, angeborener 17, 163
Werte 51, 96
Wert-
  freiheit 113

implikation 114, 116
erlebnis 18
gefühl 58
kodex 19
konzept 113
ordnung 51
Widerstand 25
Wiedereingliederung 70
Wille 64, 108
Willensfrage 65
Wirklichkeit 150, 173
-individuelle 5
Wirtschaftlichkeit 75
Wirtschaftlichkeitsprüfung 33, 37 f.
Wissenschaftsskeptizismus 90
Würde-
  erleben 59
  gedanke 59
  konzepte 16, 23, 48
  leistung 18
  würdelos 19
Würdeverletzung 177
Würdigung 165

Zentrierung 50
Züchtung 22
Zukunftsperspektive 54
Zukunftsplanung 54
Zweifel 24

Anschriften der Autoren

Dr. phil. *Thomas Bliesener*, Dipl. Psych., Bildungsreferent der AIDS Hilfe NRW e.V., Landesgeschäftsstelle, Hohenzollernring 48, D-5000 Köln 1.

Prof. Dr. med. *Wolfgang Böker*, Ärztlicher Direktor der Psychiatr. Universitätsklinik Bern, Bolligenstr. 111, CH-3072 Bern.

Gabriele M. Borsi, Dipl.-Psych., Lehrbeauftragte der Universität Lüneburg; Niedersächsisches Landeskrankenhaus Lüneburg, Postfach 23 49, D-2120 Lüneburg.

Prof. Dr. med. et. phil. *Hans D. Brenner*, Abteilung für Theoretische und Evaluative Psychiatrie an der Universitätsklinik Bern, Bolligenstr. 111, CH-3072 Bern.

Dr. med. *Jens Bruder*, Psychiater, Leiter des Ärztlichen Dienstes, Amt für Heime, Behörde für Arbeit, Jugend und Soziales, Adolpf-Schönfelder Str. 5, D-2000 Hamburg 76; Leiter der Ärztlichen Beratungsstelle für ältere Bürger und ihre Angehörigen, Rüsternweg 26a, D-2000 Norderstedt.

Prof. Dr. phil. *Herbert E. Colla-Müller*, Universität Lüneburg, Institut für Sozialpädagogik, Wilschenbrucher Weg, D-2120 Lüneburg.

Prof. Dr. med., Dr. phil. *Klaus Dörner*, Ärztlicher Direktor des Westfälischen Landeskrankenhauses Gütersloh, Fachkrankenhaus für Psychiatrie und Neurologie, Hermann-Siemon-Str. 7, D-4830 Gütersloh.

Prof. Dr. med. *Hans Heinze*, Ministerialrat, Niedersächsisches Sozialministerium, Hinrich-Wilhelm-Kopf-Platz 2, D-3000 Hannover 1.

Prof. Dr. med. *Sven Olaf Hoffmann*, Dipl. Psych., Ärztlicher Direktor der Klinik und Poliklinik für Psychosomat. Medizin und Psychotherapie der Universität Mainz, Untere Zahlbacher Str. 8, D-6500 Mainz.

Prof. Dr. med. *Hans Peter Kitzig*, Direktor des Niedersächsischen Landeskrankenhauses Osnabrück, Knollstr. 31, D-4500 Osnabrück.

Priv. Doz. Dr. med. *Heinrich Kunze*, Ärztlicher Direktor des Psychiatrischen Krankenhauses Merxhausen, Landgraf-Philipp-Str. 9, D-3501 Emstal-Merxhausen.

Prof. Dr. med. *Winfried Ramb*, Direktor der Niedersächsischen Fachklinik für Kinder- und Jugendpsychiatrie Lünebürg, Universität Lüneburg, Institut für Sozialpädagogik. Am Wienebüttler Weg 1, D-2120 Lüneburg.

Prof. Dr. med. *Christian Scharfetter*, Psychiatrische Universitätsklinik - Forschungsdirektion -, Postfach 68, CH-8029 Zürich.

Prof. Dr. jur. *Hans-Ludwig Schreiber*, Staatssekretär des Niedersächsischen Ministeriums für Wissenschaft und Kunst, Prinzenstraße 14, D-3000 Hannover; Jurist. Seminar der Georg-August-Universität, Abteilung f. Strafrecht u. allgemeine Rechtslehre, Platz der Göttinger Sieben 2, D-3400 Göttingen.

Dr. med. *Ralf Seidel*, Leitender Arzt der Rheinischen Landesklinik, Heinrich-Pesch-Str. 39-41, D-4050 Mönchengladbach 2.

Dr. med. *Elmar Spancken*, Leitender Arzt der Psychiatrischen Klinik Häcklingen, Am Wischfeld 16, D-2120 Lüneburg.

Priv. Doz. Dr. med. *Ulrich Streeck*, Ärztlicher Direktor des Niedersächsichen Landeskrankenhauses Tiefenbrunn, Fachkrankenhaus für psychogene und psychosomatische Erkrankungen, D-3405 Rosdorf-Tiefenbrunn 1.

Dr. med. *Alexander Veltin*, Leitender Landesmedizinaldirektor a. D., Arzt für Neurologie und Psychiatrie, Psychotherapie, Dürrstr. 15, D-Tübingen.

Prof. Dr. *Wolf Rainer Wendt*, Dipl. Psych., Leiter des Ausbildungsbereichs Sozialwesen der Berufsakademie Stuttgart, Postfach 240, D-7000 Stuttgart.